La Biblioteca 69

Titolo originale *Der Pakt. Stalin, Hitler und die Geschichte einer mörderischen Allianz. 1939-1941*

www.einaudi.it

ISBN 978-88-06-24881-9

Claudia Weber

Il patto

Stalin, Hitler e la storia di un'alleanza mortale 1939-41

Traduzione di Monica Guerra

Einaudi

Indice

Indice delle illustrazioni

Introduzione

La mattina del 22 giugno 1941 iniziò per Winston Churchill con un sorriso soddisfatto. La sera precedente, il premier britannico si era confrontato a lungo sulla situazione della guerra in Europa con il suo ministro degli Esteri, Anthony Eden, e con John Winant, l'ambasciatore statunitense. Non era stato un incontro facile, e il buon cibo, i liquori pregiati e gli irrinunciabili sigari erano serviti a distendere il clima della serata e a rendere i sensi piú acuti in tempi burrascosi. Le voci di un attacco tedesco all'Unione Sovietica, che si trascinavano da mesi, si erano infittite molto rapidamente fino a diventare certezza. Il fatto che la guerra – durante la quale la Wehrmacht di Hitler aveva occupato l'Europa, arrivando a minacciare l'Impero britannico – si dirigesse ora verso est, dava a Churchill l'opportunità di stringere nuove alleanze; alleanze potenti al punto da battere i tedeschi sul continente, scongiurare il pericolo di un'occupazione della Gran Bretagna e proteggere l'Impero britannico dalle mire espansionistiche delle potenze dell'Asse in Estremo Oriente. Per tradurre in atto il proprio piano, Churchill aveva bisogno del sostegno degli americani, e per questa ragione aveva invitato l'ambasciatore di Roosevelt nella sua residenza di campagna a Chequers, dove la vigilia del 22 giugno 1941 gli riuscí il colpo grosso. L'America accettò di proporre all'Unione Sovietica, in caso di attacco tedesco, un'alleanza trilaterale contro Hitler che includeva consistenti aiuti economici e un sostegno militare, senza i quali Stalin non avrebbe mai potuto vincere la battaglia da cui dipendeva la stessa esistenza del suo paese. L'alleanza dei tre grandi, che quattro anni dopo avrebbe messo vittoriosamente fine alla seconda guerra mondiale, era forgiata prima ancora che gli aerei della Luftwaffe di Göring iniziassero a bombardare le città sovietiche. Churchill non aveva sbagliato una mossa ed è per questo che, quando Eden gli portò la notizia dell'attacco tedesco, si lasciò andare a un sorriso[1].

Di fronte allo spettacolo apocalittico offerto dalla guerra dopo il mese di giugno, e alla morte di milioni di persone, la soddisfazione con cui Churchill accolse l'invasione tedesca lascia perplessi. Non avrebbe dovuto piuttosto essere atterrito? Oltretutto, non fu neanche l'unico ad apparire sollevato dalla notizia. Anche a Mosca l'orrore e la paura si mescolarono a un senso di sollievo, soprattutto fra i rifugiati di sinistra arrivati da ogni parte del mondo e i quadri dell'Internazionale comunista (Comintern), perché era già stato programmato di liquidarli e ora il progetto veniva accantonato[2]. E anche a Berlino molti condivisero lo stato d'animo di Joseph Goebbels, il ministro della Propaganda di Hitler, il quale confidò sul suo diario di sentirsi sollevato dal «peso di molte settimane e mesi»[3]. Per i contemporanei l'inizio del conflitto tedesco-sovietico – a posteriori una delle piú importanti cesure nella storia della seconda guerra mondiale[4] – significò anzitutto la fine di una situazione mal sopportata, nella stessa misura, da democratici come Churchill, comunisti come Georgi Dimitrov e nazionalsocialisti come Goebbels: vale a dire la presenza stessa del patto Hitler-Stalin.

L'alleanza tra Stalin e Hitler segnò i primi ventidue mesi della guerra nell'Europa orientale e occidentale. Eppure spesso è considerata un preludio, un prologo alla guerra «vera e propria» che – è il tenore anche di molte esposizioni storiche – cominciò solo in quel mattino di giugno che vide l'accanita battaglia fra il Terzo Reich di Hitler e l'Unione Sovietica di Stalin[5]. Nella prospettiva teleologica l'intera guerra converge verso questo momento, nel quale la battaglia decisiva fra il nazionalsocialismo e lo stalinismo ha il compito di conferire un senso a ogni violenza nell'epoca delle ideologie. La guerra che contrappose Hitler e Stalin giustificò la tensione che aveva segnato la prima metà del XX secolo e per i contemporanei, come per quanti nacquero dopo, rappresentò il terreno sicuro della memoria della guerra mondiale, mentre la storia del patto generava, allora come oggi, notevole disagio. L'osservazione di questo disagio – a volte addirittura una paura di non vedere soltanto un preludio atonale nell'alleanza fra nazionalismo e socialismo, destinata a scatenare la guerra mondiale – è stata la premessa di questo libro, legata a riflessioni precedenti[6]. Ne sono uscite rafforzate la curiosità e la volontà di dedicarsi di nuovo a questo capitolo della guerra e di non sottrarsi nel farlo a un compito fondamentale della ricerca storica: affrontare le storie che lasciano perplessi e che vengono distorte dal disagio.

È noto che Hitler e Stalin strinsero un patto, con cui in genere si identifica solo il Trattato di non aggressione tedesco-sovietico del 23 agosto 1939[7]. Chiunque si sia anche solo superficialmente occupato dell'argomento conosce le fotografie che Heinrich Hoffmann, il fotografo personale di Hitler, scattò al Cremlino la notte in cui il trattato venne firmato. Stalin è circondato dal suo interprete Vladimir Pavlov, da Boris Šapošnikov, capo di stato maggiore generale dell'Armata Rossa, dal consigliere d'ambasciata Gustav Hilger e dall'ambasciatore tedesco Friedrich Werner Graf von der Schulenburg, mentre i capi della diplomazia dei due regimi, Joachim von Ribbentrop e Vjačeslav Molotov, suggellano l'alleanza con le loro firme[8]. Le fotografie di Hoffmann sono icone, e in quanto tali hanno l'inconveniente di suggerire che la storia possa essere raccontata (fino in fondo) dalle immagini, e che le immagini dicano tutto. Le conseguenze di questo patto sono state discusse per un breve periodo dalla storiografia negli anni novanta, quando dopo un tabú durato decenni da parte del socialismo di stato, e dopo che ne era stata negata l'esistenza, venne pubblicato il famigerato Protocollo aggiuntivo al Trattato di non aggressione[9]. Per l'identità nazionale degli stati est-europei che si andavano liberando dall'impero sovietico, i dibattiti storici di quegli anni ebbero un immenso significato. Sulla base del Protocollo aggiuntivo segreto, alla fine Stalin aveva inglobato la Polonia e gli Stati baltici nel suo impero e da questa esperienza storica i paesi in questione facevano derivare un diritto politico alla commemorazione e al ricordo. Il patto ha segnato quindi in modo determinante le controversie contemporanee intorno alla memoria dell'Europa. Le richieste di porre le vittime del potere staliniano sullo stesso piano delle vittime del nazionalsocialismo e – all'Europa – di ricordare il patto Hitler-Stalin sono state da allora fraintese, per un verso, come un attacco all'unicità della Shoah[10]. In realtà, questi dibattiti non si proponevano di relativizzare il significato della

Shoah, ma di mettere in discussione una visione della storia incentrata sull'Europa occidentale, che disconosceva la tragedia assoluta vissuta dall'Europa orientale nel XX secolo. Vale la pena di fermarsi a riflettere se e fino a che punto il presupposto dei dibattiti europei sulla memoria sia stato il disagio (occidentale) di fronte a storie come quella del patto Hitler-Stalin, trasposto in un secondo momento sulla concorrenza della memoria che veniva dall'est «periferico». Il fatto che le rivendicazioni che lí venivano avanzate con veemenza abbiano accentuato per altro verso l'impressione che il patto Hitler-Stalin fosse una faccenda prevalentemente est-europea, rientra a sua volta fra gli esiti dell'elaborazione storica condotta nei decenni della guerra fredda, e neppure l'istituzione del 23 agosto come «Giornata europea della memoria per le vittime dello stalinismo e del nazionalsocialismo» ha potuto cambiare molto al riguardo.

Il significato storico che il patto Hitler-Stalin riveste per i primi anni della seconda guerra mondiale seguita a essere sottovalutato. Per quanto concerne il Terzo Reich, continua a essere visto come una mossa tattica, che consentí a Hitler la campagna contro la Polonia senza che dovesse modificare di una virgola l'intenzione di annientare l'Unione Sovietica. Dalla prospettiva sovietica era considerato come il tentativo con cui Stalin aveva cercato di ritardare l'assalto ritenuto inevitabile; un'interpretazione fatta circolare con successo dallo stesso Stalin nel 1941. La lettura privilegiata negli anni novanta si concentrava invece sulla spartizione geopolitica dell'Europa orientale pattuita nel Protocollo aggiuntivo segreto. E benché la validità di queste interpretazioni non possa essere messa seriamente in dubbio – ognuna ha la sua giustificazione storica – esse non colgono a sufficienza il significato che l'alleanza tedesco-sovietica riveste per la storia della guerra mondiale e per quelle della violenza e della dittatura nell'Europa nel XX secolo. Tenuto conto di ciò, concepisco la mia rappresentazione della mortale alleanza come una proposta e un'esortazione a ripensare le coordinate tradizionali – che seguivano o la politica bellica e d'occupazione nazionalsocialista o quella stalinista – mediante una storia del patto Hitler-Stalin che ne consideri gli intrecci. Sono convinta che questa metodologia permetta di superare in modo produttivo dal punto di vista euristico le divisioni fra Est e Ovest nel senso di una storia della violenza e di una memoria della guerra mondiale comuni all'Europa intera[11]. La mia indagine si concentra quindi su quelle epoche, luoghi e situazioni, sulle circostanze che chiariscono la dinamica dell'alleanza tedesco-sovietica quale percorso comune e come risultato della cooperazione fra le politiche nazionalsocialista e stalinista e i loro propugnatori. Ne scaturisce la domanda su come e in quale misura l'alleanza abbia condizionato la politica bellica europea e il corso della seconda guerra mondiale. Mettere il patto Hitler-Stalin al centro della guerra mondiale è un'impresa appassionante che da tempo attendeva di essere affrontata. Benché negli anni scorsi, infatti, la giusta critica alla sua marginalizzazione e alla prospettiva dell'«uno contro l'altro» si sia fatta sempre piú sentire, non si sono registrati grandi cambiamenti neppure nell'asimmetria storiografica[12]. Neanche l'opera piú influente degli anni passati – l'eccellente saggio di Timothy Snyder dedicato alle «terre di sangue» – ha mantenuto la promessa di essere la storia del fatale intreccio tedesco-sovietico, e ha finito invece per descrivere sviluppi paralleli[13]. Un'indagine che si interroghi sull'influenza esercitata dal patto sul teatro bellico dell'Europa occidentale partendo dalla semplice constatazione che, alleandosi con Stalin, Hitler si sarebbe «coperto le spalle» a est, non esiste (ancora).

La prassi di inserire cesure nella storia e gerarchie nella memoria si deve alle mappe mentali storiche e agli effetti della lunga divisione del continente durante la guerra fredda. Ritengo inoltre che abbia anche un po' a che fare con un disagio dietro al quale si nasconde il sospetto che il patto Hitler-Stalin sfidi il palese canone della narrazione storica europea. Oltre che per i contemporanei, forse fu un sollievo anche per gli storici – i quali altrimenti si trovano raramente d'accordo – poter considerare il patto, dopo che aveva retto solo due anni, come un incidente della storia senza grande importanza. In effetti negli intrecci fra nazionalismo e stalinismo è insita una tale forza revisionista da far arretrare spaventato nientemeno che Michail Gorbačëv. Nel bel mezzo della politica della Glasnost da lui stesso avviata, ovvero della revisione senza riguardi per nessuno della storia della violenza stalinista, Gorbačëv fu costretto ad ammettere la colpevolezza dell'NKVD sovietica nelle esecuzioni di massa di Katyń. Non si decise tuttavia a fare questo passo perché gli interessasse la revisione del crimine di guerra, ma in nome di una pacificazione e per calmare le acque. Nonostante la straordinaria pressione esercitata dalla Polonia, Gorbačëv esitò fino a quando il suo ministro degli Esteri Eduard Shevardnadze, Valentin Falin e il capo del Kgb, Vladimir Krjučkov gli dipinsero quale fosse l'alternativa. «Forse – incalzarono i tre – sarebbe piú opportuno dire che cosa è accaduto veramente», per «chiudere la faccenda» e «non dare il via a una discussione sul patto Hitler-Stalin». «Agire cosí – scrivevano – provoca alla fin fine meno danni che se continuiamo a non fare niente», perché

> ... con questo argomento (...) adesso vengono artificiosamente coperte anche questioni relative allo scoppio della seconda guerra mondiale e all'attacco della Germania alla Polonia. Il retroscena di questa campagna è chiaro: bisogna convincere i polacchi che la Russia non è affatto migliore, anzi piuttosto anche peggiore della Germania di un tempo; che non ha meno responsabilità nello scoppio della guerra e persino nella sconfitta militare dello stato polacco dell'epoca[14].

Gorbačëv ammise la colpevolezza sovietica nelle esecuzioni di massa di Katyń per salvaguardare il mito centrale della «grande guerra patriottica» e, in un'epoca nella quale confrontarsi con lo stalinismo scuoteva già (troppe) coscienze, per non consentire che si dubitasse della sostanziale ostilità fra nazionalsocialismo e stalinismo. Tuttavia anche nell'Europa occidentale, e soprattutto in Germania, la paura di essere accusati di revisionismo impediva di occuparsi in maniera sistematica della cooperazione tedesco-sovietica nei primi due anni della guerra mondiale. Non soltanto quella paura teneva a freno la curiosità scientifica, ma prima di tutto contraddiceva il principio fondamentale della professione di storico, che consiste nel guardare il passato in modo sempre nuovo, nell'interpretarlo diversamente; in breve, nel sottoporre la storia a revisione[15]. Di cosa si occupa la disciplina storica se non del cambiamento?

Le relazioni tedesco-sovietiche sono, come Sebastian Haffner scriveva oltre cinquant'anni fa, «piú avvincenti di qualunque romanzo». Già nel '68 l'acuto cronista di cose tedesche esprimeva uno stupore forse solo retorico per il fatto che «nella coscienza collettiva della Germania occidentale» mancasse «completamente una chiara idea di questa incredibile vicenda», di questo «aggrovigliato intreccio, cosí intimamente letale, fra due popoli»[16]. La sua constatazione a proposito di una «storia che manca» valeva e vale per il patto Hitler-Stalin, che senza esagerazioni può essere definito come il picco piú atroce di quell'«intreccio intimamente letale». Sottoporlo a indagine storica, rispondere ai quesiti sulla sua attuazione pratica e su quanti vi presero parte implica senza dubbio confrontarsi con un problema di fonti e analizzare attività comuni, il reinsediamento di popolazioni tedesche e sovietiche o lo scambio di profughi. Moltissimi documenti, per esempio relativi alle commissioni bilaterali di frontiera e militari, oppure ai viaggi dei funzionari delle SS nella zona d'occupazione sovietica, sono andati perduti durante la guerra o si trovano secretati negli Archivi nazionali russi. Eppure la «storia che manca» non può essere motivata con documenti che non si possono raggiungere o che sono andati distrutti, perché nelle biblioteche e negli archivi tedeschi se ne possono consultare senza problemi in quantità sorprendentemente grandi. Il materiale conservato nell'Archivio politico del Ministero degli Esteri (PAAA) o negli Archivi federali di Berlino-Lichterfelde (BA) contiene informazioni illuminanti e di rilievo sulla composizione e l'attività della Commissione tedesco-sovietica per i profughi, oltre che valutazioni sullo svolgimento e sulle difficoltà della collaborazione bilaterale. Il fondo archivistico «Volksdeutsche Mittelstelle» include relazioni del personale delle SS che operò in territorio sovietico durante il reinsediamento dei cosiddetti *Volksdeutsche*, i tedeschi etnici. La stampa nazionalsocialista – il «Völkischer Beobachter» o i giornali delle zone d'occupazione come la «Krakauer Zeitung» e la «Warschauer Zeitung» – riferí nel dettaglio la visita di una delegazione governativa sovietica di generali dell'NKVD nel Governatorato Generale. Per scovare le tracce dell'alleanza mortale, per esempio la riunione tecnica tra l'NKVD e la Polizia di sicurezza (Sipo) di Heinrich Himmler, non c'è bisogno di scoprire un archivio segreto, anche se molte domande rimangono senza risposta a causa degli archivi riservati e non si conoscono molti dettagli. Un'analisi onnicomprensiva della cooperazione tedesco-sovietica potrà indubbiamente essere effettuata solo quando, accanto agli incartamenti tedeschi, saranno disponibili anche quelli dell'archivio del Ministero degli Esteri russo. Fino a quel momento, tuttavia, le scienze storiche possono comunque fondarsi sulla ricerca di base empirica degli studiosi polacchi – alla quale in Germania si riserva poca attenzione – che sfruttarono la breve stagione della cosiddetta «rivoluzione degli archivi» per riportare alla luce materiale sorprendente[17]. L'operato della Commissione tedesco-sovietica per i profughi – un capitolo nerissimo nella storia del patto Hitler-Stalin – da tempo non li sorprende piú.

Recarsi in archivio e lavorare sulle fonti, rintracciare come un detective e mettere in rapporto le informazioni ottenendo un quadro e una storia che ci ispira e ci sorprende perché non l'avevamo mai ascoltata prima, è uno degli aspetti piú appassionanti della professione di storico. Nel caso di questo libro non si è trattato solo di un lavoro impegnativo, ma anche cupo e soffocante, tenuto conto del nostro presente. Confrontarsi con i rapporti sui profughi – ebrei, polacchi, ucraini – che nel primo inverno della guerra vagavano fra la zona d'occupazione tedesca e quella sovietica, vegetavano nelle strade delle città di confine distrutte e nei boschi, e venivano colpiti dalle truppe dell'NKVD dopo essere stati spinti nelle gelide acque dei fiumi di confine dalle guardie tedesche, è stato opprimente. Alcuni pagarono ai trafficanti di esseri umani cifre esorbitanti nella speranza di riuscire ad attraversare vivi i fiumi in barca di notte, certo presagendo che la morte era in agguato su tutt'e due le rive. Non mi ha dato meno da pensare la disperazione dei comunisti francesi, ai quali nel giugno del 1940 Mosca ordinò di accogliere calorosamente le truppe d'occupazione di Hitler a Parigi. I loro destini mi hanno mostrato fino a che punto il disagio di fronte alla storia del patto Hitler-Stalin contraddica ancora oggi le esperienze storiche dei suoi contemporanei. La vita in guerra è come camminare nervosamente sul filo del rasoio. Ricostruire storicamente e riattualizzare la memoria di questa esperienza – l'equilibrio indispensabile per sopravvivere in guerra – è un'impresa difficile. Lo è tanto piú perché chi è venuto dopo conosce l'esito della storia. Solo per questo il sorriso soddisfatto di Churchill ci stupisce. Siamo abituati a definire tragica la situazione di chi visse quell'epoca, perché non sapeva come la storia sarebbe andata a finire. Definiamo invece privilegiato lo sguardo degli storici perché sono a conoscenza dell'esito.

Non sono certa che sia proprio cosí, e non l'esatto contrario. Una professione storica che abbia una coscienza riflessiva di sé accetta la tragedia di chi sa e, cosí facendo, giova alla comprensione storica. Essa mette al riparo da giudizi presuntuosi e interpretazioni dettate dalla politica. Il nostro presunto privilegio è ingannevole, se leggiamo troppo frettolosamente le possibilità aperte alla vita umana a partire dalla fine. La vita nella violenza è un'opzione della convivenza umana. Non è una bella vita, ma è un'opzione storica e sempre attuale. È uno spettacolo sconvolgente e, se siamo onesti, sappiamo che è il nostro spettacolo.

[1] MOORHOUSE 2014, p. 257.

[2] BAYERLEIN 2008, p. 366.

[3] GOEBBELS 1998, vol. IX, p. 396 (qui e di seguito traduzione nostra; *N.d.T.*).

[4] Per una visione generale degli avvenimenti del 1941 cfr. KERSHAW 2007.

[5] Al riguardo cfr. FURET 1995.

[6] Mi riferisco soprattutto a considerazioni sulle esecuzioni di massa di Katyń, un crimine di guerra sovietico che risale all'epoca del patto Hitler-Stalin; cfr. WEBER 2015.

[7] La bibliografia sulla storia diplomatica che precede i fatti dell'agosto 1939 e sui fatti stessi è sterminata. A titolo di esempio, cfr. FLEISCHHAUER 1990; WEGNER 2000, nonché i diversi contributi contenuti nel numero speciale di «Osteuropa», 2009, n. 7-8, intitolato *Der Hitler-Stalin-Pakt. Der Krieg und die europäische Erinnerung*.

[8] Nella maggior parte dei paesi dell'Europa orientale il Trattato di non aggressione viene chiamato per questa ragione «Patto Molotov-Ribbentrop». In questo libro si utilizza la forma Trattato di non aggressione tedesco-sovietico, mentre con «patto Hitler-Stalin» si intendono tutti i trattati, gli accordi e le loro attuazioni pratiche, in breve tutti gli aspetti della cooperazione tedesco-sovietica degli anni compresi fra il 1939 e il 1941.

[9] LIPINSKY 2004.

[10] Sui talvolta accesi dibattiti della memoria condotti in passato cfr. a titolo di esempio LEGGEWIE e LANG 2011; DINER 2007; KAMINSKY, MÜLLER e TROEBST 2011.

[11] Sull'approccio della «storia incrociata», molto discusso e da alcuni anni sulla bocca di tutti, di fondamentale importanza WERNER e ZIMMERMANN 2002; WERNER e ZIMMERMANN 2006.

[12] A proposito di questa critica cfr. TROEBST 2014, intervista rilasciata a Barbara Galaktionow in occasione del 75° anniversario della firma del Trattato di non aggressione, e l'introduzione a MOORHOUSE 2014, pp. XXIII-XXVI. Moorhouse definisce uno scandalo l'assenza del patto Hitler-Stalin nella maggior parte delle esposizioni della guerra nell'Europa occidentale. Tra le poche eccezioni che si occupano della storia incrociata tedesco-sovietica si annoverano: l'indagine sul-

le relazioni economiche tedesco-sovietiche condotta da SCHWENDEMANN 1993; SCHAFRANEK 1990; FENDEL 2017.

[13] SNYDER 2010.

[14] FALIN 1997, p. 108.

[15] Al riguardo cfr. l'interessante scambio epistolare in FURET e NOLTE 1999, in particolare pp. 74 sg.

[16] HAFFNER 2002, p. 5.

[17] A titolo di esempio si rimanda a DĘBSKI 2003; BEREZA, CHMIELOWIEC e GRECHUTA 2002; WNUK 2009; WASILEWSKI 2010.

Ringraziamenti.

Scrivere un libro vuol dire prendere delle decisioni. Quale fonte utilizzare? Quale documento, per quanto coinvolgente, finirà per non essere preso in considerazione? Qual è l'aggettivo piú appropriato, l'interpretazione è plausibile? Al di sopra di tutto c'è la ricerca di una storia che vuole stupire, suscitare curiosità e intrattenere per il modo in cui è raccontata. È un bene, quando si prendono queste decisioni, poter contare sul consiglio, l'aiuto e la critica di amici, colleghi e collaboratori. A tutti loro rivolgo qui un sincero e caloroso ringraziamento. Ovunque abbia avuto l'opportunità, nei tre anni passati, di presentare parti del «libro sul patto», ho trovato un interesse e una disponibilità che mi hanno incoraggiata e dato forza.

Il mio ringraziamento va a storici come Lev Bezymenskij, Ingeborg Fleischauer, Roger Moorhouse e Sergej Slutsch, perché senza i loro eccellenti lavori riflettere sugli anni dell'alleanza militare tedesco-sovietica è quasi impossibile. Ringrazio Jörg Baberowski, Timm Beichelt, Werner Benecke, Reinhard Blänkner, Kirsten Bönker, Anke Hilbrenner, Ulrike Jureit, Markus Nesselrodt, Julia Obertreis, Susanne Schattenberg, Stefan Troebst e Ricarda Vulpius per le innumerevoli conversazioni e le obiezioni, che si sono rivelate sempre necessarie. Ringrazio Kerstin Jobst, Philipp Ther, Tamara Scheer e l'Istituto per la storia dell'Europa orientale dell'Università di Vienna per l'ospitalità e per un soggiorno eccezionale. Ringrazio in modo particolare Olga Radčenko, perché ho avuto la fortuna di poter condividere le mie idee con una collega straordinariamente coraggiosa, esperta della vita e brillante, dotata di un ineguagliabile intuito per il XX secolo.

Il mio grazie va ai collaboratori della cattedra di Storia europea contemporanea dell'Università europea Viadrina di Francoforte sull'Oder: Clara Frysztacka, Maria Giljarewskaja, Mike Plitt, Hannah Sprute, Samuel Wendt e Heidrun Hotzan. La costante partecipazione, lo spirito fuori dal comune e la considerevole calma con cui hanno ogni tanto tollerato la mia presenza e le mie assenze mi hanno dato la tranquillità necessaria per scrivere la storia europea del patto fra Hitler e Stalin. Ringrazio Carolin Leutloff-Grandits, Andrea Meissner e l'intero team del Viadrina Center B/Orders in Motion per le nostre discussioni e per l'impulso a concentrarmi sul tema del confine e sull'influenza che il confine esercita sulla «storia della violenza» delle dittature. Moses Fendel e Markus Niedobitek sono stati di straordinario aiuto per le mie ricerche d'archivio. Karl-Konrad Tschäpe ha letto le bozze e ha sempre trasformato le nostre telefonate in momenti speciali di riflessione storica. Ringrazio Sven Husmann per la disponibilità tutt'altro che scontata a superare i confini della propria disciplina.

Desidero ringraziare la casa editrice C.H. Beck, che ha accettato con entusiasmo fin dall'inizio la proposta di guardare, oltre i noti fatti di agosto, le reciproche interazioni e la storia europea del patto fra Hitler e Stalin. Ringrazio Sebastian Ullrich, Matthias Hansl, Carola Samlowsky e Daniel Bussenius per la professionalità con cui hanno seguito il mio lavoro e l'amichevole sostegno.

Come sempre alla fine di un processo di lavoro lungo e intenso, il ringraziamento piú grande e sentito va agli amici e alla mia famiglia, che accompagna e supporta la mia passione per la storia europea. È un segnale di grande amore, sollecitudine e indipendenza che «Stitler e Halin», a ragion veduta per un certo tempo e con molta ironia, abbiano potuto entrare nel nostro mondo. Per l'amore, la pazienza, per tutto il riguardo e la libertà ringrazio mio marito Detlev Schneider e mia figlia Ella Elisabeth.

Elenco delle abbreviazioni

AA	Auswärtiges Amt (Ministero degli Affari esteri)
BA	Bundesarchiv (Archivi federali), Berlin-Lichterfelde
Comintern	Internazionale comunista
Deruluft	Deutsch-Russische Luftverkehrs A. G.
DRK	Deutsches Rotes Kreuz (Croce Rossa tedesca)
EWZ	Einwandererzentralstelle (Ufficio centrale dell'immigrazione)
Gestapo	Geheime Staatspolizei (Polizia segreta dello stato)
GPU	Gosudarstvennoe političeskoe upravlenie (Direttorato politico dello stato - Urss)
GUGB	Glavnoe upravlenie gosudarstvennoj bezopasnosti (Direttorato principale per la sicurezza dello stato - Urss)
KPD	Kommunistische Partei Deutschland (Partito comunista tedesco)
NARA	The U.S. National Archives - General Administration Records of the Department of State (Archivi nazionali degli Stati Uniti)
NKID	Narodnyj kommissariat inostrannych del (Commissariato del popolo agli Affari esteri - Urss)
NKVD	Narodnyj kommissariat vnutrennych del (Commissariato del popolo agli Affari interni - Urss)
NSDAP	Nationalsozialistische Deutsche Arbeiterpartei (Partito nazionalsocialista tedesco dei lavoratori)
NSKK	Nationalsozialistisches Kraftfahrkorps (Corpi motorizzati nazionalsocialisti)
OKH	Oberkommando des Heeres (Alto comando dell'esercito tedesco)
OKW	Oberkommando der Wehrmacht (Alto comando delle forze armate tedesche)

OUN-B	Organisation der Ukrainischen Nationalisten (Organizzazione dei nazionalisti ucraini-banderisti)
PAAA	Politisches Archiv des Auswärtigen Amts (Archivio politico del Ministero degli Esteri)
Politbjuro	Političeskoe Bjuro Central'nogo Komiteta Vsesojuznoj Kommunističeskoj Partii (Ufficio politico del Comitato centrale del Partito comunista - Urss)
RKF	Reichskommissar für die Festigung deutschen Volkstums (commissario del Reich per il rafforzamento della germanicità)
RSHA	Reichssicherheitshauptamt (Direzione generale per la sicurezza del Reich)
SD	Sicherheitsdienst des Reichsführers SS (Servizio di sicurezza [informazioni e intelligence] del comandante in capo delle SS)
Sipo	Sicherheitspolizei (Polizia di sicurezza)
SS	Schutzstaffel (Squadre di protezione)
VDA	Volksbund für das Deutschtum im Ausland (Associazione per il germanesimo all'estero)
VoMi	Volksdeutsche Mittelstelle (Direzione generale per il benessere dei tedeschi etnici)
WKP(b)	Vsesojusnaja kommunisticeskaja partija (bol'ševikov) (Partito comunista [bolscevico] di tutta l'Unione - PCU[b]).

Il patto

Per Erna Weber (1922-99)

Figura 1. Firma del *Trattato di non aggressione tedesco-sovietico* al Cremlino: al centro Stalin; a destra, il commissario agli Esteri Vjačeslav Molotov, il consigliere dell'ambasciata tedesca Gustav Hilger; a sinistra, il consigliere della legazione Andor Hencke e il ministro degli Esteri tedesco Joachim von Ribbentrop (con le braccia conserte). Mosca, 23-24 agosto 1939.

Capitolo primo

«Con i tedeschi le cose dovrebbero procedere bene»

Il 1929 fu un anno nato sotto una cattiva stella: per il mondo, per l'Europa e per Georgij Čičerin, l'estenuato commissario del popolo agli Affari esteri dell'Unione Sovietica. Dieci anni prima che il suo successore Vjačeslav Molotov firmasse il *Trattato di non aggressione tedesco-sovietico* (fig. 1), Čičerin – malato, avvilito e ormai senza potere – si rivolse a Stalin. Era stato ancora Lenin a mettere a capo del Commissariato del popolo agli Affari esteri (NKID) di recente fondazione Georgij Čičerin, che risiedeva a Berlino e discendeva da una famiglia russa di antica nobiltà. Dopo l'azionismo aggressivo di Trockij, egli si era preoccupato di garantire «prudenza e di smussare gli spigoli» alla diplomazia dei bolscevichi[1]. Colto, poliglotta e educato alle buone maniere, aiutò il ruvido potere sovietico a conseguire un certo riconoscimento internazionale nel sistema di potere del primo dopoguerra. Čičerin, la cui madre discendeva dalla nobiltà tedesca del Baltico, aveva provveduto però soprattutto a garantire buoni rapporti con la Germania. Di concerto con i cosiddetti «Ostler» della Repubblica di Weimar, primo fra tutti Ago von Maltzan, la domenica di Pasqua del 1922 gli era riuscito il leggendario colpo di Rapallo, «che aveva scosso l'Europa come un tuono»[2]. L'alleanza frettolosamente negoziata alla Conferenza di Genova fra i due stati che il sistema di Versailles aveva isolato improntò la collaborazione fra tedeschi e sovietici negli anni venti in tutte le sue sfaccettature: dai contratti commerciali e di credito, passando per il Trattato di Berlino del 1926, fino a quella cooperazione militare circondata di mistero fra le forze armate tedesche e l'Armata Rossa iniziata già prima di Rapallo. A Rapallo, Čičerin prese in contropiede il premier britannico Lloyd George, che pensava di mettere in ginocchio la minacciosa potenza dell'Est con un presunto piano di aiuti, mentre in realtà quello che gli interessava era che la Russia ritornasse al sistema economico capitalistico. Čičerin non si fidò delle offerte dell'Occidente. Sette anni dopo, nella primavera del 1929, vedeva nell'ascesa del suo vice, Maksim Litvinov, non solo dissolversi il proprio potere, ma minacciate l'opera diplomatica di tutta una vita e addirittura l'esistenza stessa dell'Unione Sovietica. Per quanto Litvinov fino a quel momento non si fosse delineato come nemico della politica filotedesca, dava l'impressione di prediligere un avvicinamento alle grandi potenze dell'Europa occidentale; forse per distinguersi da Čičerin, o forse perché preferiva schivare i contatti con la Germania da quando il fratello Saveli, che aveva lavorato nell'Ufficio della rappresentanza commerciale sovietica a Berlino, era caduto in disgrazia presso Stalin dopo un nefasto scandalo per frode[3]. Comunque anche nella politica della Repubblica di Weimar il vento era cambiato. L'omologo di Čičerin, il primo ministro degli Esteri e poi ambasciatore a Mosca, Ulrich von Brockdorff-Rantzau, era morto nel 1928. Il ministro degli Esteri in carica, Gustav Stresemann, non faceva mistero di voler ricondurre la Germania nel consesso delle grandi potenze occidentali e prendere le distanze dall'Unione Sovietica. «Non possiamo guastare le nostre relazioni con la Germania»[4], fu il monito rivolto da Čičerin a Stalin, anche se Stresemann, a partire dai Trattati di Locarno del 1925, dava la priorità all'Occidente[5]. E, montando in collera, aggiungeva:

> Se Zinov'ev al plenum [del Comitato centrale] dell'agosto 1927 ha annunciato la colossale sciocchezza che la Germania ha mutato orientamento, non significa certo che la nostra stampa debba ripetere a pappagallo quest'assurdità e peggiorare cosí la nostra situazione. Certo, farebbe molto comodo ai comunisti tedeschi se i nostri rapporti con il governo tedesco peggiorassero (...) ma noi non possiamo guastare le nostre relazioni con la Germania solo per fare un piacere a loro e a Zinov'ev[6].

Čičerin sbagliava a credere che l'alleanza fra russi e tedeschi fosse indispensabile per la sopravvivenza dell'Unione Sovietica. Non si sbagliava, invece, nel presagire che la fine della sua carriera avrebbe coinciso, nelle relazioni bilaterali, con la fine della stagione del dopoguerra. Da anni l'euforia di Rapallo era stata sostituita da una presa di distanza della Germania dall'Unione Sovietica, che si era rafforzata nel gabinetto del cancelliere Heinrich Brüning a partire dal marzo del 1930 e a Mosca non era passata inosservata. Nel migliore dei casi, le relazioni politiche ufficiali intorno al 1929, l'anno fatale per l'Europa, potevano essere definite ricorrendo al concetto di amichevole distanza.

1. *Aerei, carri armati e crediti.*

Mentre la Germania scivolava a poco a poco nella crisi, in Unione Sovietica il 1929 segnò l'ascesa del georgiano Iosif Stalin, emerso dalle lotte per la successione di Lenin quale potente vincitore. Dopo avere soppiantato i suoi concorrenti Lev Kamenev e Grigorij Zinov'ev, nel gennaio di quell'anno si liberò di Lev Trockij, il suo piú pericoloso antagonista. Il 20 del mese Trockij ricevette la decisione del governo relativa alla sua espulsione, in un primo tempo in Turchia, motivata con la presunta «preparazione di una lotta armata contro l'Unione Sovietica»[7]. Il passo successivo di Stalin fu di mettere da parte, insieme alle persone, anche l'imperativo della rivoluzione mondiale comunista, per la quale bolscevichi come Trockij e Zinov'ev avevano lottato e combattuto. La presa del potere di Stalin cambiò le premesse della politica estera sovietica che, come scrisse il diplomatico tedesco ed «esperto di cose orientali» Gustav Hilger, «da molto tempo [aveva] sostanzialmente due obiettivi: espandere la rivoluzione proletaria ad altri paesi e conseguire il rafforzamento dello stato sovietico stesso»[8]. La nuova dottrina della «costruzione del socialismo in un solo paese» fece convergere, a partire dal 1929, tanto la politica interna quanto quella estera solo sul secondo obiettivo: conservare e rafforzare il primo stato comunista. Certo, l'Unione Sovietica continuò a presentarsi come la casa del comunismo internazionale, per decenni finanziato e tenuto in vita da Mosca, dove aveva sede il Comintern. Le priorità, però, erano cambiate. Con Stalin al potere, l'Internazionale comunista serviva principalmente a conservare l'Unione Sovietica e doveva sottomettersi incondizionatamente e senza discutere a questa dottrina.

La nuova politica estera non implicava che Stalin, come Čičerin aveva temuto, trascurasse le relazioni con la Germania.

Proprio perché le sue priorità erano formulate con chiarezza, la politica di alleanze sovietica negli anni trenta continuò a essere estremamente flessibile e, a dispetto di qualunque principio ideologico, pragmatica fino all'inverosimile. In politica Stalin era solito preferire sempre la costellazione che piú rispondeva al suo obiettivo, rapidi cambi di rotta e rovesciamenti ideologici compresi. Per quanto riguarda la Germania – la Repubblica di Weimar e il Terzo Reich di Hitler – questo significò che fino al giugno del 1941 le relazioni non furono mai completamente interrotte, né dopo la conquista del potere da parte dei nazionalsocialisti né durante il mandato del commissario per gli Affari esteri Maksim Litvinov, quando l'orientamento sovietico a Occidente raggiunse l'apice.

> A parte qualche mancanza di tatto – aveva risposto Stalin a Čičerin nel 1929, per tranquillizzarlo – da parte di qualcuno dei nostri nei confronti dei tedeschi (i tedeschi non sono meno indelicati nei confronti dell'Urss), i nostri rapporti sono abbastanza buoni. Hanno urgente bisogno di ordinazioni consistenti per l'industria, tra l'altro per poter pagare le riparazioni di guerra. Ordinazioni del genere non sono naturalmente facili da trovare e, com'è noto, da noi possono ottenerne non poche. Con i tedeschi le cose dovrebbero procedere bene[9].

Stalin aveva ragione. Negli anni trenta la Germania e l'Unione Sovietica – a dispetto di tutte le divergenze politiche – si attennero a una cooperazione non sempre scevra di conflitti, ma sempre vantaggiosa per entrambe. La relazione tenne, nonostante l'acutizzarsi delle tensioni ideologiche dopo il 1933, perché a prevalere fu soprattutto l'utilità economica. Aziende tedesche come Siemens sostennero l'industrializzazione dell'Unione Sovietica, in particolare dopo la stipula di un accordo economico nel 1921. La compagnia aerea Deruluft (Deutsch-Russische Luftverkehrs A. G.), fondata nello stesso anno, gestí regolarmente fino al 1937 le rotte Berlino-Mosca e Berlino-Leningrado passando per Riga e Tallinn. E il Trattato di Berlino del 1926, che sostanzialmente garantiva la continuazione della linea stabilita a Rapallo e dunque la neutralità tedesca in caso di una guerra dell'Unione Sovietica contro un terzo stato, fu rinnovato dallo stesso successore di Čičerin, Litvinov. Il Protocollo che lo rinnovava, firmato dai due stati nel giugno del 1931, fu ratificato dal Reichstag nel maggio del 1933, dopo la conquista del potere da parte di Hitler.

Per le relazioni economiche, che dopo il 1929 si andarono intensificando, fu determinante una lunga serie di ragioni: tra queste, gli obblighi tedeschi a corrispondere le pesantissime riparazioni di guerra, a differenza di quanto ipotizzato da Stalin, non figuravano nemmeno fra le piú importanti. Dopo l'entrata in vigore del piano Young, nel settembre del 1929, i pagamenti addirittura diminuirono, prima di cessare del tutto nel 1932, con la cosiddetta Conferenza sulle riparazioni di guerra di Losanna. Il motivo centrale era la crisi economica mondiale. Mentre Čičerin, nell'autunno del 1929, passava le acque alle terme di Wiesbaden, in Assia, il crollo di borsa americano mise in ginocchio l'Europa. Investimenti ad alto rischio in beni di consumo e in immobili avevano prodotto nel corso degli anni una bolla speculativa che scoppiò a Wall Street il 24 ottobre 1929. Il motore economico statunitense si inceppò, la concessione di crediti all'estero – in particolare dei crediti a breve termine, di cui la Germania aveva approfittato – si interruppe. Il commercio mondiale collassò. L'enorme calo di produzione, l'elevata disoccupazione – nel 1932 in Germania i disoccupati erano ufficialmente cinque milioni – e il degrado sociale di vasti strati della popolazione portarono l'Europa a una crisi esistenziale cui il modello economico del capitalismo occidentale, caduto in discredito, sembrava non poter offrire alcuna via d'uscita. Al libero commercio degli anni del dopoguerra subentrarono il protezionismo, il ricorso ai dazi doganali e l'autarchia. Ogni paese cercava di salvare prima di tutto se stesso. Nel marzo del 1932 la Gran Bretagna riscosse dazi doganali del 10 per cento su tutte le importazioni e stipulò con i suoi *dominions*, le colonie da essa stessa amministrate, un accordo che li obbligava a privilegiare merci britanniche[10]. Per ammortizzare le catastrofiche conseguenze sociali della crisi economica mondiale, rilanciare la produzione industriale e le esportazioni, la Germania era in cerca di nuovi mercati, che si trovavano a est. A tirare fuori la Germania dalla crisi economica fu la crescita esponenziale del commercio con l'Unione Sovietica.

Stalin trasse vantaggio dalla crisi del capitalismo occidentale. Mentre in quella parte del mondo la popolazione sprofondava nella miseria, comprese larghe fasce della classe media, l'Unione Sovietica presentava il primo piano quinquennale, delineando un gigantesco programma di infrastrutture e industrializzazione. La modernizzazione del paese rientrava nella «rivoluzione dall'alto» di Stalin e comportò la spietata trasformazione dell'impero in un moderno stato industriale che non voleva solo reggere la concorrenza degli stati capitalisti, ma intendeva superarli di gran lunga. Le direttive e le stime – il piano venne deliberato nel 1929, ma retrodatato al 1928 – erano irrealistiche e folli quanto lo slogan che campeggiava sulla prima pagina della «Pravda»: «Realizzare il piano quinquennale in quattro anni». L'industrializzazione di Stalin – di fatto pensata per dimostrare la superiorità dell'economia pianificata socialista – gettò il paese in una catastrofe in nome della civilizzazione dalla quale non si sarebbe piú ripreso per decenni. Costò la vita a molte migliaia di persone, distrusse sistemi economici e modi di vivere tradizionali – che però funzionavano – e mise in piedi un gigantesco meccanismo basato sul lavoro forzato e su campi nei quali i prigionieri morivano miseramente costruendo megaprogetti mostruosi e spesso economicamente privi di senso, come il canale mar Bianco - mar Baltico. Questa via d'acqua, nota anche con il nome di «canale di Belomorsk», venne costruita in soli due anni, dal 1931 al 1933, da prigionieri del gulag: una via d'acqua tra i mari la cui utilità economica non era in alcun modo in rapporto con i suoi costi. Ancora oggi è solo parzialmente navigabile e per il trasporto delle merci da un mare all'altro quasi inutile[11].

Per l'industrializzazione dell'Unione Sovietica Stalin aveva bisogno di crediti, macchinari e interi stabilimenti dall'estero, e le banche e le aziende tedesche, alla ricerca di mercati di sbocco, erano ben disposte a fornirglieli. Nel bel mezzo della crisi economica mondiale, la Germania offrí crediti milionari, a condizione che con quel denaro venissero acquistati macchinari e prodotti dell'industria tedesca. L'ambasciatore tedesco a Mosca, Herbert von Dirksen, per placare i timori di inadempienza disse che l'economia tedesca poteva puntare, a suo parere, sul commercio con Mosca, «dal momento che in Unione Sovietica non c'è da aspettarsi né un rovesciamento del governo né un cambio di sistema»[12]. L'ambasciata tedesca e il Ministero degli Affari esteri svolsero attività di intermediazione. Durante la crisi economica, come scrisse Gustav Hilger, all'epoca direttore della sezione economica presso l'ambasciata tedesca di Mosca,

> ... l'interesse degli ambienti economici per lo sviluppo dei contatti commerciali con l'Unione Sovietica era talmente grande che per settimane, durante le mie vacanze in Germania, dovevo tenere consultazioni per fornire ragguagli sulle opportunità di fare affari e fornire ulteriori informazioni sull'Unione Sovietica (...) Solo a Berlino, in occasioni del genere, ho ricevuto nel giro di dieci giorni mediamente piú di duecento rappresentanti di commercio che volevano tutti sapere quali opportunità offrisse il mercato sovietico alle loro aziende[13].

Consigli di amministrazione delle banche e rinomati gruppi industriali come Krupp, MAN, Borsig e Klöckner accettarono volentieri, nel febbraio del 1931, l'invito di Grigorij Ordžonikidze, il presidente del Consiglio superiore dell'economia nazionale dell'Urss, a compiere un viaggio di quattordici giorni in Unione Sovietica per dare una spinta agli affari. In pochissimo tempo le ordinazioni sovietiche alla Germania raggiunsero la cifra record di 919,2 milioni di Reichsmark[14]. Nel 1931 e nel 1932 l'Unione Sovietica fu il principale acquirente di macchinari tedeschi; nell'estate del 1932 il suo indebitamento superò il miliardo[15]. Nella prima metà del 1932 l'Unione Sovietica acquistò piú della metà dei profilati di ferro, nichel metallico e merci analoghe esportati dalla Germania, il 60 per cento delle scavatrici e delle dinamo, il 70 di tutte le macchine utensili per la lavorazione dei metalli, l'80 delle gru, delle lamiere e delle locomobili esportate, il 90 per cento di tutte le turbine a vapore e a gas, oltre che delle presse a vapore[16]. Il commercio con l'Unione Sovietica di Stalin tirò fuori l'economia tedesca dalla crisi. «E se – sottolineava Hilger – molte industrie tedesche, soprattutto nel settore delle macchine utensili, hanno superato indenni la crisi, lo dovettero essenzialmente alle ordinazioni sovietiche»[17]. Le pressioni della crisi economica mondiale e del piano quinquennale stimolarono e consolidarono le relazioni commerciali tra la Germania e l'Unione Sovietica di Stalin. Al di là di qualsivoglia rifiuto e conflitto politico, esse costruirono negli anni trenta una stabile base di fiducia, presupposto di quell'avvicinamento che alla fine del decennio avrebbe condotto al patto Hitler-Stalin.

La cooperazione nel periodo fra le due guerre non si limitò all'economia. Di gran lunga piú conosciuta, perché piú spettacolare, fu la collaborazione militare fra l'esercito tedesco (Reichswehr fra il 1921 e il 1935) e l'Armata Rossa, che tuttavia stentò di piú ad avviarsi e fino all'inizio degli anni trenta dovette fronteggiare alcuni colpi bassi. I contatti fra le forze armate erano stati stabiliti già prima della firma del Trattato di Rapallo da Karl Radek, uno zelante quanto ambiguo rivoluzionario di professione. Radek, figlio di un impiegato delle poste ebreo originario di Leopoli, in Galizia, aveva fatto parte della delegazione bolscevica alle trattative di pace di Brest-Litovsk e, nell'autunno del 1919, sondò attivamente il terreno e coltivò stretti rapporti personali con il nuovo comandante in capo dell'esercito tedesco, il colonnello generale Hans von Seeckt. In un primo momento lo fece dalla sua cella nel carcere giudiziario di Berlino-Moabit, che abitò per qualche tempo a causa delle sue attività comuniste clandestine e che in un baleno trasformò nel «salotto politico di Radek». Dopo la scarcerazione, portò avanti i colloqui nella casa messa generosamente a disposizione dall'ufficiale dei servizi segreti colonnello Eugen von Reibnitz, che faceva parte dello staff di Seeckt[18]. Le negoziazioni di Radek sfociarono nel 1922-23 in un trattato dalla vita breve, con il quale il governo sovietico autorizzava l'azienda aeronautica tedesca Junkers a installare una fabbrica di aerei a Fili, un villaggio distante dodici chilometri da Mosca. Il contratto fu ben presto rescisso perché – lamentò Mosca – la ditta Junkers non ottemperava ai suoi obblighi e non forniva gli aerei né costruiva la fabbrica[19]. Neanche la produzione di gas mostarda in un impianto gestito in comune a Trozk (Čapaevsk), nella provincia di Samara, regione del Volga, venne attuata, nonostante la società per azioni russo-tedesca Bersol fosse stata fondata esclusivamente a questo scopo[20]. Maggior fortuna della costruzione di aerei e della produzione di gas venefici ebbero gli esperimenti chimici: lanci di bombe al fosgene e di gas irritante, nonché la produzione di mine chimiche e, significativamente, l'avvio di esperimenti di intossicazione su vasta scala con i veicoli della Krupp dotati di un dispositivo per spruzzare liquidi[21].

Dopo l'avvio zoppicante, la cooperazione militare si consolidò nella seconda metà degli anni venti, in particolare dopo l'istituzione della famigerata Panzerschule di Kazan', una scuola per le truppe corazzate, nel dicembre del 1926. Anche se all'inizio gli ufficiali tedeschi e sovietici a Kazan' avevano a disposizione per testare nuovi modelli solo due carri armati inglesi «con sospensioni Christie»[22], fecero diventare quella scuola uno dei piú importanti centri di addestramento per molti ufficiali carristi che durante la seconda guerra mondiale si sarebbero trovati su fronti opposti. Nell'estate del 1929 erano arrivati già tre carri armati della Krupp e tre della Rheinmetall. Piú avanti vennero collaudati a Kazan' i carri armati di produzione sovietica T26, T28, T35 e i modelli veloci della serie BT[23]. Il generale tedesco delle truppe corazzate Heinz Guderian, che dopo l'attacco alla Polonia nel settembre del 1939 passò in rassegna le truppe insieme con Semën Krivošein durante la parata della vittoria tedesco-sovietica a Brest-Litovsk, aveva frequentato Kazan' nel 1932 e nel 1933. In totale vennero addestrati in quella scuola circa trenta ufficiali della Reichswehr.

Analoga è la storia di una scuola di aviazione e campo di volo fondata dai tedeschi nella città russa di Lipeck. A firmare la convenzione era stato il capo della missione militare a Mosca, colonnello Hermann von der Lieth-Thomsen, nell'aprile del 1925[24]. La Reichswehr finanziò la scuola di aviazione di Lipeck, grazie alla quale fu possibile aggirare le limitanti condizioni del Trattato di Versailles. Lipeck divenne il centro piú importante per l'addestramento dei piloti degli aerei da caccia e per il riarmo segreto dell'aeronautica militare tedesca. Dal 1925 al 1933 – gli ultimi allievi conclusero il corso in agosto – vennero addestrati circa centoventi piloti di aerei da caccia della Reichswehr, che durante la seconda guerra mondiale prestarono servizio come capisquadriglia della Luftwaffe di Hermann Göring[25]. Lipeck fu il principale centro per il test e il collaudo degli aerei da combattimento tedeschi. In cambio l'Armata Rossa ebbe la possibilità di farsi un'idea del grado di sviluppo dell'industria aeronautica in Germania.

Mentre a Kazan' e a Lipeck carri armati e velivoli venivano sottoposti a test e si addestravano i quadri militari, a partire dagli anni venti la Reichswehr e l'Armata Rossa parteciparono regolarmente a manovre militari e praticarono un intenso scambio di personale. Generali e ufficiali si facevano reciprocamente visita a Mosca e a Berlino, dove nacquero contatti personali e persino amicizie. Fra i piú ferventi sostenitori della «fratellanza d'armi» tedesco-sovietica vi era Michail Tuchačevskij, uno dei piú capaci generali sovietici, che avrebbe pagato con la vita i suoi legami con la Germania: promosso vicecommissario del popolo alla Difesa nel 1934, fu una delle vittime piú illustri del Grande Terrore che nel 1937 investí anche l'Armata Rossa.

Pure Semën Timošenko, uno dei piú noti generali d'armata della seconda guerra mondiale, che dopo la disastrosa «guerra d'inverno» del 1939-40 contro la Finlandia sostituí Kliment Vorošilov nella funzione di commissario del popolo alla Difesa, coltivava intensi contatti con la Reichswehr. Gli ufficiali sovietici seguivano corsi di stato maggiore e l'addestramento operativo presso il Ministero dell'Esercito a Berlino. Senza la cooperazione militare di quegli anni né la Reichswehr né l'Armata Rossa avrebbero tenuto il passo con il progresso in campo militare a livello internazionale. Dispiacque a tutt'e due le parti in causa che Hitler, dopo aver preso il potere, interrompesse le relazioni militari, anche se i buoni contatti personali non devono trarre in inganno: i due stati si erano sempre squadrati con diffidenza, seguendo i propri interessi politici. Anche se gli ufficiali della Reichswehr coltivavano rapporti quasi amichevoli con i generali dell'Armata Rossa non significava infatti che vagheggiassero il comunismo o che approvassero il sistema bolscevico. Al contrario, da parte tedesca si curavano i contatti anche perché l'esercito vedeva nell'Armata Rossa, in cui ufficiali zaristi ricoprivano alte cariche, l'istituzione che in caso di un rivolgimento politico avrebbe potenzialmente combattuto per la fine del bolscevismo[26]. Stalin invece non vedeva che problema ci fosse nel ricorrere al *know-how* di uno stato capitalista nell'interesse della propria sicurezza e per la modernizzazione dell'Armata Rossa. Guidate da questi interessi, la Germania e l'Unione Sovietica consolidarono la loro collaborazione anche dopo che il «Manchester Guardian», nel 1926, aveva rivelato la cooperazione militare segreta e scatenato uno scandalo politico che portò alle dimissioni del terzo gabinetto del cancelliere tedesco Wilhelm Marx. Tra il «colpo grosso» di Rapallo e la conquista del potere dei nazionalsocialisti, entrambi gli stati considerarono relazioni stabili di reciproco beneficio. La prima guerra mondiale, Versailles e la crisi economica internazionale li avevano portati ad avvicinarsi. Entrambi i paesi si sentivano soggetti a tutela e umiliati. Di certo anche in Germania era ampiamente diffusa la diffidenza in cui si imbatteva il bolscevismo in Europa. La «rivoluzione dall'alto» di Stalin e la marcia indietro rispetto all'imperativo della rivoluzione mondiale, tuttavia, riscossero addirittura consensi presso la destra tedesca[27]. La Germania e l'Unione Sovietica furono in grado di collaborare, in particolare dopo la «svolta nazionale», che guadagnò a Stalin molte simpatie e che i rappresentanti del nazionalbolscevismo lodarono considerandola addirittura come specifica incarnazione del prussianesimo[28]. Sul fatto che anche «il governo sovietico» potesse «lavorare bene con un governo reazionario tedesco»[29] non sussistevano molti dubbi.

2. *«Il capitolo-Rapallo è chiuso».*

Malgrado la simpatia della destra tedesca per Stalin, negli anni trenta il furore ideologico del nazionalsocialismo intaccò il rapporto fra i due stati. Con la presa del potere di Hitler, da movimento il nazionalsocialismo era diventato potere statale, cosí come regimi autoritari e totalitari avanzavano in tutta Europa a seguito della crisi economica mondiale e della delegittimazione delle democrazie. In Italia, il movimento fascista di Mussolini si era impadronito del potere nell'ottobre del 1922 con la «marcia su Roma», dove Mussolini era arrivato da Milano viaggiando comodamente in treno. Nell'Europa centrale e meridionale, agli intermezzi democratici fece seguito l'epoca delle dittature e dei regimi presidenziali, che promettevano un «processo di risanamento nazionale» e, tramite una leadership ferma e l'annullamento del pluralismo parlamentare, percepito come caotico, la rinascita di uno stato nazionale forte. In Germania, il 30 gennaio 1933 il presidente Hindenburg nominò cancelliere il capo del Partito nazionalsocialista tedesco dei lavoratori (NSDAP), Adolf Hitler, e decretò la fine della Repubblica di Weimar. La NSDAP di Hitler era cresciuta a partire dagli anni venti approfittando dell'ostilità nei confronti del sistema di Versailles diffusa fra la popolazione, della scarsa legittimazione della democrazia parlamentare, della sua debolezza istituzionale e delle esclusioni sociali dovute alla crisi mondiale, oltre che del dichiarato internazionalismo comunista. Il fatto che l'internazionalismo di sinistra abbia contribuito al successo del nazionalismo dei movimenti fascisti «è uno dei segreti meglio custoditi della politica comunista del XX secolo», secondo lo storico francese François Furet[30]. Alla maggioranza della popolazione europea l'internazionalismo, in tempi di insicurezza, sembrava piú un pericolo che un traguardo, mentre la retorica della rinascita nazionale prometteva un futuro che suonava familiare. Hitler non esitò a strumentalizzare il deciso rifiuto nei confronti del comunismo e a servirsene per la brutale persecuzione degli avversari politici.

Subito dopo la sua presa del potere, il graduale aumento della rivalità ideologica fra comunismo e nazionalismo non avvenne piú per la strada o nelle birrerie dove si ritrovavano i lavoratori. Improntò piuttosto la politica interna del governo del Reich. L'incendio del Reichstag del 27 febbraio 1933 fu preso a pretesto per sospendere i diritti democratici fondamentali e dare l'avvio a una caccia ai comunisti che culminò il 15 marzo con il divieto del Partito comunista tedesco (KPD). Nei primi due anni in cui Hitler fu al potere vennero assassinati duemila comunisti; entro lo scoppio della guerra, nel 1939, le vittime delle repressioni ideologiche arrivarono a ventimila[31]. Di fronte a una campagna di questo genere, né gli organi direttivi del Comintern, né Stalin e il Politbjuro si facevano illusioni sulla guerra delle ideologie che dominava la politica tedesca. Avevano letto il *Mein Kampf* ed erano stati informati dai servizi segreti del famigerato discorso che Hitler aveva tenuto il 3 febbraio 1933 davanti alle piú alte cariche dell'esercito. In quell'occasione Hitler aveva parlato apertamente dell'«avvelenamento del mondo a opera del bolscevismo» e dichiarato che l'obiettivo della sua politica «attiva» dello spazio vitale diretta a est era di «estirpare il marxismo». Esattamente disse:

> Mi do sei-otto anni di tempo per annientare completamente il marxismo. Dopo di che l'esercito sarà in grado di condurre una politica estera attiva, e l'obiettivo di ampliare lo spazio vitale del popolo tedesco verrà raggiunto anche a mano armata. – L'obiettivo sarà probabilmente l'Est. Tuttavia una germanizzazione degli abitanti dei territori annessi o conquistati non è possibile. Si può germanizzare solo il suolo[32].

L'aggressività con cui Hitler pianificava la germanizzazione dell'Est e l'estirpazione del bolscevismo – l'una e l'altra cosa significavano l'annientamento della popolazione di quei luoghi – non poteva che generare inquietudine a Mosca.

Nel corso delle repressioni politiche interne si moltiplicarono gli attacchi violenti a istituzioni sovietiche come le rappresentanze commerciali di Amburgo e di Lipsia. A Berlino, le SA occuparono la sede della società petrolifera tedesco-sovietica Derop e la corrispondente del quotidiano sovietico «Izvestija» venne arrestata per presunti reportage antitedeschi. Ciò nonostante il governo sovietico cercò di evitare un'escalation e si preoccupò di conservare la vantaggiosa «relazione di Rapallo»: in quanto contrappeso tedesco-sovietico al sistema postbellico delle grandi potenze occidentali non vi si poteva rinunciare, per non parlare del beneficio economico e militare. Mentre il sostegno alla sinistra tedesca veniva pilotato attraverso canali legali e illegali del Comintern, il governo sovietico ignorava ufficialmente la politica di epurazione che veniva praticata all'interno del paese. «Che cosa ce ne importa, se fate fuori i vostri comunisti»[33]: con queste parole, pronunciate in presenza di diplomatici tedeschi, Maksim Litvinov assicurò che il suo paese sarebbe restato fedele a Rapallo e al non intervento nelle questioni interne, e che neppure una «guerra delle ideologie» avrebbe ostacolato una collaborazione politica.

Come a confermare le parole di Litvinov, nell'estate del 1933 – nel bel mezzo delle repressioni piú violente ai danni dei comunisti tedeschi – si tenne vicino a Mosca un incontro degno di nota. A mandare gli inviti era stato il georgiano Avel' Enukidze, compagno di lotta di Stalin. Enukidze, che nel 1937 cadde vittima del Grande Terrore staliniano, era parente della prima moglie del dittatore e apparteneva alla ristretta cerchia dei familiari. Era stato testimone del secondo sfortunato matrimonio di Stalin con Nadežda Allilujeva, che si era tolta la vita sei mesi prima di quell'incontro. Nella dacia di Enukidze si riunirono, per sondare il clima dopo il cambio di regime in Germania, l'ambasciatore tedesco a Mosca Herbert von Dirksen, il primo consigliere d'ambasciata ed ex comandante di sottomarini Fritz von Twardowski e il vicecommissario del popolo agli Affari esteri ed ex ambasciatore a Berlino Nikolaj Krestinskij. Enukidze, che aveva ricevuto chiare disposizioni da Stalin, assicurò all'ambasciatore Dirksen «la piena comprensione dei massimi rappresentanti dell'Unione Sovietica per gli sviluppi in Germania»[34]. Il governo sovietico non aveva nessuna paura del nuovo regime, affermò con fiducia Enukidze, dal momento che «gli elementi che ora predominano» nel Partito – il riferimento era ai rappresentanti della linea ideologica dura – si sarebbero comunque ben presto separati dagli «elementi istituzionali». A Mosca si era convinti che il nazionalsocialismo avrebbe attraversato una metamorfosi simile a quella che i bolscevichi avevano sperimentato sulla loro pelle a partire dalla «rivoluzione dall'alto» di Stalin. La tempesta rivoluzionaria si sarebbe placata e anche nella Germania di Hitler il pragmatismo della Realpolitik sarebbe prevalso. Non solo Stalin non era preoccupato, come fece sapere tramite Enukidze, ma aveva anzi l'ottimistica convinzione che «la metamorfosi nazionalsocialista dello stato tedesco avrebbe avuto conseguenze favorevoli per le relazioni tedesco-sovietiche»[35]. Le repressioni, l'epurazione e l'eliminazione dei concorrenti all'interno del partito e degli avversari politici riflettevano a suo parere la ricetta machiavellica della conquista del potere, per ottenere il quale all'inizio erano necessari atti spietati, onde assicurare durata al proprio dominio[36].

> L'omologazione politica interna – assicurò Enukidze – garantirà che alla politica dell'avvicinamento degli interessi dei due stati non venga piú posto alcun ostacolo da parte dell'opinione pubblica e della maggioranza parlamentare. Il governo tedesco a quanto pare adesso è impegnato a creare, attraverso adeguate misure interne, le condizioni per avere in politica internazionale la stessa libertà d'azione di cui l'Unione Sovietica dispone già da molti anni[37].

Stalin pensava di vedere Hitler seguire le proprie orme e che, presto o tardi, a Berlino prendesse il sopravvento la Realpolitik, ma le sue speranze andarono deluse. A differenza del dittatore sovietico, Hitler era un fanatico ideologo e, come uomo politico, lontano dalla pragmatica elasticità e dalla flessibilità interpretativa dimostrata da Stalin con i dogmi del comunismo. Relazioni costruttive con Mosca non svolsero all'inizio alcun ruolo nella sua politica estera. Al contrario, nei suoi primi anni al potere Hitler si impegnò a creare con la Gran Bretagna, la Francia e gli stati dell'Europa orientale un forte blocco antisovietico. Ignorò i segnali che Stalin aveva lanciato tramite Enukidze e cosí la crisi si insinuò lenta, ma inesorabile, nelle relazioni fra i due paesi.

Poco dopo l'incontro nella dacia, l'ambasciatore Herbert von Dirksen fu rimosso dall'incarico e trasferito a Tokyo, non senza aver concluso il suo ultimo rapporto da Mosca con la frase: «Il capitolo-Rapallo è chiuso»[38]. A differenza del suo successore, Rudolf Nadolny, Dirksen aveva capito che né Hitler né il Ministero degli Esteri erano interessati a buoni rapporti con l'Unione Sovietica. Nadolny, un candidato di compromesso che era stato nominato su sollecitazione dei generali della Reichswehr filosovietici e contro la volontà di Hitler, combatté una battaglia persa in partenza. Dopo accanite discussioni con Hitler e con il ministro degli Esteri Konstantin von Neurath, pochi mesi dopo si dimise e, non condividendo la nuova politica estera nazionalsocialista, lasciò il servizio diplomatico.

Il peggioramento delle relazioni tedesco-sovietiche si rifletté anzitutto sulla cooperazione militare. Nel settembre del 1932 si erano svolte le ultime manovre del Reich alla presenza di una prestigiosa delegazione sovietica, guidata da Michail Tuchačevskij (fig. 2). Presso Francoforte sull'Oder, città di guarnigione del Brandeburgo orientale, l'esercito tedesco doveva compiere una esercitazione che comportava il respingimento di un «attacco polacco» oltre la linea di confine costituita dal fiume[39]. Per quanto il complesso di circostanze possa apparire significativo a posteriori, evidenziava una volta ancora un presupposto politico centrale della cooperazione militare: il rifiuto condiviso della Seconda Repubblica polacca. Già nel 1930, in occasione della firma per un contratto con la fabbrica di armi tedesca Rheinmetall, il generale sovietico Ieronim Uborevič – che aveva assolto parte del suo addestramento da ufficiale a Berlino, e come Tuchačevskij avrebbe trovato la morte durante il Grande Terrore – dichiarava: «Nel giro di due anni saremo al punto di poter regolarizzare i confini e ammazzare i polacchi? Dobbiamo dividercela di nuovo, la Polonia»[40]. Prima che l'auspicio di Uborevič si traducesse in realtà nove anni dopo, nel maggio del 1933 il governo sovietico interruppe, temporaneamente, la sperimentazione congiunta di armi chimiche: i cosiddetti esperimenti di Tomka. Nel mese di giugno la Germania annunciò la chiusura della base aerea di Lipeck[41]. Quella fine dispiacque a molti generali che negli anni precedenti avevano coltivato rapporti amichevoli, condiviso l'idea di un nemico comune e l'odio per la Polonia. «Non dimentichi – disse Tuchačevskij congedandosi dal consigliere d'ambasciata Twardowski – che è la politica, la vostra politica, che ci divide, non i nostri sentimenti, i sentimenti di amicizia dell'Armata Rossa per la Reichswehr»[42]. Nel 1934 il ministro della Difesa Werner von Blomberg, che aveva salutato e sostenuto la collaborazione con Mosca, cancellò l'Armata Rossa dall'elenco degli eserciti amici e la inserí in quello dei potenziali avversari[43].

Il rifiuto di Hitler, nei primi anni di potere, per le relazioni tedesco-sovietiche danneggiò il commercio e le relazioni economiche, tradizionalmente intense. L'esportazione di merci tedesche in Unione Sovietica continuò a diminuire, anche se fino al 1935 la Germania rimase al primo posto nel commercio estero sovietico; tre anni dopo era scesa al quinto posto, dietro alla Gran Bretagna, agli Stati Uniti, al Belgio e ai Paesi Bassi[44]. Nel frattempo Stalin aveva reagito e compensato le perdite intensificando le relazioni commerciali con i paesi dell'Europa occidentale; un cambiamento che si ripercosse sul piano politico, o meglio, ne fu influenzato. Al XVII Congresso del WKP(b),

Figura 2.

Paul von Hindenburg, presidente della Repubblica di Weimar, incontra alcuni ufficiali dell'Armata Rossa durante le manovre autunnali della Reichswehr. Francoforte sull'Oder, 1932.

all'inizio del 1934, Mosca dichiarò che le democrazie occidentali erano alleati politici nel perseguire la comune strategia della sicurezza collettiva, che andava costituendosi in Europa contro la minaccia nazionalsocialista. Appare evidente che l'Unione Sovietica aveva portato a compimento un'impressionante evoluzione nella sua politica, rappresentata dal commissario per gli Affari esteri Maksim Litvinov.

Dietro le quinte e senza Litvinov, Stalin continuava tuttavia a impegnarsi per migliorare, o almeno per conservare, le relazioni con il Terzo Reich. A tal fine, invece che del Commissariato agli Affari esteri e dell'ambasciata di Berlino, si serviva della rappresentanza commerciale sovietica e del suo capo David Kandelaki che, come Avel' Enukidze, era d'origini georgiane e da lungo tempo leale seguace e uomo di fiducia di Stalin per le missioni speciali difficili. Stalin aveva fatto arrivare Kandelaki a Mosca e gli aveva affidato dapprima la rappresentanza commerciale a Stoccolma e poi, nel dicembre del 1934, lo aveva inviato a Berlino[45]. Attraverso Herbert Göring, un nipote di Hermann, che lavorava al Ministero dell'Economia come funzionario, Kandelaki strinse contatti a Berlino con nazisti di alto rango, tra gli altri con Hjalmar Schacht, ministro delle Finanze e «banchiere di Hitler». Fu presto in grado di stipulare – e si trattò del suo primo successo – un accordo per il credito che assicurò all'Unione Sovietica piú di 200 milioni di Reichsmark in cinque anni[46]. E con ciò Kandelaki era riuscito a concludere felicemente solo la parte ufficiale della missione. Il suo secondo compito – sondare il terreno, durante i colloqui commerciali, riguardo alle possibilità di un avvicinamento politico e alle sue condizioni – si rivelò piú complicato. Piú volte, anche attraverso Schacht, Kandelaki cercò di scoprire a quali condizioni il governo tedesco fosse disponibile ad allentare la tensione nelle relazioni politiche[47]. Nel farlo premise che l'Unione Sovietica per principio non si intrometteva nelle questioni interne di altri stati e che i loro «regimi» non avevano alcun influsso sulla «posizione [del governo] sovietico nei loro confronti»[48]. I suoi sforzi e le sue concessioni non portarono a nulla. La doppia strategia di Stalin, che consisteva nel tastare il terreno politico in Germania tramite un inviato speciale, mentre Litvinov lavorava alla costruzione di un'alleanza per la sicurezza con le potenze occidentali in funzione antitedesca, non diede frutti. A Hitler, Mosca non interessava. Il suo atteggiamento cambiò solo quando, nel corso dei preparativi per la guerra, aumentarono le pressioni da parte dell'industria bellica.

Il 7 marzo del 1936 la Wehrmacht occupò la Renania, che era zona smilitarizzata. Nell'autunno dello stesso anno fu affidato al comandante in capo della Luftwaffe Hermann Göring l'incarico di attuare il Piano quadriennale e di implementare il «piano di Norimberga per la sostituzione delle materie prime». Göring era ormai responsabile di tutti i piani di riarmo della Wehrmacht. Suo nipote Herbert – che, come Kandelaki scrisse a Stalin, «aveva una diversa opinione delle relazioni tedesco-sovietiche» – capí che il momento era favorevole e accese le speranze in uno «scambio di idee senza condizioni» al quale anche il commissario per gli Affari esteri Litvinov si dichiarò favorevole[49]. Hermann Göring, che non parlava con Kandelaki ma con l'ambasciatore sovietico a Berlino, Jacov Suric, si mostrò prudentemente conciliante. Da un lato prese tatticamente le distanze dalla furia anticomunista espressa da Hitler al Raduno di Norimberga; dall'altro sottolineò di essere interessato soprattutto a rapporti commerciali «senza implicazioni politiche», il che significava che la Germania accoglieva con favore l'aumento di relazioni commerciali, indipendentemente dai conflitti in atto, e che Göring mirava soprattutto alle forniture sovietiche di materie prime. Al tempo stesso, esprimendosi cosí, aveva anche lasciato capire che i colloqui di carattere economico non implicavano affatto un'intesa politica: questa, dopo la firma del Patto anticomintern fra il Terzo Reich e il Giappone, il 25 novembre 1936 a Berlino, sembrava ormai essersi allontanata di molto. Il patto, festeggiato sulla stampa nazionalsocialista, si proponeva di combattere l'Internazionale comunista, ed era diretto fin troppo chiaramente contro l'Unione Sovietica, che rappresentava per il Giappone un temibile concorrente nella lotta per il potere sulla Cina sconvolta dalla guerra civile.

In Europa il Patto anticomintern era un segnale per la Gran Bretagna, dove i conservatori e i liberali raccolti intorno a Lloyd George avrebbero preferito allearsi con Hitler piuttosto che stringere anche solo la mano all'ambasciatore sovietico Ivan Majskij. Il desiderio di relazioni economiche avulse dalla politica espresso da Göring non può essere inteso come una rinuncia all'anticomunismo. Anzi, egli pretese da Stalin che proibisse al Comintern qualsivoglia agitazione e propaganda politica[50]. Soltanto a quel punto si sarebbe creato il presupposto per un dialogo su aspetti economici che sarebbe potuto sfociare in un'intesa politica. Stalin rifiutò queste condizioni. Al tempo stesso, però, sondò il clima nel Politbjuro e, all'inizio di gennaio del 1937, fece firmare un documento che non escludeva la possibilità di intraprendere colloqui politici con la Germania nazista e prevedeva, nel caso da parte tedesca se ne fosse manifestato il desiderio, di tenerli segreti. Nel momento in cui ufficialmente la politica estera sovietica della sicurezza collettiva si era spinta piú avanti possibile, si trattava davvero di un documento significativo[51].

Alla fine la missione di Kandelaki fallí per la diffidenza di Hitler, che imputava a Mosca di volere soltanto sfruttare eventuali trattative per alzare la posta nei confronti della Francia e della Gran Bretagna e raggiungere con quei paesi un «ulteriore avvicinamento»[52]. Quando pretese che la Russia ponesse fine al suo impegno nella guerra civile spagnola, a essere sospeso non fu solo l'avvio del dialogo. David Kandelaki pagò con la fine della sua carriera e con la vita. Nel 1937 venne sostituito alla guida della rappresentanza commerciale sovietica e in un primo momento arrestato. Dopo un intermezzo come vicecommissario del popolo al Commercio estero, nel 1938 Stalin fece uccidere il suo fedele seguace georgiano Kandelaki. L'ambasciatore Suric fu trasferito da Berlino a Parigi e la propaganda tedesca diffuse voci sulle trattative segrete alla stampa, per discreditare Stalin presso le potenze con le quali il commissario per gli Affari esteri Litvinov faceva ogni sforzo per trovare un'intesa.

3. *La politica della sicurezza collettiva.*

Ancor prima dell'ascesa al potere di Hitler, Stalin aveva cominciato a migliorare gradualmente le relazioni politiche con le democrazie dell'Europa occidentale, in particolare con la Francia e la Gran Bretagna, ma anche con la Polonia. Questo corso rispondeva alla strategia (di sopravvivenza), applicata in politica estera, che mirava *in primis* ad assicurare l'esistenza dell'Unione Sovietica giocando sempre su piú fronti. Dai tempi della rivoluzione bolscevica e dell'intervento delle truppe britanniche e francesi nella guerra civile russa, nell'estate del 1918, le relazioni con l'Occidente erano caratterizzate da un continuo alternarsi di alti e bassi, con una netta prevalenza di brusche cadute. Erano improntate a profonda diffidenza e sospetto reciproci, che non diminuirono con lo stabilizzarsi del potere sovietico. I bolscevichi, parecchi dei quali erano stati in esilio a Londra, detestavano le grandi potenze imperialiste e gli avversari ideologici, anche se sapevano apprezzarne lo stile di vita. La Gran Bretagna ricambiava tale avversione, e vedeva le proprie rivendicazioni di potere in Asia, in Afghanistan e in Persia seriamente disturbate dalle ambizioni di rivoluzione mondiale del primo stato comunista. La semplice esistenza dell'Unione Sovietica era uno scandalo per i britannici e, appena se ne presentava l'occasione, Londra dava prova di poca considerazione verso Mosca. Alla Conferenza di Genova, nella primavera del 1922, Lloyd George aveva cercato invano di minare il regime bolscevico, portandolo cosí a spalleggiare i tedeschi. Solo negli anni venti la collaborazione diplomatica ed economica si consolidò, sulla base di un accordo commerciale del 1921, cui seguí tre anni dopo il riconoscimento diplomatico dell'Unione Sovietica. Ma entrambi vennero temporaneamente aboliti dal governo conservatore guidato dal premier Baldwin nel 1927.

Solo nel 1929, l'anno della crisi economica mondiale, Mosca inviò di nuovo un ambasciatore sovietico, Grigorij Sokol'nikov, un economista, vecchio compagno di Lenin. Prima di concedergli l'udienza di rito, Giorgio V lo fece attendere parecchi giorni, per protesta contro l'uccisione della famiglia dello zar – alla quale la Gran Bretagna non aveva concesso l'esilio – e contro il finanziamento illegale della sinistra britannica[53]. Anche il successore di Sokol'nikov, Ivan Majskij, sperimentò lo *stiff upper lip* dell'aristocrazia britannica e il disprezzo nei riguardi del «rozzo» eppure tanto minaccioso potere dell'Est[54]. Majskij, che entrò in carica nell'ottobre del 1932, si trovò ad affrontare il difficile compito di migliorare i rapporti – dopo un nuovo record negativo a causa di uno spettacolare processo farsa condotto dai sovietici contro sei ingegneri britannici[55] – e di fare propaganda a Londra, considerato il crescente pericolo nazionalsocialista, in favore della politica sovietica della sicurezza collettiva. La conclusione di un contratto commerciale, il 16 febbraio 1934, poté a ragione essere registrato da Majskij come un primo successo.

A Londra, Majskij lavorò abilmente e con slancio per attuare una risoluzione del Politbjuro del novembre 1933 che prevedeva l'avvicinamento alla Gran Bretagna, alla Francia e alla Polonia. Al XVII Congresso del WKP(b) – il «Congresso dei vincitori» del primo piano quinquennale – all'inizio del 1934, Stalin lodò di conseguenza «il repentino miglioramento delle relazioni fra l'Unione Sovietica e la Polonia come fra l'Unione Sovietica e la Francia, che si è verificato negli ultimi tempi»[56]. A differenza dell'Impero britannico, la Francia era piú disponibile a un'alleanza con l'Unione Sovietica da porre alla base di un sistema europeo di sicurezza collettiva. Nel bel mezzo della crisi economica mondiale, da cui fu colpita piú tardi rispetto alla Germania ma in compenso con maggiore violenza, la Francia attraversò una fase di instabilità politica che portò al potere partiti di sinistra e socialisti facendo compiere al paese una sterzata. Negli anni trenta la politica estera francese intensificò gli sforzi per isolare politicamente e diplomaticamente la Germania e rivolse lo sguardo a est. Come segnale di riavvicinamento, l'11 gennaio 1934 venne firmato un accordo commerciale franco-sovietico, uguale a quello britannico.

Attraverso migliori relazioni con la Francia, Stalin sperava di allentare anche la tensione nei rapporti con la Polonia, l'invisa vicina. La classe politica polacca era ben consapevole di quanto fosse critica la situazione internazionale, con il paese intrappolato tra potenze revisioniste: la Germania e l'Unione Sovietica. Nel caso della Germania, la questione riguardava la Città Libera di Danzica, che si trovava sotto la protezione della Società delle Nazioni, e le condizioni della minoranza tedesca nel nuovo stato polacco. La Polonia, dopo il primo conflitto mondiale, aveva condotto contro l'Unione Sovietica un'altra guerra vittoriosa, conclusasi con il Trattato di pace di Riga del marzo 1921, che sanciva rilevanti conquiste territoriali da parte polacca.

Stalin non dimenticò né la vergognosa sconfitta di Varsavia – della quale aveva addossato al generale Tuchačevskij la responsabilità – né le perdite territoriali di vaste aree della Bielorussia e dell'Ucraina. Nonostante le ostilità che caratterizzavano i rapporti fra i due stati, il 25 luglio 1932 fu stipulato a Varsavia un Trattato sovietico-polacco di non aggressione che prometteva alla Polonia una certa sicurezza. Per l'Unione Sovietica, il trattato avviò l'emancipazione da «Rapallo» nella politica estera. L'avvicinamento fra la Polonia e l'Unione Sovietica non resse però a lungo. Quando il ministro degli Esteri polacco Józef Beck negoziò, solo due anni dopo, un Trattato di non aggressione analogo anche con la Germania di Hitler – Beck cercava di costruire un bilanciamento delle forze impossibile da raggiungere – Stalin vide confermati la propria diffidenza e tutto il suo risentimento nei confronti della Polonia. Nell'accordo economico che nel novembre del 1934 si aggiunse all'alleanza tedesco-polacca vide una minaccia immediata per la sicurezza dell'Unione Sovietica. In politica estera l'Unione Sovietica moltiplicò gli sforzi per creare un contrappeso alla Germania in Europa.

Per seguire questa linea, che è passata alla storia come «politica della sicurezza collettiva», Stalin aveva bisogno di sostenitori e protagonisti. Di impegnarsi in prima persona non se ne parlava, dal momento che dietro le quinte bisognava lasciare le porte aperte in molte direzioni, sondare parecchie opzioni, prendere decisioni solo all'ultimo momento e, per di piú, non era ammissibile che le sconfitte ricadessero su di lui. Per le trattative con le potenze occidentali nessuno era piú adatto del commissario per gli Affari esteri Maksim Litvinov. Nato a Białystok nel 1876, Litvinov in passato era stato utile ai bolscevichi come abile procacciatore di denaro e di armi e, seppure in clandestinità, aveva accumulato le sue prime esperienze diplomatiche presso il Bureau di Londra (Centro marxista rivoluzionario internazionale).

Nella locale comunità di esiliati russi si imbatté in alcuni importanti compagni di strada: Aleksandra Kollontaj, la leggendaria ambasciatrice sovietica in Svezia, Georgij Čičerin e Ivan Majskij. Insieme misero su, dopo la Rivoluzione, il Commissariato sovietico agli Affari esteri e formarono la prima élite diplomatica dell'Unione Sovietica. Con Stalin, che aveva presumibilmente conosciuto nel Caucaso durante il periodo della clandestinità rivoluzionaria ancora prima di andare in esilio, divise per breve tempo una stanza a Londra. Litvinov lavorò ufficialmente con lo pseudonimo di Maxim Harrison presso diverse case editrici londinesi, stringendo cosí contatti con intellettuali inglesi e scrittori di sinistra[57]. Grazie a queste reti, alla sua conoscenza dell'Occidente e ai rapporti personali – la moglie Ivy era inglese – Litvinov era la persona giusta per rappresentare in maniera credibile la svolta nella politica estera. Fu talmente convincente che ancora oggi questa fase della politica sovietica è legata al suo nome. Litvinov, non Stalin, era ed è considerato alla testa di una politica che mirava a costruire un sistema di sicurezza europeo contro Hitler attraverso la collaborazione multilaterale ottenuta tramite accordi bilaterali con la Francia, la Polonia, la Repubblica cecoslovacca e in precedenza già con la Finlandia e l'Estonia, per arrivare fino a un patto dell'Est.

Al suo mandato è legata l'ammissione alla Società delle Nazioni nel 1934, dove, grazie alla Francia, l'Unione Sovietica divenne membro permanente nel Consiglio. La Germania ne era già uscita, concludendo la sua partecipazione alla Conferenza internazionale del disarmo di Ginevra, nel 1932. L'ammissione, insieme al riconoscimento diplomatico da parte degli Stati Uniti nel 1933, fu il principale successo politico ottenuto da Litvinov durante il suo mandato[58]. Di concerto con il ministro degli Esteri francese Louis Barthou, ucciso però nel 1934 in un attentato, si impegnò attivamente a Ginevra nei lavori delle commissioni e del Consiglio e si batté per la riuscita del cosiddetto Patto dell'Est, l'alleanza fra gli stati dell'Europa orientale, la Francia e l'Unione Sovietica contro la Germania nazionalsocialista. A tal fine Litvinov intervenne anche sulla struttura del Commissariato agli Affari esteri, assegnò ruoli importanti a persone di sua fiducia e già nell'ottobre 1931 creò un Dipartimento per gli Affari generali internazionali che, dopo il 1934, coordinò la politica sovietica presso la Società delle Nazioni[59]. In un primo momento Barthou aveva proposto che la Germania costituisse insieme con l'Unione Sovietica, la Cecoslovacchia, la Polonia e i paesi baltici una «Locarno dell'Est», cui la Francia avrebbe guardato con favore pur senza aderirvi. Litvinov respinse questa soluzione – la Francia prometteva soltanto un accordo speciale con Mosca – considerandola troppo poco vincolante e pretese invece che la Germania venisse esclusa per assicurarsi che la

Francia prendesse una posizione chiara[60]. Il Patto dell'Est non fu realizzato anche a causa della prematura morte di Barthou.

Litvinov portò avanti la politica della sicurezza collettiva per convinzione personale. Il suo impressionante impegno alla Società delle Nazioni, i suoi viaggi e l'insistenza con cui evocava la forza insita nella garanzia della pace internazionale e dello «spirito di Ginevra» si basavano sulla certezza che questa fosse la politica destinata ad avere piú successo nella lotta contro Hitler. Era però soprattutto sicuro che fosse l'unica a garantire la sopravvivenza dell'Unione Sovietica. Prima ancora di essere un avversario di Hitler, Litvinov era infatti un fedele seguace di Stalin. La politica della sicurezza collettiva rispecchiava senza ombra di dubbio le sue convinzioni politiche, la sua biografia e le sue posizioni personali; nessuno avrebbe potuto rappresentarla meglio di lui, e Stalin lo aveva capito. Già come vice di Čičerin si era preoccupato di stringere contatti con le democrazie occidentali, mentre il suo capo seguiva la linea di Rapallo: un'eccellente ripartizione del lavoro. Tuttavia l'anglofilo Litvinov non era l'altra faccia del germanofilo Čičerin, il quale si impegnò a sua volta per un accomodamento con la Gran Bretagna, cosí come Litvinov curava i contatti con la Germania. Erano diplomatici, prima per Lenin e poi per Stalin, e in questo senso fu soltanto Stalin a stabilire il destino della politica della sicurezza. Aveva scelto Litvinov per questo ruolo e dettò l'obiettivo della missione. Su suo ordine, Litvinov, anche in questa fase, salvaguardò le relazioni con la Germania. In viaggio alla volta della Conferenza del disarmo di Ginevra, nel gennaio del 1932, fece tappa a Berlino e parlando con il segretario di Stato (al Ministero degli Esteri) Bernhard Wilhelm von Bülow garantí che l'Unione Sovietica era interessata al mantenimento delle buone relazioni avviate con il Trattato di Rapallo.

Fu Litvinov a dichiarare, dopo la presa del potere di Hitler, che l'Unione Sovietica non si sarebbe intromessa nelle questioni interne del regime e nelle repressioni anticomuniste. Parlando con l'ambasciatore tedesco a Mosca, Friedrich Werner Graf von der Schulenburg, fece riferimento alle relazioni affidabili con l'Italia fascista[61]. E nell'ottobre 1938 concordò con von der Schulenburg la rinuncia ad «attacchi diretti contro i rispettivi capi di stato (...) sulla stampa e alla radio», facendo uno dei primi passi verso il patto Hitler-Stalin. Maksim Litvinov rappresentò l'avvicinamento dell'Unione Sovietica all'Occidente finché Stalin considerò utile questa strategia di politica estera. Con gli anni aveva sviluppato una sensibilità acuta per i repentini mutamenti e i cambi d'umore al Cremlino, dove non faceva parte né del Politbjuro né della cerchia personale piú ristretta del dittatore. Con diffidenza tanto maggiore seguiva il doppio gioco di Stalin in politica estera. Litvinov pativa le manovre tattiche e le missioni speciali come quella di David Kandelaki a Berlino, che minavano la sua autorità come commissario per gli Affari esteri, lo lasciavano in balia di concorrenti interni e di arrivisti come Andrej Ždanov e lo riducevano sempre piú alla figura dell'impotente rappresentante di una politica che evidentemente al Cremlino non veniva piú sostenuta. Litvinov scriveva:

> Posi una domanda su Kandelaki. Lui [Stalin] rise: «Kandelaki è un mio vecchio conoscente, un vecchio compagno dai tempi del lavoro segreto nel Caucaso (...) Il suo soprannome era 'la Volpe' (...) Non c'è bisogno di agitarsi per lui – nessuno lo metterà in trappola!»

E continuava:

> Sapevo che amava i proverbi, quindi dissi: «È un bene che Kandelaki sia una volpe, ma una testa sarebbe bene, e due meglio ancora». Scoppiò a ridere. «Giustissimo. Abbiamo due teste: la mia e quella di Kandelaki. Non si preoccupi (...) Non ci faremo cogliere di sorpresa. Se dovessero aver luogo colloqui seri, la metterò in ogni caso al corrente. Per il momento li confondiamo. La loro cattiveria e la loro ostinazione a non cedere [il riferimento è ai tedeschi] ne usciranno rafforzate. E cosí sventeremo il tentativo inglese di accordarsi alle nostre spalle»[62].

Il sostegno a Litvinov e alla politica della sicurezza collettiva si riduceva a vista d'occhio. Era senz'altro possibile che Stalin, per lo meno temporaneamente, mirasse sul serio a un'alleanza con Gran Bretagna e Francia. A favore di questa tesi parla il radicale cambio di rotta che al VII Congresso mondiale dell'Internazionale comunista (nell'estate del 1935) mise a dura prova persino i comunisti fedeli a Stalin. La strategia del Fronte popolare adottata al Congresso presupponeva la collaborazione con la socialdemocrazia, i cui aderenti fino a quel momento erano stati ideologicamente rifiutati quali «socialfascisti» e aspramente combattuti come avversari politici. Ora bisognava unirsi a loro nella lotta contro il fascismo e il nazionalsocialismo, che minacciavano l'esistenza del primo stato comunista. La nuova dottrina, che Stalin fece perfidamente annunciare dal presidente del Partito comunista tedesco, Wilhelm Pieck, fu una doccia fredda in particolare per i comunisti tedeschi, che da anni una profonda inimicizia divideva dalla concorrente socialdemocrazia. La nuova dottrina forniva la legittimazione ideologica all'alleanza politica con le democrazie occidentali, forze di sinistra progressiste e partiti borghesi, alleanza che al VII Congresso del Comintern Stalin presentò come la nascita dell'antifascismo internazionale, di cui l'Unione Sovietica era naturalmente la casa.

Alla metà degli anni trenta, la politica della sicurezza collettiva e la dottrina del Fronte popolare condizionarono la politica estera sovietica, mentre la situazione in Europa andava incontro a significativi cambiamenti. Il continente si spostava a destra. La tragica morte dell'omologo francese di Litvinov, Barthou, aveva posto repentinamente fine ai vaghi progetti di un'alleanza – vantaggiosa per l'Unione Sovietica – con gli stati dell'Europa orientale per garantire la sicurezza. Il successore di Barthou, Pierre Laval, che dopo il 1940, in veste di politico influente del governo di Vichy, guidò la collaborazione con il Terzo Reich, privilegiò una politica estera di avvicinamento all'Italia fascista. Anche la Polonia, sotto l'egida del ministro degli Esteri Józef Beck, faceva sempre piú riferimento alla Germania: i due paesi intensificarono le loro relazioni economiche e decisero di sospendere le campagne propagandistiche che li contrapponevano. L'avvicinamento giunse al punto che Hermann Göring si recò a Varsavia in occasione dei funerali di stato di Józef Piłsudski, il 15 maggio 1935, mentre Hitler a Berlino partecipava alla cerimonia funebre che aveva organizzato lui stesso. In Gran Bretagna, la piú influente potenza dell'Europa occidentale, prevalse la politica di riappacificazione (*appeasement*) di Neville Chamberlain, che preferí un compromesso con la Germania nazista a un'alleanza con l'Unione Sovietica. Il profondo antibolscevismo del Partito conservatore era rimasto immutato, e le simpatie delle élite per Adolf Hitler erano considerate accettabili al punto che il duca di Windsor, l'ex sovrano britannico Edoardo VIII, nel 1937 poté recarsi in Germania, dove Hitler lo ricevette al Berghof come se si trattasse di un trofeo.

Che la visita del duca caduto in disgrazia non potesse essere liquidata come la stravaganza d'un membro imbarazzante della famiglia reale, ma simboleggiasse al contrario l'avvicinamento britannico alla Germania, fu sottolineato dalla visita del Lord del sigillo privato del governo Chamberlain e futuro ministro degli Esteri lord Halifax a Hitler e Göring, nel novembre dello stesso anno. Mentre Halifax andava a caccia con Göring e girava in carrozza per la foresta di Schorfheide, nel Brandeburgo, la Società delle Nazioni, che si rivelava sempre piú impotente, si andava disfacendo. Le crisi degli anni trenta ne misero in luce la debolezza in maniera raccapricciante. Per esempio, l'occupazione della Cina da parte del Giappone – se si esclude qualche tiepida protesta – era rimasta senza conseguenze esattamente come quella dell'Impero d'Etiopia, in Africa, da parte di Mussolini nel 1935-36. Per non spingere il duce nelle braccia di Hitler, la Gran Bretagna e la Francia comminarono sanzioni scarsamente incisive e furono disposte – anche se a prezzo delle dimissioni dei loro ministri degli Esteri Hoare e Laval – a riconoscere la politica espansionistica dell'Italia, contraria al diritto internazionale.

> La guerra è finita – annotava Majskij il 3 maggio 1936. – L'Abissinia è conquistata. Mussolini trionfa. Questa è anche la condanna a morte della Società delle Nazioni e l'Europa si trova a un bivio fatale[63].

4. *Monaco 1938.*

Il «bivio fatale» conduceva alla guerra o alla pace; ancora non era chiaro come si potesse conservare la seconda e impedire la prima. «Purtroppo le cose stanno in modo – intuí Maksim Litvinov già nell'estate del 1937 – che le forze a favore della pace sono meno risolute, meno energiche e meno unite delle forze che le contrastano»[64]. Il clima nei centri di potere europei era a favore di un compromesso con la Germania e con l'Italia e andava quindi contro gli interessi della sicurezza di Mosca. Stalin voleva evitare a tutti i costi una guerra al suo paese e nel caso che, come la dottrina comunista prediceva, fosse inevitabile nel campo capitalista, intendeva tenerne fuori l'Unione Sovietica il piú a lungo possibile. Dal punto di vista ideologico era convinto che una nuova guerra avrebbe mandato in rovina i nemici imperialisti-capitalisti, e quanto accaduto nei decenni precedenti sembrava dargli ragione. La prima guerra mondiale aveva annientato i vecchi imperi, la crisi economica mondiale aveva scosso l'ordine economico capitalista e l'incapacità di costruire un sistema internazionale a garanzia della pace dimostrava che le potenze capitaliste non erano interessate alla pace e si trovavano alla mercé della guerra. «Si sente già odore di polvere da sparo! – scrisse Majskij nel suo diario. – Una terribile burrasca si avvicina a gran velocità»[65].

In Europa la burrasca si abbatté prima di tutto sulla Spagna, dove una guerra civile durata quasi tre anni forní un assaggio della seconda guerra mondiale[66]. In Spagna Hitler, che sosteneva il generale Franco, testò la capacità di combattere della Wehrmacht e fece commettere alla Legione Condor, con il bombardamento della città basca di Guernica, uno dei crimini piú clamorosi di questo conflitto. L'Unione Sovietica, che combatteva a fianco dei Repubblicani e delle Brigate internazionali, esportò il terrore sanguinario dell'NKVD, rivolto soprattutto contro anarchici catalani e concorrenti di sinistra, e a Barcellona scatenò una «guerra civile nella guerra civile»[67]. La Francia e la Gran Bretagna – membri del «comitato di non intervento negli affari interni della Spagna», di cui facevano parte, beninteso, anche l'Italia, la Germania e l'Unione Sovietica – si attennero rigorosamente alla strategia dell'*appeasement*.

Mentre la guerra civile spagnola metteva fine alla pace in Europa, Hitler portava avanti una politica espansionistica che andava oltre la revisione del Trattato di Versailles. All'inizio di novembre del 1937 mise al corrente dei suoi piani di guerra il ministro degli Esteri von Neurath e le massime cariche dell'esercito nel corso di una riunione durata quattro ore. Per risolvere la «questione tedesca – cosí Hitler – rimaneva ormai solo la strada della forza», che «nei prossimi anni sarà percorsa passo passo sfruttando costellazioni favorevoli»[68].

Il 12 marzo del 1938 truppe tedesche invasero l'Austria. Il fatto che la Gran Bretagna tollerasse l'«annessione» dell'Austria fu l'avvisaglia di quella famigerata Conferenza di Monaco in cui le potenze occidentali e l'Italia approvarono la cessione dei Sudeti al Terzo Reich. Alla metà di settembre Hitler l'aveva richiesta al Raduno di Norimberga, e aveva anche fomentato la crisi con la minaccia di un'invasione militare della Cecoslovacchia. La Società delle Nazioni non fece nulla per opporsi: i delegati si recarono in escursione nella zona mentre l'Europa si trovava sull'orlo della guerra e Chamberlain, sull'Obersalzberg, negoziava con Hitler addirittura la cessione di colonie britanniche[69]. Il 22 settembre il premier britannico, dopo un incontro a Bad Godesberg, accettò la richiesta di Hitler, il quale ciò nonostante continuò a minacciare un'invasione militare della Cecoslovacchia. Sette giorni dopo Hitler, Mussolini, Chamberlain e il primo ministro francese Édouard Daladier misero fine alla cosiddetta «crisi dei Sudeti» durante la Conferenza di Monaco, organizzata in gran fretta. Tutte le richieste della Germania furono soddisfatte. L'Unione Sovietica, che aveva fatto dipendere la propria partecipazione da alcune condizioni, per metter ancora una volta alla prova la disponibilità dell'Occidente a un'alleanza, non era stata invitata. Il governo cecoslovacco, anch'esso escluso dal tavolo delle trattative, constatò una volta di piú che la sua esistenza non rientrava nell'«interesse britannico»: governava infatti uno stato il cui territorio, come ammise un deputato laburista, «il 99 per cento [della popolazione britannica] non era» comunque «in grado di localizzare»[70]. La garanzia tedesca che «il resto della Cechia» avrebbe continuato a esistere non era sicura, come tutti i convenuti sapevano.

Stalin sfruttò l'umiliazione del mancato invito a Monaco per giustificare la conclusione della politica estera «di Litvinov». Per lui l'accordo dimostrava – non a torto – che le potenze occidentali sarebbero scese a compromessi con Hitler piuttosto che cercare un'alleanza con Mosca. La politica della sicurezza collettiva era fallita. La «Società delle Nazioni e [la] sicurezza collettiva sono morte», constatò Majskij nel mese di ottobre, e per le relazioni internazionali previde «un'epoca della piú atroce sfrenatezza e violenza e una politica del pugno di ferro»[71]. Litvinov restò in carica ancora per qualche mese, e precisamente fino a quando Stalin si decise al patto con Hitler. Piú importante della crisi dei Sudeti, infatti, del mancato invito e della carriera di Litvinov, per il dittatore sovietico era il fatto che Monaco aveva dato il via alle speculazioni su un patto a quattro delle potenze europee. L'alleanza fra la Gran Bretagna, la Francia, l'Italia e la Germania di Hitler era per Stalin il vero pericolo che bisognava scongiurare.

[1] THOMAS 2012, p. 96.
[2] HAFFNER 2002, p. 92.
[3] GENIS 2000.
[4] BEZYMENSKIJ 2006.
[5] Nel corso dei Trattati di Locarno e del riconoscimento del confine occidentale di Versailles, il 10 settembre 1926 la Germania fu ammessa alla Società delle Nazioni.
[6] BEZYMENSKIJ 2006, p. 108. Il primo presidente del Comintern, Grigorij Zinov'ev, era stato espulso dal Politbjuro nel 1926 e nel primo dei famigerati processi farsa di Mosca, nel 1936, fu condannato a morte e ucciso.
[7] L'espulsione di Trockij era basata sull'articolo 58/10 del Codice penale sovietico. Il 21 agosto del 1940 l'agente sovietico Ramón Mercader del Río uccise Trockij in Messico, dove si trovava in esilio.
[8] HILGER 1964, p. 104.
[9] BEZYMENSKIJ 2006, p. 109.
[10] Per tutti i riferimenti KERSHAW 2015, p. 281.
[11] Sulla storia del gulag e in particolare sul canale mar Bianco - mar Baltico cfr. APPLEBAUM 2003, pp. 97-110; SCHLÖGEL 2017, pp. 141-59.
[12] HILGER 1964, p. 230.
[13] HILGER 1964, p. 231.
[14] HILGER 1964, p. 231.
[15] HILGER 1964, p. 232.
[16] HILGER 1964, pp. 230 sg.
[17] HILGER 1964.
[18] HAFFNER 2002, p. 95.
[19] BEZYMENSKIJ 2006, p. 51.
[20] HILGER 1964, p. 191.
[21] GROEHLER 1992, p. 49.
[22] HILGER 1964, p. 192.
[23] GROEHLER 1992, p. 50.
[24] La missione militare tedesca era stata istituita nel 1923 con il nome di «Centrale Mosca» e venne condotta dalla Sondergruppe R[ußland] (squadra speciale Russia), comandata da Lieth-Thomsen. Uno degli obiettivi era il riarmo segreto dell'aviazione militare tedesca.
[25] GROEHLER 1992, p. 45.
[26] GROEHLER 1992, p. 54.
[27] Al riguardo HOPPE 2009.
[28] FURET 1995. In generale sul nazionalbolscevismo cfr. SCHÜDDEKOPF 1960.
[29] Vedi la nota di von Brockdorff-Rantzau, 14 dicembre 1923, in ZEIDLER 1993, p. 85.
[30] FURET 1995.
[31] Dati tratti da BAYERLEIN 2008, p. 44.
[32] Citato in *Rede vor den Spitzen der Reichswehr* 1933.
[33] HILGER 1964, p. 243.
[34] BEZYMENSKIJ 2006, p. 69.
[35] BEZYMENSKIJ 2006.
[36] N. Machiavelli, *Il principe*, cap. VII, in MACHIAVELLI 1997.
[37] BEZYMENSKIJ 2006, p. 69.
[38] HILGER 1964, p. 249.
[39] GROEHLER 1992, p. 63.

[40] GROEHLER 1992, p. 61.
[41] GROEHLER 1992, p. 68.
[42] GROEHLER 1992, p. 73.
[43] GROEHLER 1992, p. 76.
[44] GROEHLER 1992.
[45] Per i dettagli sulla missione di Kandelaki vedi BEZYMENSKIJ 1992.
[46] HILGER 1964, p. 269.
[47] BEZYMENSKIJ 2006, p. 73.
[48] BEZYMENSKIJ 2006, p. 72.
[49] BEZYMENSKIJ 2006, p. 80.
[50] BEZYMENSKIJ 2006, p. 83.
[51] BEZYMENSKIJ 2006.
[52] BEZYMENSKIJ 2006, p. 85.
[53] Grigorij Sokol'nikov era stato uno dei «procacciatori di denaro» bolscevichi in esilio e nel 1917 aveva accompagnato Lenin nel viaggio in treno che lo aveva portato da Zurigo a Pietrogrado. Nel 1936 fu arrestato e, in uno dei processi farsa di Mosca, condannato a dieci anni di detenzione. Pare che nel 1939 sia stato pestato a morte da alcuni compagni di prigionia.
[54] A titolo di esempio vedi GORODETSKY 2016, pp. 77 sg. e 96 (qui e di seguito traduzione nostra; *N.d.T.*).
[55] Aziende inglesi come la Metropolitan-Vickers Electrical Export avevano inviato ingegneri a Mosca per provvedere all'elettrificazione della Russia. Nel marzo del 1933 sei ingegneri inglesi della Metro-Vickers furono accusati di spionaggio ai danni dell'Unione Sovietica e condannati a pene di detenzione.
[56] Riprendo la dichiarazione da BEZYMENSKIJ 2006, pp. 110 sg.
[57] POPE 1943, pp. 110 sg.
[58] Fu soprattutto grazie a questo successo che Litvinov ebbe salva la vita e, dopo l'attacco di Hitler all'Unione Sovietica, poté assumere la carica di ambasciatore negli Stati Uniti.
[59] Dai tempi della crisi economica mondiale e del primo piano quinquennale esisteva un autonomo Dipartimento per le Questioni economiche e le relazioni commerciali con l'estero. Fino al Grande Terrore lo aveva diretto Boris Rozenblum.
[60] Cfr. WEINGARTNER 1970, pp. 65 sgg.
[61] HERWARTH 1982, p. 123.
[62] LITVINOV 1956, p. 217 (traduzione nostra; *N.d.T.*).
[63] GORODETSKY 2016, pp. 146 sg.
[64] POPE 1943, p. 424.
[65] GORODETSKY 2016, p. 147.
[66] Fornisce un quadro d'insieme PAYNE 2012.
[67] Sul ruolo dell'Unione Sovietica nella *guerra civil* cfr. PAYNE 2004.
[68] Vedi *Protocollo Hoßbach* 1937.
[69] GORODETSKY 2016, pp. 235-38.
[70] GORODETSKY 2016, p. 202.
[71] PÄTZOLD e ROSENFELD 1990, p. 93.

Capitolo secondo

«Alzeremo il prezzo anche noi»

Dopo un anno infausto per la pace in Europa, a Capodanno il premier britannico si rivolse al suo popolo. Nei mesi precedenti Chamberlain aveva dovuto ingoiare parecchie critiche, e cosí sfruttò il tradizionale messaggio di fine anno per esaltare la propria politica. «Nessuno – disse – avrebbe anche solo osato prevedere che le quattro grandi nazioni europee sarebbero andate cosí avanti sulla strada della riconciliazione»[1], come, a suo parere, era stato possibile grazie alla politica dell'*appeasement* e all'Accordo di Monaco. L'*appeasement* inteso come «politica della pace» – della pace per la nostra epoca («peace for our time») – aveva a suo parere evitato la guerra (per il momento). Agli occhi dei suoi avversari, tra i quali Winston Churchill, l'*appeasement* era un ingenuo, inutile e al tempo stesso cinico scendere a patti con Hitler da parte dell'Occidente. Mentre Chamberlain, guidato dal suo personale antibolscevismo e da quello di molti suoi connazionali, innalzava un baluardo contro la minaccia comunista che veniva dall'Est, Churchill – il quale a sua volta non nutriva alcuna simpatia per il comunismo –, caldeggiava una coalizione europea contro Hitler, anche con Stalin se necessario. Churchill rimase in contatto con diplomatici sovietici come Majskij anche quando, al culmine dell'*appeasement*, nessuno a Londra li invitava.

Il 12 gennaio 1939, pochi giorni dopo il discorso di Chamberlain, Hitler invitò il corpo diplomatico nella Nuova Cancelleria del Reich, che Albert Speer aveva finito di costruirgli giusto in tempo, per gli auguri di Capodanno. Anche Hitler lodò l'Accordo di Monaco, a suo avviso eccellente, mentre di ottimo umore si mescolava con ambasciatori, attaché e diplomatici.

Sorprendendo tutti, interruppe il suo giro proprio quando

arrivò all'altezza di Aleksej Merekalov, il nuovo ambasciatore di Mosca, che era entrato da poco nel servizio diplomatico. Merekalov aveva studiato Tecnologie chimiche, si era laureato presso l'Accademia del commercio estero e ora – solo per pochi mesi! – prestava servizio come ambasciatore a Berlino. Hitler si congratulò con lui per il nuovo incarico, chiese notizie del trasloco, domandò se la famiglia si trovava bene e passò oltre molto soddisfatto tirandosi dietro il ministro degli Esteri Ribbentrop, il generale Wilhelm Keitel e il capo Ufficio della Presidenza del Reich Otto Meißner[2]. La scena, osservata con curiosità dai presenti, non era casuale né si trattava di un mero gesto di cortesia nei confronti del nuovo arrivato. Il giorno prima, l'11 gennaio, Merekalov era stato convocato al Ministero degli Esteri e aveva trasmesso al capo dell'Ufficio «Politica commerciale» Emil Wiehl un messaggio importante. Stalin era disponibile ad avviare negoziati commerciali e sul credito[3]. Hitler aveva tutti i motivi per salutare gentilmente il nuovo ambasciatore.

1. *Coalizioni variabili.*

Con l'Accordo di Monaco si erano infrante tutte le speranze di Mosca in un'alleanza per la sicurezza dell'Europa contro Hitler che includesse l'Unione Sovietica. Nulla rappresentò il rifiuto europeo in maniera piú incisiva della famosa vignetta umoristica di David Low in cui Chamberlain e Daladier, deboli e vergognosi, distolgono lo sguardo da un colossale Stalin, mentre sono riuniti intorno a un mappamondo con i dittatori Hitler e Mussolini, che sprizzano energia da tutti i pori. «Come, niente sedia per me?» dice Stalin (fig. 3).

La domanda relativa alla sedia mancante nel consesso delle grandi potenze europee non si riferiva solo alle decisioni di Monaco. Il sospetto che la conferenza potesse portare a un patto a quattro fra Gran Bretagna, Francia, Italia e il Terzo Reich di Hitler preoccupava Stalin molto di piú, perché avrebbe comportato l'isolamento politico del suo paese e, inoltre, significava che l'Europa gettava l'Unione Sovietica «in pasto» a Hitler. Voci su trattative segrete, che dopo il riconoscimento di Franco come vincitore in Spagna trovavano di nuovo terreno fertile, circolavano in tutta Europa. Non senza ragione. Le quattro potenze europee avevano pur sempre già firmato quattro anni prima, il 15 luglio 1933, su iniziativa di Benito Mussolini, il Patto a quattro per la sicurezza collettiva in Europa, che però non era stato ratificato e non era mai entrato in vigore. Per l'Unione Sovietica quell'accordo – politicamente del tutto insignificante – aveva un alto valore simbolico, perché provava che l'Europa era assolutamente in grado di raggiungere un'intesa con i suoi dittatori. In tempi di politica dell'*appeasement* la probabilità di un'intesa di questo genere, come Monaco stava a dimostrare, era addirittura aumentata. Il 4 ottobre del 1938 il primo ministro francese Daladier dichiarò a Parigi di voler rafforzare in futuro le relazioni con la Germania. Pose poi fine alla politica del Fronte popolare, i cui sostenitori erano stati fra i protagonisti della sicurezza collettiva e avevano fornito a Stalin il modello per la strategia ideologica del Fronte popolare adottata dal Comintern. Due mesi dopo, il 6 dicembre, i ministri

---

Figura 3.
David Low, «What? No chair for me?»: vignetta umoristica, 30 settembre 1938.

degli Esteri Bonnet e Ribbentrop firmarono solennemente nel Salone dell'orologio del Quai d'Orsay una dichiarazione congiunta franco-tedesca in cui manifestavano la volontà di mantenere relazioni di buon vicinato, garantivano i confini comuni e concordavano future consultazioni[4]. Anche se le possibilità di un'alleanza duratura, come sapevano entrambi, erano scarse, la dichiarazione franco-tedesca avvenne comunque nello spirito di quella politica europea favorevole alla Germania successiva a Monaco, di cui anche la Gran Bretagna si faceva garante. Già alla fine di settembre Chamberlain e Hitler avevano rilasciato una dichiarazione bilaterale in cui, oltre al proposito di non condurre mai piú una guerra su fronti opposti, si assicuravano di voler tenere consultazioni. In questo periodo, il gabinetto britannico valutava molto positivamente anche i progetti di stringere con il Terzo Reich un patto coloniale inteso a placare la spinta espansionista tedesca, con la cessione di territori coloniali di minor importanza[5]. Solo l'ingresso dei tedeschi a Praga e l'occupazione del «resto della Cechia» misero fine alla fase in cui un patto a quattro sembrava possibile. Dal settembre 1938 fino a quel 15 marzo 1939, però, Francia e Gran Bretagna spinsero la politica dell'*appeasement* all'estremo. Chamberlain e Daladier non arrivarono alla guerra avanzando come sonnambuli: giocarono d'azzardo.

Di fronte alla minaccia dell'isolamento e al pericolo della guerra, che paventava piú di tutto, anche Stalin cambiò gioco. Nei confronti della Gran Bretagna e della Francia mantenne formalmente la disponibilità sovietica alla trattativa, anche se dopo Monaco un'alleanza sembrava impossibile. Tuttavia improvvisi cambi di rotta non si potevano escludere e, oltre a ciò, trattative fittizie facevano salire il prezzo presso i tedeschi, cosí come non era escluso che abboccamenti con il Terzo Reich spingessero Londra a fare concessioni. Stalin lasciò che il povero Litvinov tutelasse – in apparenza – ancora per un po' la politica della sicurezza collettiva. A questo scopo, subito dopo l'ingresso dei tedeschi a Praga, nel marzo del 1939, il commissario per gli Affari esteri tentò di organizzare una conferenza internazionale con Gran Bretagna, Francia, Polonia, Turchia, Romania e Unione Sovietica per contenere l'aggressione tedesca. Il rifiuto di Londra a partecipare non fu una sorpresa e portò con sé il vantaggio di far passare Mosca come la potenza che difendeva la causa della pace in Europa, nonostante l'atteggiamento di chiusura dell'Occidente. L'iniziativa di Litvinov lanciava il segnale a Berlino che Mosca dialogava ancora con i britannici, anche se Stalin stava già sondando il terreno in Germania.

Dopo la missione fallita di David Kandelaki, le relazioni tedesco-sovietiche avevano toccato il fondo. Hitler, che con il suo scadente ministro degli Esteri Ribbentrop era completamente concentrato sulla Gran Bretagna – a differenza di quanti in Germania pianificavano il riarmo e l'economia –, non aveva mostrato alcun interesse a un miglioramento delle relazioni bilaterali. La strategia di Ribbentrop pareva dare i suoi frutti, la politica estera tedesca passava da un successo all'altro e la Gran Bretagna sembrava poter diventare un alleato nella lotta contro il comunismo internazionale. Eppure Hitler prestava ascolto alle proposte che, con la ripresa delle trattative commerciali, Stalin avanzava. Da un lato rafforzavano la sua posizione nei confronti di Londra, dall'altro anche Hitler aveva a poco a poco compreso che le relazioni commerciali con Mosca tornavano a vantaggio dell'economia di guerra tedesca. I primi cauti tentativi di avvicinamento si erano già verificati subito dopo la Conferenza di Monaco, quando l'ambasciatore von der Schulenburg e Litvinov avevano stabilito di rinunciare a guerre di propaganda. Von der Schulenburg si era rivolto anche a Vjačeslav Molotov, all'epoca presidente del Consiglio dei commissari del popolo, nell'intento di avviare una «composizione delle questioni che rendono difficili le relazioni tedesco-sovietiche»[6]. Nell'ottobre del 1938, a quanto riferisce Gustav Hilger, iniziò un «dare e avere» reciproco «a proposito del quale (...)» non «è possibile stabilire con precisione (...) il momento in cui l'una o l'altra parte» aveva preso «definitivamente la decisione di arrivare a un accordo»[7].

La Germania era interessata soprattutto alle relazioni economiche, che garantivano il programma di riarmo tedesco con materie prime sovietiche. «L'industria tedesca e gli uffici incaricati dell'approvvigionamento di materie prime della Germania» premevano, scriveva Emil Wiehl all'inizio del 1939, «perché si intensificasse con ogni mezzo lo scambio di merci fra la Germania e l'Unione Sovietica nell'interesse del nostro approvvigionamento di materie prime»[8]. Da parte tedesca l'incarico di trattare venne affidato a Karl Schnurre, il capo dell'Ufficio per l'«Europa orientale» nel Dipartimento di Politica economica. Schnurre, come Gustav Hilger una delle vere figure chiave nella storia del patto Hitler-Stalin, era un diplomatico di carriera che aveva prestato servizio a Londra, Teheran e Budapest e dirigeva l'Ufficio per l'«Europa orientale» dal 1936. Il 19 dicembre 1938 i due paesi firmarono un primo accordo relativo ai futuri scambi commerciali e ai pagamenti. In due anni arrivarono in Germania dall'Unione Sovietica materie prime per un valore di 150 milioni di Reichsmark, e l'Unione Sovietica ottenne un credito di oltre 500 milioni di R.M., per acquistare in un arco di tempo di tre anni prodotti industriali in Germania[9]. Poi le trattative ristagnarono fino al citato messaggio che l'ambasciatore Merekalov, il giorno prima del ricevimento di Capodanno del corpo diplomatico offerto da Hitler, aveva recapitato al Ministero degli Esteri. Il consenso di Stalin spianava la strada alle trattative per un ulteriore credito commerciale di oltre 200 milioni di R.M., che era stato offerto dalla Germania. Tuttavia le consultazioni, che dovevano essere condotte dal mediatore Karl Schnurre, non ebbero luogo. Alla fine di gennaio Schnurre era già diretto a Mosca via Varsavia, quando Ribbentrop lo rispedí a casa accampando «impreviste e urgenti nuove esigenze di servizio»[10]. Il retroscena: dopo la clamorosa visita del ministro degli Esteri polacco Józef Beck a Hitler sull'Obersalzberg, all'inizio di gennaio, il Terzo Reich negoziava con la Polonia. A Varsavia – da dove Schnurre avrebbe dovuto proseguire il suo viaggio verso est – Beck era fra i piú solerti collaboratori di Ribbentrop, il quale portava avanti le consultazioni sullo statuto di Danzica, il «corridoio polacco» e la gestione della minoranza tedesca. Dal momento che i polacchi si dimostravano disponibili – Beck comunicò a Ribbentrop che stava «seriamente» prendendo in considerazione un condominio tedesco-polacco e un controllo condiviso sull'Ucraina – il viaggio di Schnurre a Mosca venne cancellato.

Stalin doveva impedire che la Germania e la Polonia intraprendessero un cammino comune e perciò irretí a sua volta il *Saisonstaat*, la Polonia che un tempo denigrava descrivendola come uno stato destinato a durare una sola stagione o, come la chiamava Molotov, «il bastardo di Versailles». Józef Beck, che dopo la morte di Piłsudski teneva le redini del potere, rispose ai tentativi di avvicinamento con una politica dell'equilibrio. I trattati polacchi di non aggressione – nel 1932 con l'Unione Sovietica, nel 1934 con il Terzo Reich – erano il risultato del faticoso sforzo non solo di garantire l'esistenza della Polonia fra Hitler e Stalin, ma anche di soddisfare le proprie ambizioni territoriali, per esempio sul territorio di Teschen (Slesia superiore)[11]. Pochi giorni dopo la Conferenza di Monaco il vice di Litvinov, Potëmkin, ricevette l'ambasciatore polacco Wacław Grzybowski per svolgere colloqui esplorativi, durante i quali l'ambasciatore assicurò, interpretando perfettamente lo stile della diplomazia del pendolo di Beck, che «non c'era [nessun ostacolo] a un'amichevole collaborazione con l'Unione Sovietica»[12]. A fine novembre i due governi confermarono tutti gli accordi vigenti, tra cui il Trattato di pace di Riga del 1921 e il Patto di non aggressione del 1932, e il 19 febbraio 1939 firmarono un accordo commerciale bilaterale[13].

Il timore di Stalin che Hitler, attraverso un'alleanza polacco-rumeno-ungherese, erigesse un bastione (sud)orientale contro l'Unione Sovietica era giustificato. L'offerta di un trattato di amicizia della durata di venticinque anni, che la Germania aveva presentato alla Polonia, non lasciava dubbi al riguardo[14]. Ribbentrop a Varsavia fece propaganda a favore dell'ingresso della Polonia nel Patto anticomintern, cui l'Ungheria aderí il 24 febbraio 1939, e pretese che si dichiarasse favorevole alle potenze dell'Asse. Al tempo stesso rafforzò le richieste che la Polonia non poteva accettare (e che alla fine scongiurarono il blocco temuto da Stalin): l'incorporamento della Città Libera di Danzica nel Reich, un collegamento autostradale e ferroviario extraterritoriale dalla Germania alla Prussia orientale (attraverso il «corridoio polacco»), nonché trattative sullo *status* della minoranza tedesca in Polonia. Ribbentrop assicurava come contropartita il presunto disinteresse tedesco all'Ucraina e prometteva di interrompere l'espulsione forzata degli ebrei polacchi dal Reich, la cosiddetta «operazione Polonia». La Germania ci provava, spingeva, minacciava con il pericolo bolscevico e prometteva che «la comunione di interessi (...) riguardo alla Russia» avrebbe portato vantaggi – il riferimento era all'Ucraina – anche alla Polonia[15].

2. *Decisioni.*

Nei primi mesi del 1939 l'Europa assistette al confuso balletto di alleanze politiche, coalizioni, trattative pubbliche e non; dunque a una fase di contrattazione politica e mercanteggiamento. Il profilo dell'autunno cominciava a delinearsi, ma non era predeterminato. La situazione sembrava svilupparsi positivamente per Germania e Italia. Entrambe raccoglievano alleati e simpatizzanti, anche tra le democrazie ancora rimaste. L'Unione Sovietica aveva invece la peggio. In questa situazione, il 10 marzo 1939, Stalin tenne un importantissimo discorso, il cosiddetto «discorso delle castagne», ufficialmente il resoconto al XVIII Congresso del Partito sull'operato del Comitato centrale del WKP(b), il Partito comunista di tutta l'Unione (bolscevico). Espose ai delegati le sue valutazioni sulla politica estera. Analizzò la situazione internazionale e chiarí le posizioni della politica estera sovietica, mentre i contrasti fra le potenze si stavano facendo piú forti. È significativo che Stalin non deplorò né gli scontri economici né quelli ideologici, ma parlò di una guerra per la «nuova divisione del mondo». Il suo compito e quello del Partito era quello di impedire che l'Unione Sovietica venisse trascinata in questa guerra «da quei guerrafondai – suona cosí il passo famoso – che hanno l'abitudine di farsi togliere dagli altri le castagne dal fuoco»[16]. Dopo i fatti di Monaco, Stalin chiarí di non essere una marionetta della Gran Bretagna e della Francia, che definí – a differenza dell'Italia e della Germania, potenze capitalistiche «aggressive» – come le potenze capitalistiche «non aggressive». Considerava la loro politica particolarmente perfida. Continuò:

> Solo quando tutti i guerrafondai si saranno lasciati l'un l'altro con il fiato corto, le potenze non aggressive avanzeranno le loro proposte – nell'interesse della pace naturalmente – e detteranno le loro condizioni alle potenze che hanno sprecato la propria forza combattendosi a vicenda. Un bel modo poco dispendioso [per] raggiungere l'obiettivo[17].

Il «discorso delle castagne» di Stalin fu una resa dei conti con le potenze occidentali. Se annunciasse l'alleanza tedesco-sovietica e ne dettasse le condizioni – rispetto dei confini e degli interessi sovietici – è controverso. In ogni caso segnalava a

Hitler che il governo sovietico, spinto all'isolamento da Chamberlain e Daladier, rovesciava il tavolo e si allontanava dalle potenze occidentali. Mosca si dichiarava disponibile a nuove coalizioni, e da questo punto di vista il «discorso delle castagne» era addirittura il segnale di una disponibilità al dialogo, che Berlino colse[18].

Cinque giorni dopo il «discorso delle castagne» di Stalin, la Wehrmacht invase il «resto della Cechia», che da quel momento diventò il Protettorato di Boemia e Moravia[19]. A Londra la politica perseguita da Chamberlain fu investita da una tempesta di indignazione – fra pochi intimi il premier aveva riconosciuto già da tempo il fallimento dell'*appeasement* – e nell'opinione pubblica prevalse un clima antitedesco. Il 23 marzo, con l'annessione del Territorio di Memel alla Prussia orientale, Hitler spinse all'estremo la sua fredda e insensibile politica espansionistica e minacciò la Polonia. Chamberlain fu costretto a reagire: il 31 marzo 1939 il governo britannico emanò una Dichiarazione di garanzia e assistenza alla Polonia, cui la Francia si associò immediatamente[20]. Davanti agli occhi del mondo le potenze occidentali promisero di non consegnare la Polonia – com'era accaduto con la Cecoslovacchia – a Hitler.

Per la Polonia e il suo ministro degli Esteri Józef Beck, la Dichiarazione di garanzia e assistenza era un'«assicurazione sulla vita» che permetteva di rifiutare le arroganti pretese di Hitler e la venefica «soluzione pacifica della questione polacca». Hitler ordinò al colonnello generale Wilhelm Keitel di iniziare immediatamente i preparativi per l'invasione della Polonia. Il 3 aprile Keitel impartí dall'Alto comando della Wehrmacht (OKW) il relativo ordine con il documento segreto *Fall Weiß* (Caso bianco). La Dichiarazione di assistenza dell'Occidente alla Polonia preoccupava invece Stalin, che sospettava coprisse un'alleanza potenzialmente rivolta contro l'Unione Sovietica. Inoltre, egli era sempre piú convinto che l'Occidente non si sarebbe mai alleato con Mosca. Infatti, mentre all'Urss, nel corso dei colloqui tenuti nel contesto degli sforzi per la sicurezza collettiva, non erano mai state offerte dichiarazioni di protezione, il 6 aprile 1939 Chamberlain consolidò l'alleanza polacco-britannica con un comunicato congiunto e poco tempo dopo – a seguito dell'occupazione italiana dell'Albania – rilasciò analoghe dichiarazioni di garanzia e assistenza per la Romania e la Grecia. Dunque, se Hitler avesse invaso allora la Polonia, o la Gran Bretagna non avrebbe rispettato la garanzia, o la guerra si sarebbe avvicinata minacciosamente all'Unione Sovietica, senza che Stalin fosse riuscito, fino a quel momento, a costruire uno scudo protettivo o a mettersi in tasca conquiste territoriali. Il fatto che la Gran Bretagna, nella primavera del 1939, riprendesse i contatti anche con Mosca non riuscí a placarne l'irritazione. Dopo l'invasione tedesca di Praga, infatti, non era stata emanata una dichiarazione congiunta né indetta quella conferenza per la quale Litvinov si era dato da fare.

Il 17 aprile 1939 Mosca propose un'altra volta al governo britannico un'alleanza a tre con la Francia, basata sulla difesa reciproca da un attacco contro un paese confinante con l'Unione Sovietica, «dal mar Baltico al mar Nero» (*sic!*). Com'era prevedibile, Londra declinò l'offerta, che avrebbe quasi consentito a Mosca l'intervento militare nei paesi confinanti. Eppure, anche nel caso improbabile che Chamberlain avesse acconsentito alle sue proposte, c'è da dubitare che Stalin le avrebbe davvero confermate perché con le dichiarazioni di garanzia la Gran Bretagna aveva molto indebolito la propria posizione nelle trattative con Mosca. «Le loro mani – commentò il giornalista A. Rossi – erano legate dagli impegni che avevano già preso, non avevano nulla da contrattare quando si presentarono al negoziato. Tutto quello che potevano offrire a Stalin era una lotta contro Hitler "per la libertà", con tutti i rischi che questo comportava»[21]. La lotta per la libertà era troppo poco per Stalin. Voleva territori, e proprio quelli che Londra non era piú in grado di «offrire» per via dei suoi vincoli di garanzia, mentre Hitler gli serviva l'Europa orientale «su un piatto d'argento».

3. *La rimozione di Litvinov.*

Lungo il tragitto che avrebbe condotto al patto Hitler-Stalin, il leader sovietico rimosse il suo commissario per gli Affari esteri Maksim Litvinov (fig. 4), che al piú tardi dal «discorso delle castagne» aveva fatto il suo tempo. La sua sostituzione, il 3 maggio 1939 – il 1° maggio avevano presenziato ancora, uno accanto all'altro sulla tribuna del Mausoleo di Lenin, all'annuale parata – non sorprese nessuno, meno di tutti lo stesso Litvinov. Secondo il suo biografo Arthur Upham Pope, molto ben disposto nei suoi confronti, si svolse senza clamore: «Le dimissioni di per sé ebbero luogo in una sala delle conferenze nell'ex Palazzo di Caterina al Cremlino. Non ci sono state scene, niente di teatrale, solo un colloquio, o al limite una serie di colloqui»[22]. Pope riferisce che Litvinov propose «di propria iniziativa» il suo vice Vjačeslav Molotov, presidente del Consiglio dei commissari del popolo, come successore[23]. Litvinov non cadde in disgrazia presso Stalin, come spesso si ritiene. Finí solo in seconda fila, dove in quel momento si trovavano le relazioni con l'Occidente. Dopo le dimissioni, Litvinov guidò il Dipartimento per l'Informazione internazionale presso il Comitato centrale del Partito. Continuò ad avere a disposizione un ufficio al Commissaria-

Figura 4.

Maksim Litvinov (*a sinistra*) e l'ambasciatore Ivan Majskij (*a destra*). Londra, gennaio 1936.

to agli Affari esteri, anche se non quello di prima, e in quanto delegato del distretto di Leningrado, a far parte del Soviet supremo dell'Urss. Viveva nella sua dacia vicino alla capitale in relativa tranquillità, frequentava teatri e concerti a Mosca, lavorava nelle biblioteche e accarezzava l'idea di scrivere le sue memorie. Non venne perseguitato, arrestato o deportato in un campo di lavoro. Era stato «reso inoffensivo», «impacchettato con cura e ibernato per ogni eventualità», come osservò a ragione il giornalista americano Henry C. Cassidy nel suo libro *Moscow Dateline*[24]. L'«eventualità» si presentò due anni dopo. A seguito dell'attacco di Hitler all'Unione Sovietica, Stalin recuperò Litvinov e lo inviò come ambasciatore a Washington, il nuovo alleato in Occidente.

Se Litvinov sopravvisse al fallimento della politica della sicurezza collettiva, lo dovette alle fragili alleanze e alle mutevoli costellazioni di potere in tempi di guerra. Non era scontato e, al cospetto del Grande Terrore, anche lui aveva messo in conto piuttosto il contrario. Al culmine delle purghe staliniane, nel 1937, il brutale terrore del famigerato capo dell'NKVD Nikolaj Ežov aveva ripulito anche il Commissariato agli Affari esteri sovietico. Nel giro di pochi mesi, Litvinov perse i suoi piú validi ambasciatori e diplomatici, fra i quali David Shtern, il capo della «seconda sezione Ovest», competente per la Germania e i paesi balcanici, nonché il suo vice Nikolaj Krestinskij, ambasciatore a Berlino e nei primi anni venti sostenitore di Trockij[25]. Krestinskij venne sostituito nel 1939 da Vladimir Dekanozov, un alto ufficiale dell'NKVD in servizio da molto tempo e uomo di fiducia di Lavrentij Berija, il quale dopo l'*Ežovščina* (era di Ežov) avviò la seconda ondata di epurazioni nel Commissariato agli Affari esteri. Fin dalla notte precedente alle dimissioni di Litvinov, l'edificio era stato circondato dall'NKVD. Quasi tutti i dipartimenti vennero «ripuliti», 140 alti diplomatici licenziati e molte rappresentanze, per esempio quella di Berlino, lasciate senza un capo[26]. Già ad aprile Stalin aveva richiamato l'ambasciatore Aleksej Merekalov, che Hitler aveva salutato tanto calorosamente al ricevimento per il nuovo anno. Merekalov fu messo da parte e sopravvisse all'ondata di epurazioni dirigendo un Istituto di tutta l'Unione per l'industria della carne. Nella fase decisiva dell'avvicinamento politico l'ambasciata sovietica a

Berlino operò senza un ambasciatore. Gestiva gli affari correnti il consigliere d'ambasciata Georgij Astakhov, trattato con minor riguardo dal destino. Insieme con Karl Schnurre, Astakhov avviò il patto Hitler-Stalin e già nel mese di agosto fu richiamato a Mosca, subito estromesso dal servizio diplomatico e incarcerato. Morí nel 1942 in un campo di concentramento.

Le epurazioni politiche nel Commissariato agli Affari esteri sovietico furono attuate durante l'avvicinamento alla Germania. La loro portata andava oltre tale circostanza, perché ponevano fine a un'epoca di politica estera sovietica dominata da diplomatici che in parte ancora erano stati socializzati durante le lotte della Russia prerivoluzionaria, avevano per la maggior parte esperienza all'estero, erano in grado di parlare diverse lingue e disponevano di quella coscienza di sé propria della prima guardia dell'élite dei funzionari bolscevichi. Il Commissariato agli Affari esteri passò attraverso una sostituzione completa di personale e un cambio della struttura. Per decenni, sostiene la storica Sabine Dullin, fu dominato dalle cosiddette «coorti di Gromyko»: «plebeizzato, provincializzato e russificato»[27]. Gustav Hilger commentò gli eventi con queste parole:

> Prima di tutto Molotov estromise dal Commissariato agli Affari esteri gli ultimi intellettuali rimasti, che un tempo avevano dato un'impronta all'immagine di quest'amministrazione, e si circondò quasi esclusivamente di giovanotti russi che erano stati educati ad assecondare senza sollevare obiezioni anche la piú sorprendente capriola della politica estera staliniana[28].

Al suo collega americano Charles E. Bohlen sembrava che questo personale fosse stato reclutato proprio perché non aveva «nessuna esperienza e nessun legame con la politica estera»[29], e va aggiunto che non sviluppò al riguardo alcuna idea propria. Questo valeva, in particolare, per lo stesso successore di Litvinov, Vjačeslav Molotov, che apparteneva sí alla prima generazione dei rivoluzionari bolscevichi, ma fin dall'inizio si era mostrato un cieco seguace votato a Stalin. Il segretario d'ambasciata tedesco Hans von Herwarth ricorda:

> Concordavamo sul fatto che Molotov era un uomo diligente senza straordinarie qualità, il tipo del bravo funzionario che siede coscienzioso e privo di umorismo dietro una grossa scrivania ed esegue gli ordini con meticolosa precisione. Non era una di quelle persone che emanano fascino ma era un uomo onesto, che diceva sempre la sua opinione quando

altri forse avrebbero taciuto. Durante l'ultima fase delle trattative con Schulenburg non nascose mai che continuava a non fidarsi della Germania. Questa franchezza ci colpí. Schulenburg notò però presto che Molotov non agiva mai sotto la propria responsabilità. Anche per questioni di scarsa importanza si consultava con Stalin, per cui tutte le trattative con Schulenburg si sarebbero trascinate all'infinito se Stalin non fosse intervenuto attivamente[30].

Con Molotov al comando, il Commissariato accompagnò tutte le svolte della politica estera staliniana, il patto Hitler-Stalin cosí come l'alleanza con le potenze occidentali e l'ascesa dell'Unione Sovietica a superpotenza durante la guerra fredda. Molotov – si chiamava in realtà Skrjabin e si era attribuito il nome Molotov ricavandolo da *molot* (martello) – rimase accanto a Stalin anche quando costui mandò sua moglie, Polina Žemčužina, che era ebrea, in un campo di lavoro e nel 1948 lo licenziò dal Ministero degli Affari esteri. Dopo la morte di Stalin, Molotov ritornò agli Esteri per un breve periodo, dal 1953 al 1956, per essere poi mandato a ricoprire il ruolo di ambasciatore in Mongolia dopo aver perso una battaglia per il potere con Nikita Chruščëv. Ancora nei suoi ultimi anni di vita – è morto poco prima del crollo dell'Unione Sovietica, nel 1986 – difese senza alcun rimorso la politica estera di Stalin, nonché le spietate epurazioni che nel 1939 lo fecero diventare capo diplomatico di Mosca e firmatario del Trattato di non aggressione tedesco-sovietico[31].

4. *«Alzeremo il prezzo anche noi»*.

I contemporanei e gli storici hanno spiegato l'avvicendamento al Commissariato agli Affari esteri come segno del fatto che Stalin prendeva la via di Berlino. In effetti con Maksim Litvinov uscí di scena un ebreo bolscevico che negli anni trenta era stato esposto a una tremenda campagna persecutoria antisemita ordita dalla propaganda nazista[32]. A Ribbentrop, che dopo i falliti piani londinesi sondava nuove alleanze, la sostituzione di Litvinov forní l'opportunità, dopo lo scioglimento dei trattati con la Gran Bretagna e con la Polonia (l'accordo navale e l'accordo di non aggressione), di spendersi presso Hitler a favore di un avvicinamento al Cremlino. Il 10 maggio Ribbentrop organizzò al Berghof un incontro con Karl Schnurre e Gustav Hilger, il quale mise al corrente il Führer degli sviluppi politici a Mosca dopo l'ascesa al potere di Stalin. Hilger ricorda che

> Hitler aprí la conversazione chiedendo le ragioni che potevano aver indotto Stalin a rimuovere Litvinov. Risposi che a mio parere era accaduto perché Litvinov aveva insistito per un'intesa con l'Inghilterra e la Francia, mentre Stalin era dell'idea che le potenze occidentali avessero intenzione di far togliere le castagne dal fuoco alla Russia nel caso di una guerra. (...) Poi domandò se ritenevo che Stalin, in determinate circostanze, fosse disposto a un'intesa con la Germania[33].

Hilger, che caldeggiava questa intesa, di concerto con Schnurre consigliò di riprendere innanzitutto i negoziati commerciali, che ristagnavano dai tempi del viaggio bruscamente interrotto di quest'ultimo a Mosca. Negli ambienti economici tedeschi, malgrado la ripresa dei contatti con l'industria britannica, l'interesse per il commercio con la Russia continuava a essere notevole[34]. Al Ministero degli Affari esteri, Emil Wiehl aveva ricordato piú volte al suo ministro che «l'industria tedesca e gli uffici deputati all'approvvigionamento di materie prime della Germania (...) non [erano] solo interessati al mantenimento dello scambio di merci con l'Unione Sovietica», ma facevano pressione per «incrementare con tutti i mezzi questo scambio commerciale nell'interesse del nostro approvvigionamento di materie prime»[35]. Indipendentemente dalla politica, i piani di riarmo tedesco esigevano migliori relazioni con Mosca, cui Hitler diede il proprio consenso dopo l'incontro con Hilger e Schnurre. Diede luce verde anche alla ripresa dei negoziati commerciali – alle sue spalle Schnurre aveva già da tempo intensificato i contatti con l'ambasciata sovietica – e approvò il viaggio di Schnurre a Mosca. Dove però la reazione fu improntata alla cautela. Dopo la missione interrotta di gennaio, Molotov diffidava delle avance e pretese da von der Schulenburg un tavolo politico prima di passare alle trattative economiche, anche se non precisò in cosa sarebbe dovuto consistere. «[Dovremmo] pensarci – Molotov disse cosí a von der Schulenburg, – noi e il governo tedesco». Dopo l'incontro, Molotov riferí a Stalin:

> Ho detto all'ambasciatore che non è la prima volta che sentiamo parlare del viaggio di Schnurre a Mosca (...) che i negoziati economici con la Germania sono stati avviati piú volte negli ultimi tempi, senza approdare

> a nulla. Ho detto poi che la nostra impressione è che il governo tedesco (...) porti avanti una sorta di gioco; che per un gioco di questo tipo sarebbe meglio cercarsi un altro paese come partner, non il governo dell'Urss[36].

Dopo la fallita missione di Kandelaki, ma in particolare di fronte al crescente pericolo di una guerra europea alla quale Mosca non poteva contrapporre ancora nessuna alleanza, Stalin pretese dai tedeschi serie consultazioni e che la finissero con le schermaglie. Continuava a temere una «seconda Monaco» e un patto a quattro, che nonostante le deteriorate relazioni tedesco-britanniche non era da escludere e di cui Stalin, finché trattava contemporaneamente con le potenze occidentali e con la Germania, poteva solo limitare il pericolo. Tuttavia, per evitare un patto antisovietico Stalin aveva bisogno di un'alleanza e, dopo le esperienze accumulate con la politica della sicurezza di Litvinov, preferiva il patto con i tedeschi, se non altro perché prometteva un «bottino» maggiore.

È sufficientemente noto che anche Hitler aveva bisogno dell'alleanza con i russi per assicurare l'invasione tedesca della Polonia. Onde prevenire una convergenza sovietico-britannica, era opportuno procedere con altrettanta cautela tattica. Le voci che circolavano negli ambienti diplomatici a proposito dell'avvicinamento tedesco-sovietico erano controproducenti, perché nonostante Hitler potesse contare sul radicato anticomunismo dei britannici, rischiavano di spingere Londra in direzione di Mosca o, per lo meno, di rendere Mosca appetibile per Londra, anche se una convergenza era in definitiva improbabile. L'ambasciatore von der Schulenburg mise in guardia in questo senso il segretario di Stato al Ministero degli Affari esteri Ernst von Weizsäcker: «Dobbiamo essere estremamente prudenti in questa materia perché non è certo che eventuali impulsi da parte del Cremlino non vengano usati solo allo scopo di mettere sotto pressione l'Inghilterra o la Francia»[37]. Il Ministero degli Esteri frenò, al punto che il 20 maggio Molotov dovette ricordare a von der Schulenburg quanto fosse importante per il governo di Mosca ricevere «ulteriori offerte di carattere politico»[38]. La tattica usata da Berlino fece uscire Mosca allo scoperto. «In base al risultato ottenuto finora dopo la Sua prima presa di contatto con Molotov – rispose von Weizsäcker all'ambasciatore il 21 maggio – è necessario da parte nostra continuare a non muoverci e attendere per vedere se i russi si esprimono ulteriormente». Intanto, Schulenburg venne invitato dal Ministero degli Affari esteri a «telegrafare» immediatamente a Berlino le informazioni dei servizi segreti che era in grado di raccogliere, allo scopo di farsi un'idea chiara dei contatti di Mosca con Londra[39]. Al Ministero degli Affari esteri tedesco c'era vivo interesse per la situazione delle trattative sovietiche con le potenze occidentali, delle quali, come scrisse von der Schulenburg, era «estremamente difficile» venire a sapere qualcosa[40]. Stalin non aveva motivo di cambiare nulla al riguardo, mentre Molotov teneva i tedeschi sulla corda.

In questa situazione, il 31 maggio 1939, Molotov chiarí una prima volta le linee base della politica estera davanti al Soviet supremo, riprendendo l'argomentazione retorica del «discorso delle castagne» di Stalin. Il nuovo commissario per gli Affari esteri mise in guardia le «potenze non aggressive» dal portare avanti la loro politica di non intervento di fronte alla politica aggressiva del Terzo Reich. A differenza del discorso tenuto da Stalin a marzo, però, Molotov precisò con sorprendente chiarezza che «pur trattando con l'Inghilterra e la Francia (...) non [pensiamo] per questo di interrompere necessariamente i contatti con la Germania e l'Italia». Molotov accennò all'imminente viaggio a Mosca di Karl Schnurre e osservò, perché lo sentissero a Berlino come a Londra, che «se tutti i segnali non ingannano (...) le trattative [verranno] riprese prossimamente»[41]. Al momento del suo discorso sapeva che i tedeschi non solo avevano rinunciato nuovamente al loro riserbo, ma avevano fatto un passo avanti. Poche ore prima, il segretario di Stato von Weizsäcker, parlando con Georgij Astakhov a Berlino, aveva espresso la disponibilità a trovare un compromesso politico. La Germania era intenzionata a tracciare una «separazione molto netta» fra l'ostilità ideologica, gli «slogan di politica interna» e l'«atteggiamento in politica estera»[42]. Astakhov riportò immediatamente l'informazione, che permetteva da un lato a Molotov di lanciare un segnale a Berlino con il suo discorso, mentre dall'altro aumentava la pressione sulla Gran Bretagna, dove l'offerta sovietica di un accordo di mutua assistenza si trovava ancora sul tavolo. In sostanza Mosca chiedeva che si stipulasse un accordo di soccorso difensivo con la Francia e la Gran Bretagna, comprendente la garanzia di un'assistenza trilaterale per gli stati dell'Europa centrale e orientale, nonché per tutti gli stati confinanti con l'Unione Sovietica.

Londra reagí con riserbo e, a metà giugno, inviò William Strang – l'esperto ma politicamente ininfluente capo della Sezione «Europa» del Foreign Office – a Mosca, dove nel giro di sei settimane parlò solo tre volte con Molotov. La cosiddetta «missione Strang» era condannata al fallimento, e non soltanto perché Molotov non poteva soffrire Strang, che in precedenza aveva guidato la Sezione «Società delle Nazioni» del Foreign Office ed era considerato un amico di Litvinov. Il segnale di disponibilità a un «compromesso politico» lanciato da Berlino sortí maggiore effetto del comportamento tenuto dagli inglesi, nei confronti dei quali Stalin alzò il prezzo. Le trattative con Londra fallirono a causa della garanzia di assistenza dei sovietici, che Mosca pretendeva di riferire – come parte dell'accordo – anche agli stati vicini e che questi ultimi, al corrente delle intenzioni di Stalin, rifiutarono con veemenza nonostante la paura che avevano dei tedeschi. L'Unione Sovietica, infatti, rivendicava nientemeno che il diritto di intervento, nel caso la situazione di politica interna negli stati interessati fosse cambiata al punto che «la loro neutralità non potesse piú essere garantita»[43]. Neanche Strang riuscí a eliminare il problema dell'«aggressione indiretta» (come Mosca definiva un obbligo di neutralità di questo tipo), per esempio con l'avvicinamento degli Stati baltici alla Germania, cosí come non riuscí a vincere, nei politici britannici, il timore che accordarsi con Stalin fosse una provocazione per Hitler e che avrebbe accelerato lo scoppio della guerra in Europa[44].

Mentre a Mosca Strang combatteva una battaglia persa, il 29 giugno uscí sulla «Pravda» un articolo di Andrej Ždanov, il nuovo pupillo di Stalin, responsabile nel Politbjuro delle questioni di ideologia e propaganda. Ždanov perorava l'avvicinamento alla Germania, una «opinione personale» che, come si diceva nell'articolo,

> ... non tutti i miei amici condividono. Continuano a pensare che il governo inglese e quello francese dimostrino di avere intenzioni serie avviando trattative con l'Urss (...) Io invece non credo che aspirino a un accordo equo con l'Urss[45].

Il cosiddetto «discorso delle castagne» di Stalin, il chiarimento sulla politica estera di Molotov e l'articolo «personale» di Ždanov furono, nella primavera del 1939, tre segnali centrali di Mosca a Berlino e a Londra. Stalin mise in guardia le potenze occidentali, in particolare Chamberlain, il cui governo trattava con Hitler. La pietra dello scandalo era un incontro fra industriali inglesi e Hermann Göring nello Schleswig-Holstein per parlare di economia[46]. «Londra alza il prezzo – annotò Majskij nel suo diario. – Alzeremo il prezzo anche noi»[47]. E mercanteggiava anche Berlino. Il 7 luglio 1939 il segretario di Stato von Weizsäcker comunicò all'ambasciata tedesca a Mosca la disponibilità di Hitler a concedere all'Unione Sovietica un credito per l'acquisto di merci e ad avviare trattative economiche al massimo livello con Anastas Mikojan, il commissario del popolo al Commercio estero[48].

Alla fine di luglio la missione di Strang era al capolinea. Per tenere l'Occidente in gioco, Molotov propose in alternativa di ricevere a Mosca una delegazione militare franco-britannica. Prima venne siglato un accordo politico – andava evitato che il soggiorno di Strang fosse completamente inutile – che però aveva piú che altro un carattere simbolico e lasciava fuori le questioni decisive dell'«aggressione indiretta» e degli obblighi di assistenza militare nei confronti degli stati orientali. Questioni che restavano riservate ai negoziati che avrebbero dovuto cominciare dopo l'arrivo della commissione militare. Il 4 agosto la «Pravda» diede per la prima volta notizia della missione in programma e lo stesso giorno l'ambasciatore Majskij a Londra ricevette a colazione i rappresentanti della commissione. Se questo incontro doveva servire a una seria preparazione, Majskij fu presto deluso dal disinteresse dei convenuti. «Gli ospiti – annotò – erano molto abbottonati nelle conversazioni e preferivano parlare di argomenti innocui come la caccia alla starna»[49]. La delusione di Majskij aumentò quando venne a sapere che la missione, invece di recarsi rapidamente a Mosca, magari in aeroplano, programmava una crociera di piú giorni, non con un incrociatore veloce o una nave da guerra ma con una confortevole nave mercantile. Majskij scriveva:

> La delegazione militare viaggia dunque alla volta di Mosca su un mercantile (...) e questo in un momento in cui in Europa la terra comincia a

bruciarci sotto i piedi! Da non crederci! Il governo britannico vuole davvero un accordo? Mi convinco sempre piú che Chamberlain continui indisturbato a fare il proprio gioco: quello di cui ha bisogno non è un patto a tre, bensí di colloqui su un patto da usare come asso nella manica per poter trattare bene con Hitler[50].

La missione militare franco-britannica – al riguardo contemporanei e storici concordano – poteva essere definita solo una presa in giro per Mosca. A guidarla e a prendervi parte erano sí generali di alto rango, tra i quali l'ex attaché militare britannico a Mosca. Tuttavia non facevano parte del governo né disponevano di deleghe politiche per poter condurre serie trattative. «Non si può prendere sul serio una cosa del genere – sbottò Stalin. – Londra e Parigi intendono continuare a giocare a poker»[51]. In effetti il governo inglese, e soprattutto il ministro degli Esteri lord Edward Wood Halifax, che si rifiutò di andare a Mosca, non avrebbe potuto segnalare piú chiaramente che non voleva l'alleanza con Stalin e che, come Majskij aveva già capito da tempo, le «spontanee preferenze dell'alta società britannica erano riservate sicuramente alla Germania»[52]. Eppure non mancavano le critiche. Una parte dei quotidiani londinesi lamentava, come scriveva il «Sunday Express», «l'atteggiamento passivo del premier e di lord Halifax» e considerava il loro «snobismo politico» responsabile del rallentamento (delle trattative)[53]. L'ex premier Lloyd George, che Chamberlain comunque considerava del tutto incapace, dichiarò in tutta franchezza, in un editoriale scritto per il francese «Le Soir»: «Neville Chamberlain, Halifax e John Simon non vogliono nessun accordo con la Russia»[54]. Anche se Stalin teneva in piedi le trattative con le potenze occidentali solo per alzare il prezzo con Berlino, inviare una missione cosí ridicola era un affronto politico. A un'«offerta» del genere Stalin non poteva acconsentire già soltanto per salvare la faccia. Quando l'ammiraglio Reginald Aylmer Ranfurly Plunkett-Ernle-Erle-Drax (che la stampa battezzò «Admiral Nobody») e il generale francese Joseph Édouard Doumenc (che ben presto fu chiamato «Général Inconnu») arrivarono, nella notte fra il 9 e il 10 agosto, la decisione di stringere un patto con Hitler era stata presa.

5. *Gli ultimi passi.*

Nei giorni che precedettero l'arrivo della missione militare, Mosca e Berlino fecero gli ultimi passi in direzione del patto. In parallelo con i colloqui dedicati all'avvicinamento politico, si svolsero anche, a quanto pare, incontri militari segreti fra l'Armata Rossa e la Wehrmacht, presumibilmente per iniziativa dei militari tedeschi, i quali nel periodo fra le due guerre avevano continuato la collaborazione militare[55]. Intanto il progetto dell'invasione della Polonia era stato definito e la propaganda di Goebbels preparava psicologicamente i tedeschi agli eventi a venire con articoli sobillatori sulla «brutale persecuzione» e le «terribili condizioni di vita dei *Volksdeutsche*», i cittadini di etnia tedesca. Per la realizzazione la Germania aveva bisogno dall'alleanza con Stalin. Hitler era a corto di tempo e aveva fretta di agire.

Quando, alla fine di luglio, la missione Strang a Mosca fallí, Karl Schnurre, il suo collaboratore Walter Schmidt, Georgij Astakhov e il suo vice Evgenij Babarin si incontrarono a cena nella leggendaria enoteca *Ewest* di Berlino. Senza troppi preamboli, Schnurre presentò le offerte dei tedeschi. Assicurò anzitutto che la Germania si era decisa per Mosca, definendo la Gran Bretagna il nemico numero uno, perché si era rifiutata di restituire le colonie tedesche. In secondo luogo dichiarò la disponibilità a ulteriori concessioni politiche e territoriali: con riferimento ai paesi baltici, alla Polonia e alla Romania. In terzo luogo promise che la Germania si sarebbe impegnata per migliorare le relazioni fra i sovietici e i giapponesi in Estremo Oriente, dove da anni continui scontri di confine tenevano sotto pressione Stalin. Astakhov prese atto dell'offerta, quindi informò Molotov e Stalin, che il 2 agosto diede luce verde per un incontro dell'incaricato d'affari con il ministro degli Esteri tedesco, onde verificare la portata delle parole di Schnurre. Nel colloquio che a questo punto seguí, Ribbentrop confermò che «in tutta l'area compresa fra il mar Nero e il mar Baltico» non c'era nessuna «questione irrisolvibile fra la Germania e l'Unione Sovietica» e che «su tutte le altre questioni» era possibile accordarsi «se il governo dell'Unione Sovietica» condivideva queste premesse»[56]. L'unica condizione era il «reciproco non intervento nelle questioni interne»; un punto al quale Hitler attribuiva una grande importanza. «Le nostre ideologie – affermò Ribbentrop – sono diametralmente opposte. In Germania la tolleranza nei confronti del comunismo è pari a zero», disse, per poi rassicurare aggiungendo che «il nazionalsocialismo non [è] una merce di esportazione e noi [siamo] ben lontani dal volerlo imporre a qualcuno». Astakhov concordò: «Anche il mio governo vede nel non intervento nelle questioni interne una condizione necessaria per relazioni normali». La strada era spianata. Per quanto concerne Mosca, sottolineò l'incaricato d'affari, «la differenza dell'ideologia e dell'ordinamento interno non hanno mai ostacolato relazioni internazionali amichevoli»[57].

Nei giorni successivi, Stalin discusse la proposta tedesca nel Politbjuro, mentre Molotov ufficialmente continuava a trattare indisturbato con «Admiral Nobody» e «Général Inconnu». Alla metà di agosto, Molotov interruppe i colloqui con le potenze occidentali accampando la scusa che prima di riprenderli bisognava risolvere la questione degli obblighi di assistenza militare nei confronti della Polonia e della Romania. La concessione all'Armata Rossa del diritto di attraversare il loro territorio era una richiesta che, come tutti i protagonisti sapevano, i governi interessati non avrebbero riconosciuto. Intanto Mosca e Berlino discutevano già su dove condurre le trattative tedesco-sovietiche. All'inizio, a parlare con Ribbentrop fu ancora Astakhov, che lo raggiungeva per lo piú telefonicamente nella sua residenza estiva di Schloss Fuschl, vicino a Salisburgo, mentre von der Schulenburg al Cremlino si rivolgeva a Molotov. Come per tutte le questioni importanti, alla fine fu Stalin a imporsi sui tedeschi. Stabilí che le trattative si sarebbero svolte a Mosca. Rifiutò la pomposa proposta di Ribbentrop di un preambolo al trattato e non accettò Hans Frank, all'epoca ministro del Reich senza portafoglio, come interlocutore dei negoziati perché non era abbastanza importante; questa era una proposta che Ribbentrop aveva presentato arrogantemente per comodità sua, non volendo lasciare Schloss Fuschl per andare a Mosca. Alla fine Stalin impose anche il Protocollo aggiuntivo segreto, facendo propria un'idea che inizialmente era stata lanciata da Karl Schnurre. Quando l'«Admiral Nobody» britannico e il «Général Inconnu» francese lasciarono Mosca a mani vuote, il 17 agosto 1939, la Germania e l'Unione Sovietica non discutevano piú da tempo sull'eventualità di un Trattato di non aggressione, ma sui suoi contenuti e su un Protocollo aggiuntivo. Ribbentrop aveva capito di essere atteso personalmente a Mosca. Prima di tutto informò von der Schulenburg di essere stato autorizzato da Hitler e di trovarsi quindi «nella condizione di firmare un protocollo speciale, che regoli gli interessi di entrambe le parti in questa o quella questione di politica estera, per esempio sfere di interesse nell'area del mar Baltico, questione degli Stati baltici ecc.» Tuttavia, annunciò, c'erano dettagli da chiarire «a voce»[58].

Prima che il ministro salisse sull'aereo per Mosca – i cinegiornali tedeschi lo mostrano deciso all'aeroporto, con il braccio levato nel saluto nazista – Karl Schnurre e il successore di Astakhov, Evgenij Babarin, conclusero a Berlino quei negoziati commerciali che avevano spianato la strada all'intesa politica. Il 19 agosto 1939 firmarono un accordo di credito della durata di sette anni. La Germania concedeva all'Unione Sovietica un prestito di oltre 200 milioni di R.M. (tra l'altro per l'acquisto in Germania nell'arco di due anni di impianti industriali, macchine utensili, navi, veicoli e impianti di laboratorio). Nello stesso lasso di tempo, l'Unione Sovietica offriva «varie merci», ma soprattutto le materie prime di cui l'industria bellica tedesca aveva bisogno, per un valore di 180 milioni di R.M. La differenza di 20 milioni era compensata da forniture di oro alla Germania[59]. Un editoriale sulla «Pravda», inteso a preparare psicologicamente l'opinione pubblica all'asse Berlino-Mosca, lodò l'accordo come «il passo piú importante verso un ulteriore miglioramento non solo delle relazioni economiche ma anche politiche tra l'Unione Sovietica e la Germania»[60].

Ai lettori fu nascosto che questo passo era già stato fatto da tempo, che le bozze del trattato venivano telegrafate da Berlino a Mosca e viceversa e che il patto stava per essere concluso. Il 20 agosto il testo redatto da Stalin giunse a Berlino, da dove venne immediatamente inoltrato a Fuschl e al Berghof. Hitler, che aveva fretta di invadere la Polonia, si disse «completamente d'accordo». Il 20 agosto telegrafò a Stalin:

> Accetto la bozza del Trattato di non aggressione presentata dal Suo ministro degli Esteri Molotov. (...) Il Protocollo aggiuntivo che il governo

dell'Unione Sovietica desidera può a mio parere essere sostanzialmente chiarito in tempi brevissimi, se un uomo di stato tedesco accreditato può trattare sulla questione a Mosca[61].

Si riferiva a Ribbentrop, che proponeva viaggiasse «martedí, 22 agosto, al piú tardi mercoledí, 23 agosto»; munito della «piú completa procura generale per redigere e firmare il patto di non aggressione nonché il protocollo»[62]. Il fatto che Hitler nel telegramma accennasse alla «tensione» divenuta «insopportabile tra la Germania e la Polonia», a causa della quale «ogni giorno può scoppiare una crisi», era il chiaro segnale della guerra e un grosso errore tattico. L'ammissione da parte di Hitler di trovarsi a corto di tempo indebolí la sua posizione di fronte a Stalin, il quale naturalmente sfruttò questa debolezza. Con il telegramma in mano, Stalin chiuse i colloqui con le potenze occidentali, che non gli avrebbero mai potuto concedere le conquiste territoriali cui Hitler, che voleva la guerra, era costretto ad accondiscendere. Il 21 agosto Stalin rispose:

Grazie per la Sua missiva. Spero che il patto di non aggressione tedesco-sovietico rappresenterà una svolta in vista di un serio miglioramento delle relazioni politiche tra i nostri paesi. Il governo sovietico mi ha incaricato di comunicarLe che approva una visita del signor Ribbentrop a Mosca il 23 agosto[63].

Era quasi escluso che il patto a questo punto potesse ancora naufragare, ed era anche sicuro che Stalin lo avrebbe fatto pagare caro. La notizia della stipula del Trattato circolava già al di fuori degli esclusivi ambienti diplomatici e dei servizi segreti. I piú alti generali della Wehrmacht erano stati messi al corrente direttamente da Hitler il 22 agosto a Berchtesgaden, alle ambasciate erano state impartite istruzioni sulla terminologia da usare e i titoli del «Völkischer Beobachter» erano già in stampa.

Il 23 agosto alle 13, il ministro degli Esteri Joachim von Ribbentrop atterrò a Mosca, dove rimase molto colpito dalle bandiere con la svastica che decoravano l'aeroporto, e dall'orchestra militare che suonò l'inno nazionale tedesco come benvenuto (fig. 5). Paul Schmidt, capo interprete del Ministero degli Esteri, ricorda lo storico arrivo:

Il primo fatto sensazionale che ravvisai dopo essere sceso dall'aereo fu un'insegna dell'aeroporto. «Moscou», lessi in francese e vidi il vessillo con la svastica e la bandiera rossa sovietica con la falce e il martello intimamente associate sventolare insieme ai due lati del nome[64].

Due ore dopo Ribbentrop era al Cremlino, da Stalin e Molotov. Riguardo a questo incontro, nel quale furono negoziati i dettagli del Protocollo aggiuntivo segreto, fino a oggi esistono solo resoconti di terze persone inseriti nelle loro memorie. Se ne può concludere che Stalin e Molotov, sempre in due, si fecero valere contro l'arrogante ministro degli Esteri tedesco oberato dall'eccessiva responsabilità, e presumibilmente non fu per loro neanche difficile. Contrattarono con decisione ogni chilometro quadrato e il minimo dettaglio, come i porti lettoni di Libau (Liepāja) e Windau (Ventspils), che vennero assegnati all'area di interesse sovietica[65]. Con brevi pause, le trattative proseguirono per sette ore, finché alle dieci di sera il Protocollo aggiuntivo segreto era stato deliberato e i territori ripartiti. Dopo

Figura 5.
La delegazione tedesca, guidata da Joachim von Ribbentrop, all'aeroporto di Mosca, agosto 1939.

ulteriori quattro ore, all'alba del 24 agosto, l'intero Trattato di non aggressione tedesco-sovietico era stato definito. Molotov e Ribbentrop firmarono e poi la stipula fu retrodatata al 23 agosto perché la «Pravda» potesse dare la notizia ai suoi lettori il giorno seguente. «L'ostilità fra la Germania e l'Unione Sovietica – lessero con stupore i cittadini sovietici – è acqua passata. (...) Le divergenze ideologiche non possono essere d'ostacolo alla costruzione di relazioni di buon vicinato tra i due paesi»[66]. Al leggendario ricevimento notturno Stalin aveva brindato alla salute di Hitler che «ama tanto (...) il popolo tedesco». Ancora inebriato da questo successo, un sentimentale Ribbentrop rientrò in Germania, dove si lasciò festeggiare per una vittoria che era stata la vittoria di Stalin e Molotov.

6. *Il patto.*

I giochi di potere dell'Europa per la stipula di trattati, assi e coalizioni, cui negli anni trenta presero parte quasi tutti gli stati, dalle vecchie grandi potenze passando per le nazioni giovani fino ai regimi totalitari del continente, giunsero a conclusione il 23 agosto 1939. Gli intrighi politici, i pregiudizi, i sospetti e gli egoismi nazionali, ma soprattutto la politica espansionistica aggressiva delle ideologie totalitarie, che seguí a una classica concezione del potere orientata ai possessi territoriali, condussero all'alleanza fra la Germania nazionalsocialista e l'Unione Sovietica stalinista. «L'intera situazione dell'Europa è in bilico», scriveva l'ambasciatore americano Joseph E. Davies da Mosca al Dipartimento di Stato. «L'Impero britannico, la Gran Bretagna e la Francia sono sul punto di perdere il prestigio dovuto alla loro storia. La pace in Europa, fino a quando sarà conservata, corre il grandissimo pericolo di essere una pace imposta dai dittatori. (...) Il pericolo dell'egemonia fascista nel mondo incombe piú che mai», ammoniva Davies, che in quanto estimatore di Stalin godeva di dubbia fama[67]. Nell'agosto del 1939 l'ambasciatore Davies coglieva il nocciolo della questione. Il Trattato di non aggressione tedesco-sovietico consentí a Hitler l'aggressione della Polonia, con cui iniziò la seconda guerra mondiale in Europa. Il patto «protesse» la Wehrmacht dalla temuta guerra su due fronti e permise, nella primavera del 1940, l'espansione verso l'Europa occidentale e il riassetto ideologico del continente sotto l'egemonia nazionalsocialista. Consentí di esportare il progettato ordinamento nazionalsocialista che, inizialmente, Hitler aveva sí negato di perseguire ma che aveva sempre messo in pratica, perché quel disegno rispondeva alle idee etno-razziali, economiche e sociali del «Grande spazio» e di «Europa» elaborate dal Terzo Reich.

Per Stalin il Trattato di non aggressione significò un incredibile aumento di potere. Mise fine al pericoloso isolamento internazionale e ridusse il pericolo di guerra. Grazie al patto, Stalin era ritornato a quel tavolo delle grandi potenze europee da cui era stato escluso a Monaco. Sfruttando la fretta di Hitler e la presuntuosa volubilità della Gran Bretagna, con calcolo tattico e freddezza politica sventò il temuto patto a quattro. Se a settembre del 1938 era stato ancora con le spalle al muro, nell'agosto del 1939 usciva vincitore dal confronto. Il Protocollo aggiuntivo segreto gli procurò territori che l'Occidente non poteva offrirgli. Lo «scorno» delle perdite territoriali della prima guerra mondiale era cancellato e c'era la prospettiva di quella zona di sicurezza che teneva la guerra lontana da Mosca. Nell'Europa orientale Stalin condusse l'esportazione dell'ideologia comunista con brutalità e senza compromessi. Finire sotto la dominazione sovietica significò per la Polonia, e dopo l'estate del 1940 anche per la regione baltica, la Bessarabia e la Bucovina settentrionale, vivere nella dittatura della violenza.

Il Trattato di non aggressione venne stipulato per la durata di dieci anni, con un'opzione di rinnovo automatico di altri cinque se nessuna delle due parti lo avesse disdetto con un anno di anticipo rispetto alla scadenza. Comprendeva sette articoli nei quali i due contraenti si impegnavano alla reciproca rinuncia alla violenza, ad azioni aggressive e a un attacco, da sole o in alleanza con una terza potenza. Fu esclusa anche la possibilità di entrare in un'alleanza o di sostenerla, nel caso fosse diretta contro uno dei due contraenti. Nell'articolo 3 la Germania e l'Unione Sovietica si accordarono di tenere consultazioni per «rimanere in contatto» e «informarsi reciprocamente su questioni di comune interesse». A insistere per l'inclusione di questo articolo fu Stalin in persona e, cosí facendo, rivelò quanto poco peso desse alle professioni di amicizia e di fiducia nelle quali la propaganda si sarebbe profusa nelle settimane successive. Stalin preferí consultazioni concordate per contratto, anche se entrambe le parti sapevano che non si giocava mai a carte scoperte. Ma proprio questa consapevolezza poteva essere sfruttata per costruire una preziosa e necessaria opzione di uscita. Se le consultazioni non avessero avuto luogo – come supponevano entrambe le parti – e la «strada dell'amichevole scambio di opinioni» concordata in caso di conflitti nell'articolo 5 non fosse stata percorsa fino ad arrivare all'istituzione di commissioni di mediazione, ci si sarebbe potuti accusare a vicenda di aver violato il trattato e di tradimento. Per Stalin era importante solo che questa accusa non potesse mai essere rivolta all'Unione Sovietica. In base all'articolo 7 il Trattato di non aggressione andava ratificato «nel piú breve tempo possibile», ma entrava «in vigore all'atto della firma»[68].

Guardati superficialmente, gli accordi contenuti in uno dei piú importanti trattati del XX secolo erano tutt'altro che spettacolari e per nulla sensazionali. Come ricordato nel preambolo, esso si rifaceva al Trattato di Berlino del 1926 e per il contenuto corrispondeva alla maggior parte dei patti di non aggressione dell'epoca. Il suo straordinario significato storico e la sua incidenza consistevano nel fatto che le due grandi dittature, legate da un'accanita ostilità, con questo trattato scatenarono la seconda guerra mondiale in Europa. Esso rappresentò l'inizio di una devastante carneficina mondiale, che condusse alla Shoah e mise in moto un meccanismo di distruzione di massa con conseguenze tali che l'Europa non si è ripresa ancora oggi. Hitler e Stalin divisero l'Europa e il mondo per decenni. Non contava affatto che l'antibolscevismo fosse la ragion d'essere del nazionalsocialismo, né che a dar forma all'ideologia comunista, negli anni trenta, fosse stato l'antifascismo di matrice moscovita.

Mentre l'ostilità ideologica passava in secondo piano, a rendere possibile l'alleanza politica furono le analogie totalitarie, la volontà di potere imperiale e le correlazioni storiche. Al centro dell'accordo si trovava il Protocollo aggiuntivo segreto, di cui Ribbentrop, Molotov e Stalin negoziarono i contenuti nell'agosto a Mosca e di cui Mosca negò con foga l'esistenza fino alla fine della guerra fredda. Solo nel dicembre del 1991, quando fu messo sotto pressione, Michail Gorbačëv consentí la consultazione dell'originale russo conservato negli archivi del Cremlino, il quale documentava un accordo che – come Gorbačëv sapeva bene – avrebbe scosso dalle fondamenta il mito dell'antifascismo comunista. Il Protocollo aggiuntivo segreto attestava che Stalin, a differenza di quello che la storiografia sovietica aveva sempre affermato, non accondiscese al patto solo per differire l'attacco di Hitler e la guerra per l'Unione Sovietica. Entrambi i dittatori condividevano invece la volontà di espansione politico-ideologica. Il Protocollo definiva le «sfere di interesse» di entrambi, o meglio i loro confini nell'Europa orientale. Nella regione baltica essi coincidevano con il «confine settentrionale della Lituania», e con questo – temporaneamente – venne «riconosciuto da entrambi i contraenti il "legittimo" interesse della Lituania alla regione di Vilna». La Lettonia, l'Estonia e la Finlandia rientravano quindi nella sfera di interesse sovietica, la Lituania – a eccezione della regione di Vilna – in quella tedesca. Nel caso di una «riorganizzazione politico-territoriale della Polonia», questa la cattiva parafrasi della spartizione, il confine fra le due sfere di interesse sarebbe stato la «linea dei fiumi Narew, Vistola e San». «Per quanto concerne l'Europa sud-orientale», l'Unione Sovietica rimarcava il proprio interesse per la Bessarabia, mentre la Germania esprimeva il proprio «totale disinteresse politico» per questa regione, facendo cosí un'avventata concessione che si sarebbe rivelata una linea di frattura del patto. Le due parti concordavano di tenere il Protocollo aggiuntivo rigorosamente segreto, ma già negli ultimi giorni di agosto circolavano sulla stampa numerose voci e i diplomatici discutevano sulla sua rilevanza[69].

7. *Shock, delusione e lodi.*

Quando, la mattina del 24 agosto, si diffuse la notizia della firma del Trattato, l'Europa fu colta da uno shock. Eppure l'alleanza non arrivò inaspettata e l'avvicinamento fra la Germania e l'Unione Sovietica si poteva osservare da settimane. Il terrore colpí piú di tutti il movimento dell'Internazionale comunista, che solo quattro anni prima, al VII Congresso mondiale del Comintern, si era vista propinare ben altra dottrina. La politica del Fronte unito annunciata allora, che invitava ad allearsi con gli odiati socialdemocratici e con i partiti borghesi, era stata difficile da mandar giú soprattutto per i comunisti tedeschi. Accettarono il «Fronte unito» perché consideravano un'ampia alleanza politica anche con i vituperati «socialfascisti», che facevano loro concorrenza a sinistra, l'unico mezzo efficace per combattere Hitler. Quella dottrina ora non valeva piú, a vantaggio di un'alleanza con Hitler; gli amici e i nemici si erano scambiati di posto quasi dalla sera alla mattina e questo scatenò un terremoto. Per i comunisti, che erano fuggiti davanti alla persecuzione fascista, cadendo nella «trappola umana di Mosca» (Reinhard Müller) per patire proprio lí le epurazioni e i processi farsa, la notizia non era solo particolarmente scoraggiante. Molti di loro a seguito del patto vennero estradati e dopo le prigioni a Mosca si ritrovarono nei campi di concentramento dei nazisti[70].

«Per noi – scrive l'austriaca Ruth von Mayenburg, sopravvissuta al famigerato *Hotel Lux* di Mosca – l'orologio del Cremlino si fermò», e Wolfgang Leonhard, uno dei piú noti cronisti dello stalinismo, ricorda l'agosto 1939, che trascorse nella scuola-quadri del Comintern:

> Nella biblioteca di letteratura straniera spesso, invece dei giornali degli immigrati, venivano esposti quelli nazisti, e alcuni romanzi di immigrati tedeschi antifascisti erano stati tolti dalla biblioteca. La parola «fascismo» non compariva assolutamente piú nella stampa sovietica. Era come se un fascismo non fosse mai esistito[71].

Per alcuni comunisti, tra cui celebrità come lo scrittore Arthur Koestler, questo voltafaccia fu davvero troppo. Dopo le epurazioni, Koestler entrò in conflitto con le sue convinzioni. In seguito spiegò:

> Questo stato di incertezza durò per me fino al giorno in cui all'aeroporto di Mosca venne issata la bandiera con la svastica in onore di Ribbentrop e la banda dell'Armata Rossa intonò *Das Horst-Wessel-Lied*. Con questo la faccenda si è chiusa: da quel momento in poi per me era proprio lo stesso se i nuovi alleati di Hitler mi tacciavano di essere un controrivoluzionario[72].

L'anno successivo uscí in Gran Bretagna il best seller internazionale *Buio a mezzogiorno*, scritto da Koestler; uno dei libri piú incisivi nel rappresentare la miseria e gli abissi umani nella dittatura stalinista e che segnò la rottura di Koestler con il comunismo di Mosca.

Persone prese dal dubbio come Koestler ed «ex» come Willy Münzenberg, già cacciati dal Partito, fustigarono Stalin come «traditore». La maggioranza dei membri del Partito, però, cercò di adattarsi in qualche modo, fosse anche solo ricorrendo a rassegnate formule consolatorie: Stalin certo sapeva quello che faceva e il Partito aveva comunque sempre ragione. Credevano e volevano credere agli slogan che Stalin dettava a Georgi Dimitrov, il segretario generale del Comintern, per mettere «in riga» i partiti nazionali. Senza particolare successo. Anche se ufficialmente il Comintern proclamava di essere compatto e concorde, il patto causò nel movimento comunista una spaccatura che sarebbe durata per molto tempo e che attraversava sia i partiti nazionali sia la centrale moscovita, dove la critica veniva formulata solo a bassa voce e ufficiosamente. Eppure ci fu anche il plauso, per paura, cieca sottomissione, convinzione e fedeltà a Stalin. Johannes R. Becher, comunista tedesco, poeta e in seguito il primo ad assumere la funzione di ministro della Cultura della Repubblica democratica tedesca, rese omaggio al patto con frasi reboanti che in seguito pretendeva di aver dimenticato. «Agosto 1939. Ode alla stipula del patto tra il Grande Reich tedesco e l'Unione delle Repubbliche socialiste sovietiche», questo il titolo della sua ode:

> A Stalin. Tu proteggi con la tua mano forte il giardino dell'Unione Sovietica. Ed estirpi ogni erbaccia. Tu, il figlio piú grande della madre Russia, accetta questo mazzo di fiori. Accetta questo mazzo con l'aquilegia come segno del legame di pace che si estende saldo fino alla Cancelleria del Reich[73].

Stalin costrinse l'Internazionale socialista, degradata a marionetta nelle sue mani, a un patto che ebbe conseguenze gravissime per i partiti comunisti e che avrebbe condotto a giustificazioni assurde, per esempio dell'occupazione nazionalsocialista nell'Europa occidentale. A dispetto della totale mancanza di riguardo era però consapevole che il patto andava comunicato con prudenza e che non era «facile da vendere»: né al Comintern, né agli scioccati compagni di partito né ai «comuni» cittadini dell'Unione Sovietica. Viktor Kravčenko (originario della città industriale di Kemerovo, in Siberia), che all'epoca aveva 34 anni, ricordava:

> In fin dei conti per noi era stato sempre una certezza che l'unico nemico dei nazisti era l'Unione Sovietica (...) Avevamo condannato a morte alti generali, tra i quali anche Tuchačevskij, con l'accusa di essere alleati dell'esercito di Hitler. (...) I nostri bambini giocavano a fascisti-contro-comunisti e i fascisti avevano sempre nomi tedeschi e ogni volta venivano riempiti di botte.

Un patto tra Hitler e Stalin sembrava una mostruosità. Come Kravčenko raccontava, «nel nostro paese la furfanteria di Hitler (...) aveva quasi il valore di un venerato articolo di fede, al pari dell'infallibilità di Stalin»[74]. Stalin si preoccupò di spiegare il patto con ragioni politiche e il minaccioso pericolo della guerra. Al tempo stesso rinunciò – ben consapevole che le alleanze politiche hanno una scadenza – a eccessive professioni di amicizia, che invece Ribbentrop esprimeva tanto volentieri. Rifiutando la bozza del comunicato ufficiale relativo alla stipula del contratto disse a quest'ultimo:

> Non crede che dovremmo avere piú riguardo dell'opinione pubblica nei nostri due paesi? Ci siamo gettati addosso la spazzatura a secchiate per anni (...) E adesso all'improvviso tutto dovrebbe essere scusato e dimenticato? Cose come queste non vanno cosí veloci. (...) Dobbiamo informare le nostre popolazioni del cambiamento intervenuto nelle relazioni fra i nostri due paesi con maggiore cautela[75].

In questo contesto la «Pravda» definí il Trattato di non aggressione come uno «strumento di pace», che non era

> ... chiamato solo a rinsaldare pacifiche relazioni di buon vicinato fra l'Unione Sovietica e la Germania, ma doveva servire anche alla causa del generale rafforzamento della pace. (...) Il significato del patto che è stato stipulato va oltre la regolazione dei rapporti tra i due paesi contraenti[76].

L'interpretazione ufficiale non venne diffusa solo da organi di governo come la «Pravda». In tutto il paese il partito organizzò assemblee straordinarie e manifestazioni di propaganda, in particolare nell'amato Gor'kij Park per «la cultura e il divertimento», dove cosiddetti consulenti, per lo piú ufficiali della polizia politica, in padiglioni eretti per l'occasione in modo da formare un «viale delle consultazioni», erano pronti a spiegare agli abitanti della capitale il patto con la Germania, raccogliendo anche il consenso di molti moscoviti[77]. «La gran massa della popolazione sovietica – osservò Gustav Hilger – accolse la notizia della stipula del Trattato di non aggressione con sollievo e soddisfazione»[78]. Con sollievo perché per chi nella vita quotidiana era tormentato da problemi che non avevano a che vedere con i voltafaccia ideologici, il Trattato di non aggressione significò effettivamente sicurezza lontano dalle guerre dell'Europa. Provarono invece soddisfazione coloro per i quali l'esistenza della Polonia era come una spina nel fianco, e nelle strade di Mosca si potevano anche sentire espressioni di risentimento antibritannico e antifrancese, come hanno riferito Hilger e von der Schulenburg[79].

8. *«In emergenza non si va tanto per il sottile»*.

Anche in Germania la popolazione ebbe reazioni discordanti alla stipula del patto con i bolscevichi. A Monaco, per protesta, adepti del partito gettarono a terra in massa la fascia da braccio con il simbolo della svastica davanti al quartier generale nazionale della NSDAP, il Braunes Haus. Per Ulrich von Hassell, che era stato ambasciatore a Roma e in seguito avrebbe fatto parte della cerchia degli oppositori che si muovevano intorno al conte von Stauffenberg, fornendo collaborazione attiva, la Germania era diventata «membro di una grossa banda di gangster», dimenticando a dire il vero che da tempo ce n'era uno a governarla[80]. Altri erano tranquillizzati dalla speranza che il patto avesse scongiurato il minaccioso accerchiamento da parte di un'alleanza britannico-sovietica e che, se la guerra era ormai inevitabile, sarebbe stata condotta «solo» per la spartizione della Polonia. Per queste ragioni e in virtú della prospettiva di veder rinascere la provata alleanza militare, finalmente ricostituita per distruggere l'odiato *Saisonstaat*, gli alti quadri della Wehrmacht salutarono il patto con un certo qual sollievo, proprio come Adolf Hitler[81]. Il Führer, che dal punto di vista ideologico era contrario all'alleanza con Mosca, rimase in attesa della telefonata di Ribbentrop al Berghof e si mostrò davvero «contento» del colpo del suo ministro degli Esteri, come Goebbels fu costretto ad ammettere[82]. Per l'invasione della Polonia aveva messo in secondo piano i principî fondamentali dell'ideologia nazionalsocialista e, come scrisse a Mussolini due giorni dopo, creato una «situazione di politica internazionale completamente nuova» che «va interpretata come di grande vantaggio per l'Asse»[83]. Goebbels valutò il patto con piú obiettività: «Siamo in emergenza e in emergenza non si va tanto per il sottile»[84], scrisse il 24 agosto nel suo diario, mentre Hitler giustificava il tradimento ideologico. Nel discorso tenuto al Reichstag sull'invasione del 1° settembre 1939, affermava:

> La Germania non ha intenzione di esportare la sua dottrina e nel momento in cui la Russia sovietica non pensa di esportare la propria in Germania, non vedo piú alcuna ragione per prendere anche una volta soltanto posizione l'uno contro l'altro!

La decisione presa da Hitler di dare la precedenza agli obiettivi bellici immediati rispetto alla pura dottrina non turbò solo i camerati a Monaco. Anche all'interno dell'élite nazionalsocialista si scontrò con una critica veemente, anzitutto da parte di Alfred Rosenberg, il cui saldo antibolscevismo era frutto di esperienze personali. Per Rosenberg, che faceva parte di una famiglia tedesca del Baltico e da studente aveva vissuto in prima persona la rivoluzione bolscevica a Mosca, l'«affettuoso abbraccio» del «bolscevismo ebraico» era proprio intollerabile, «come se la nostra lotta contro Mosca fosse stata un equivoco e i bolscevichi i veri russi»[85]. Certo, anche Rosenberg riconobbe i vantaggi politici, che elencò nel suo diario, dove scrisse:

> Ieri poco prima di mezzanotte è arrivata la notizia del patto di non aggressione t[edesco]-sovietico. Nonostante la mia avversione per i diari, voglio fermare sulla carta la mia prima impressione. Anzitutto: ammissione della facilitata situazione di pol[itica] estera: cessazione della minaccia rappresentata dall'aviazione russ[a] nel conflitto t[edesco]-pol[acco], alleggerimento del Baltico, fornitura di materie prime ecc.

Al tempo stesso, però, il viaggio di Ribbentrop a Mosca significava una

> ... ridotta considerazione morale della nostra lotta ormai ventennale, nei confronti dei nostri raduni di partito, nei confronti della Spagna. (...) Il Führer disse circa quattro anni orsono (...) che non poteva andare con Mosca perché non è possibile vietare al popolo t[edesco] di rubare e al tempo stesso essere amici dei ladri. A Ribbentrop non importerà nulla di tutto questo, perché a parte il suo odio per l'Inghilterra non ha alcuna idea politica.

Rosenberg non era convinto che gli obiettivi della guerra giustificassero il tradimento degli ideali. Nel diario concluse la sua annotazione in questo modo:

> Ho la sensazione che questo patto di Mosca prima o poi si ritorcerà contro il nazionalsocialismo. Non è stato un passo fatto per libera scelta, ma un atto compiuto in una situazione di necessità, un'istanza presentata da una rivoluzione al capo di un'altra rivoluzione che secondo il ribadito ideale di una battaglia durata vent'anni bisognava debellare. Come possiamo parlare ancora di salvare e dare forma all'Europa se dobbiamo chiedere aiuto a coloro che l'Europa la distruggono? (...) E di nuovo viene da domandarsi: questa situazione era necessaria? La questione polacca doveva essere risolta adesso e in questa maniera?[86].

Il «colpo di Mosca» venne salutato davvero soltanto da Ribbentrop e, significativamente, da organizzazioni nazionalsocialiste repressive come la Polizia di sicurezza e le SS di Heinrich Himmler. Il ministro degli Esteri, traboccante d'orgoglio e vanità, disprezzato dagli ideologi del partito Goebbels e Rosenberg, già a Mosca evocò il «giorno fatidico» e la «svolta piú significativa nella storia dei due popoli». «Alla Germania e alla Russia – dichiarò al ricevimento offerto da Stalin al Cremlino – in passato è sempre andata male quando erano nemiche, bene invece quando erano amiche. (...) Il Führer e Stalin si sono decisi per l'amicizia»[87]. «Das Schwarze Korps», foglio di propaganda delle squadre di sicurezza della NSDAP e organo del Comando generale delle SS, riuscí addirittura a superarlo. Mentre il «Völkischer Beobachter» lodava il «ricostituirsi di una condizione naturale»[88] o riprendeva sostanzialmente il tono di Ribbentrop, nel numero di agosto il foglio si lasciò andare ad assurdi omaggi a una fratellanza di sangue fra i popoli. Stravaganti costruzioni storiche come quella che attribuiva un «carattere germanico» all'Impero zarista – il riferimento era all'occupazione dei Variaghi scandinavi nell'VIII secolo – allarmarono Goebbels[89]. Il ministro della Propaganda, anche se era in grado di apprezzare la duttilità di una propaganda efficace, mise fine a ogni «tentativo troppo goffo di ingraziarsi Mosca»[90].

[1] Citato in POPE 1943, p. 437.

[2] Lettera di Merekalov a Litvinov, 12 gennaio 1939, citata in PÄTZOLD e ROSENFELD 1990, p. 106.

[3] WEINBERG 1954, p. 10.

[4] KNIPPING 1981.

[5] GORODETSKY 2016, p. 248.

[6] Citato in PÄTZOLD e ROSENFELD 1990, p. 15.

[7] HILGER 1964, p. 274.

[8] PÄTZOLD e ROSENFELD 1990, p. 16.

[9] ERICSON 1998, p. 268.

[10] Telegramma di Emil Wiehl all'ambasciata tedesca, 28 gennaio 1939, in PÄTZOLD e ROSENFELD 1990, p. 108.

[11] Dopo l'Accordo di Monaco, alla fine di ottobre del 1938 la Polonia occupò il territorio di Teschen.

[12] Citato in PÄTZOLD e ROSENFELD 1990, p. 12.

[13] KORNAT 2009, p. 49.

[14] KORNAT 2009, p. 47.

[15] PÄTZOLD e ROSENFELD 1990, p. 104.

[16] Sulla genesi del resoconto e sulle parti prese in prestito da un discorso del suo pupillo Andrej Ždanov, cfr. O'SULLIVAN s.d.

[17] Citato in WERTH 1964, p. 32.

[18] ROSSI 1949, p. 29. A. Rossi era lo pseudonimo di Angelo Tasca (1892-1960), uno dei fondatori del Partito comunista d'Italia, che in seguito ebbe un ruolo nel governo collaborazionista di Vichy e al tempo stesso tenne segretamente i contatti con la Resistenza. Durante la guerra fredda Tasca, che nel 1929 era stato espulso dal Partito comunista, è stato un acceso antistalinista.

[19] Il 14 marzo 1939 la Slovacchia, dietro pressione di Hitler, aveva già dichiarato la secessione.

[20] ZARUSKY 2009, p. 107.

[21] ROSSI 1949, p. 26.

[22] POPE 1943, p. 442.

[23] POPE 1943, p. 443.

[24] CASSIDY 1943, p. 64.

[25] Sul Grande Terrore al Commissariato agli Affari esteri vedi ULDRICKS 1977; DULLIN 2001.

[26] *Istorii Ministerstva inostrannycj* 2002, pp. 199 sg. e 238.

[27] Sulle caratteristiche delle «coorti di Gromyko» vedi ULDRICKS 1977, p. 196.

[28] Citato in SCHATTENBERG 2009, p. 11.

[29] Citato in ULDRICKS 1977, p. 196.

[30] HERWARTH 1982, p. 163.

[31] ČUEV 1993, pp. 8 sgg. (qui e di seguito traduzione nostra; *N.d.T.*).

[32] Al riguardo vedi POPE 1943, p. 320.

[33] HILGER 1964, p. 280.

[34] PÄTZOLD e ROSENFELD 1990, p. 109.

[35] PÄTZOLD e ROSENFELD 1990, p. 108.

[36] PÄTZOLD e ROSENFELD 1990, p. 136.

[37] PÄTZOLD e ROSENFELD 1990, p. 138.

[38] PÄTZOLD e ROSENFELD 1990.

[39] PÄTZOLD e ROSENFELD 1990.

[40] PÄTZOLD e ROSENFELD 1990.

[41] PÄTZOLD e ROSENFELD 1990, p. 151.

[42] PÄTZOLD e ROSENFELD 1990, p. 150.
[43] ROSENFELD 1993, p. 44.
[44] GORODETSKY 2016, p. 307.
[45] Citato in SEBAG MONTEFIORE 2003.
[46] METZMACHER 1966; GORODETSKY 2016, p. 328.
[47] GORODETSKY 2016, p. 326.
[48] PÄTZOLD e ROSENFELD 1990, p. 166.
[49] GORODETSKY 2016, p. 332.
[50] GORODETSKY 2016, p. 333.
[51] Citato in SCHATTENBERG 2009, p. 22.
[52] GORODETSKY 2016, p. 335.
[53] Citato in POPE 1943, p. 445.
[54] POPE 1943. John Simon era cancelliere dello Scacchiere (Chancellor of the Exchequer) e quindi competente per questioni finanziarie ed economiche. Era considerato un fervente sostenitore della politica dell'*appeasement*.
[55] GROEHLER 1992, pp. 106 sg.
[56] WERTH 1964, p. 51.
[57] A proposito del resoconto di Astakhov sulle trattative vedi BEZYMENSKIJ 2006, pp. 205 sgg.
[58] Telegramma di Ribbentrop a von der Schulenburg, 18 agosto 1939, in PÄTZOLD e ROSENFELD 1990, pp. 212 sg.
[59] PÄTZOLD e ROSENFELD 1990, pp. 213-18.
[60] Citato in WERTH 1964, p. 54.
[61] Il testo del telegramma in PÄTZOLD e ROSENFELD 1990, p. 223.
[62] PÄTZOLD e ROSENFELD 1990.
[63] Citato in SEBAG MONTEFIORE 2003.
[64] Citato in SCHATTENBERG 2009, p. 21.
[65] Telegramma di Ribbentrop al Ministero degli Affari esteri con la richiesta di approvazione da parte di Hitler sui porti di Libau e Windau, in PÄTZOLD e ROSENFELD 1990, p. 230.
[66] PÄTZOLD e ROSENFELD 1990, p. 237.
[67] PÄTZOLD e ROSENFELD 1990, pp. 228 sg.
[68] Testo del *Trattato di non aggressione tedesco-sovietico* in PÄTZOLD e ROSENFELD 1990, pp. 231 sg. Vedi anche qui *Appendice*.
[69] Testo del *Protocollo aggiuntivo segreto* in PÄTZOLD e ROSENFELD 1990, p. 232. Vedi anche qui *Appendice*.
[70] MÜLLER 2001; SCHAFRANEK 1990.
[71] LEONHARD 1990, p. 82.
[72] Citato in BAYERLEIN 2008, p. 28. *Das Horst-Wessel-Lied* (Il canto di Horst Wessel) era l'inno ufficiale del Partito nazionalsocialista (*N.d.T.*).
[73] Citato in DWARS 2003, p. 174.
[74] Citato in LEONHARD 1989, p. 63.
[75] Citato in PÄTZOLD e ROSENFELD 1990, p. 234.
[76] PÄTZOLD e ROSENFELD 1990, pp. 237 sg.
[77] Vedi il resoconto dell'ambasciatore von der Schulenburg in PÄTZOLD e ROSENFELD 1990, p. 247.
[78] HILGER 1964, pp. 292 sg.
[79] LEONHARD 1989, pp. 70 sgg.

[80] Citato in MOORHOUSE 2014, p. 77.
[81] GROEHLER 1992, p. 107.
[82] GOEBBELS 1998, vol. VII, pp. 74-76.
[83] PÄTZOLD e ROSENFELD 1990, p. 247.
[84] GOEBBELS 1998, vol. VII, p. 75.
[85] Citato in FLORIN 2009, p. 144.
[86] *Alfred Rosenberg diary* 1936-44, nota del 25 agosto 1939.
[87] Citato in PÄTZOLD e ROSENFELD 1990, p. 238.
[88] A proposito del resoconto pubblicato sul «Völkischer Beobachter» vedi FLORIN 2009, pp. 114 sgg.
[89] «Das Schwarze Korps», 31 agosto 1939.
[90] GOEBBELS 1998, vol. VII, p. 104, nota del 14 settembre 1939.

Capitolo terzo

«Come fra compagni di partito»

Dopo il matrimonio tedesco-sovietico, il vignettista americano Clifford K. Berryman non fu l'unico a chiedersi quanto sarebbe durata la luna di miele (fig. 6). Per gli europei, sotto shock, era chiaro che il continente si trovava davanti a una guerra. Eppure il patto, a differenza di quanto sostenuto da Chamberlain alla Camera dei comuni il 24 agosto, non giunse inaspettato né per il governo inglese né per quello francese[1]. I servizi segreti avevano fatto il loro lavoro e, prima che l'inchiostro della firma in calce al Protocollo aggiuntivo segreto si fosse asciugato, l'ambasciatore francese a Berlino, Robert Coulondre, già ne conosceva il contenuto, che tenne nascosto al collega polacco Lipski, il quale è probabile che lo conoscesse a sua volta[2]. Il discorso radiofonico del primo ministro francese Daladier del 25 agosto, cosí come la dichiarazione di Chamberlain, serví piú a presentarsi nel ruolo di vittime che a chiarire quello che era accaduto nei mesi precedenti. La storia imbastita da Daladier suona cosí:

> Abbiamo fatto di tutto per concludere positivamente [i colloqui politici e militari con la Russia] (...) quando all'improvviso [*sic!*] la Russia, capovolgendo la sua politica e i suoi principî, ha concluso un accordo con la Germania e, cosí facendo, si è sottratta ai doveri che le erano stati imposti dalla politica cui si era pubblicamente votata[3].

Se si pensa al doppio gioco sovietico, non era del tutto ingiustificato che Daladier facesse ricadere su Stalin la colpa delle fallite trattative trilaterali. Tuttavia evitò naturalmente di osservare che il patto smascherava anche l'ipocrisia con cui le grandi potenze occidentali avevano partecipato alle trattative che si erano tenute a Mosca.

Nelle ultime settimane prima dello scoppio della guerra tutti avevano fatto il doppio gioco. Tutti avevano trattato con tutti – ufficialmente o dietro le quinte – «nell'interesse della pace europea», e ciascuno aveva sperato di raggirare gli altri nel proprio interesse. «Naturalmente – spiegò Stalin a pochi intimi – tutto questo è solo un gioco per chiarire chi può ingannare meglio l'altro. So bene che cos'ha in mente Hitler. Pensa di avermi abbindolato. Ma sono stato io ad abbindolare lui»[4]. La «partita a poker» dei dittatori (Lev Bezymenskij) – i quali non sedevano al tavolo da soli – condusse l'Europa alla seconda guerra mondiale. Il 1° settembre 1939 la Wehrmacht, con il pretesto di reagire a una violazione del confine e di proteggere la minoranza tedesca, invase la Polonia e al Reichstag Hitler pronunciò le fatidiche parole: «Dalle 5 e 45 stiamo rispondendo al fuoco! E d'ora in poi alle bombe risponderemo con le bombe!»[5].

Figura 6.

Clifford K. Berryman, «Wonder how long the Honeymoon will last?»: vignetta umoristica, probabilmente pubblicata sul «Washington Star», 9 ottobre 1939.

1. *La guerra e il calcolo di Stalin.*

Mentre l'esercito tedesco marciava alla volta di Varsavia, Stalin rimase in attesa. L'Unione Sovietica si mantenne neutrale. Mussolini, l'alleato piú vicino a Hitler in Europa, si rifiutò di entrare nella guerra dei tedeschi. Aveva fatto sapere per tempo che l'Italia, le cui truppe avevano occupato prima l'Abissinia e poi l'Albania, non era ancora pronta a combattere e dunque, dopo il 1° settembre, non dichiarò alcuna neutralità ma la «non belligeranza» del suo paese. La «marcia indietro» di Mussolini irritò Hitler. L'esitazione di Stalin lo rese però nervoso. Tre giorni dopo l'attacco tedesco, Ribbentrop esortò per la prima volta Mosca a dar finalmente seguito agli accordi e a prendersi quel «bottino» che era stato convenuto nel Protocollo aggiuntivo segreto[6]. Von der Schulenburg ribadí ulteriormente l'invito del governo tedesco rivolgendosi a Molotov, il quale però rimase imperturbabile e fece notare soltanto che il governo sovietico concordava sul fatto «che noi al momento opportuno saremo costretti a prendere concreti provvedimenti. Siamo però dell'idea – si affrettò a precisare – che questo momento non sia ancora maturato. Magari ci sbagliamo, ma ci sembra che la fretta eccessiva possa arrecar danno all'impresa e favorire la coesione dei nemici»[7]. Cosa intendeva dire Molotov? A che cosa si riferiva quando parlava di fretta eccessiva, di «coesione dei nemici»? E perché l'Armata Rossa varcò il confine con la Polonia solo due settimane piú tardi, il 17 settembre?

L'invasione «ritardata» aveva chiari motivi politici e a livello di cultura della memoria ebbe immense conseguenze, delle quali Stalin era pienamente consapevole. Manipolare entrambe era lo scopo della politica sovietica. Per la memoria storica, quelle due settimane di «precedenza» che Stalin lasciò a Hitler hanno fatto sí che l'inizio della seconda guerra mondiale sia stata ricordata in primo luogo nel contesto degli imperativi ideologici della politica di aggressione nazionalsocialista. Deve essere andata cosí per forza, si pensa, tanto piú che Stalin lasciò anche «la precedenza» a Hitler, perché la Germania e non l'Unione Sovietica aveva spinto per entrare in guerra.

Al tempo stesso, il fatto che l'ambizione espansionistica nazionalsocialista prevalesse nel ricordo ha fatto uscire dalla visuale il contesto politico di quelle settimane e l'influenza del patto Hitler-Stalin. Hitler mirava alla guerra che i «giochetti» politici e il patto con Mosca resero possibile. Grazie all'ingresso «ritardato» dell'Armata Rossa la propaganda storica sovietica riuscí, con ottimi risultati, ad attenuare questo nesso e a presentare l'Unione Sovietica come una potenza di pace e alternativa rispetto alle forze imperialiste aggressive. Se si tiene conto di ciò, l'Armata Rossa il 17 settembre non poteva presentarsi nel ruolo dell'aggressore, ma doveva comparire in quello del difensore e salvatore dei fratelli ucraini e bielorussi. Mosca giustificò l'intervento con il crollo dello stato polacco, il quale lasciava «indifesi» i «fratelli di sangue ucraini e bielorussi» che vi risiedevano, di fronte al cui «destino» il governo sovietico non poteva restare «indifferente»[8]. In un discorso tenuto alla radio al momento dell'invasione Molotov disse:

> Gli eventi che sono stati causati dalla guerra polacco-tedesca [*sic!*] hanno dimostrato l'instabilità e l'evidente incapacità di agire dello stato polacco. La classe dirigente ha fallito (...) In considerazione di tutto ciò il governo sovietico (...) ha impartito al Comando supremo dell'Armata Rossa l'ordine (...) di varcare il confine e di prendere sotto la sua protezione la vita e i beni della popolazione dell'Ucraina occidentale e della Bielorussia occidentale[9].

Nel racconto di Molotov, l'Armata Rossa varcò il confine anche per «liberare il popolo polacco da questa guerra disgraziata, nella quale è stato gettato da capi irragionevoli, e dargli l'opportunità di vivere di nuovo pacificamente»; pacificamente nell'impero della sovietizzazione stalinista.

I motivi dell'invasione sovietica forniti da Molotov nel suo discorso indicavano una presa di distanza dagli alleati tedeschi già nel difficile mese di settembre. Prima di rispondere al loro invito, Stalin attese oltretutto le reazioni di Francia e Gran Bretagna, tanto piú che dopo il 23 agosto queste potenze occidentali avevano accordato alla Polonia ulteriori garanzie di sicurezza e sostegno[10]. Il 25 agosto era stato firmato un Patto di difesa comune polacco-britannico che rafforzava la Dichiarazione di assistenza del mese di marzo. La Francia aveva rinnovato la sua convenzione militare già nel mese di maggio, assicurando che in caso di aggressione tedesca avrebbe impiegato immediatamente l'aviazione, dopo tre giorni avrebbe dato inizio agli attacchi e il quindicesimo giorno avviato un'offensiva generale. La Polonia aveva fiducia negli accordi e anche dopo la firma del Trattato di non aggressione tedesco-sovietico si sentiva sicura al punto che il ministro degli Esteri Józef Beck il 28 agosto poté ancora arrivare a convincersi che in generale la situazione internazionale della Polonia «non [fosse] poi tanto cattiva»[11]. Per troppo tempo il governo polacco scambiò l'alleanza fra Hitler e Stalin per un «bluff in grande stile»[12] – dopotutto si trattava di nemici ideologici giurati. Pochi giorni prima della firma, Beck ancora non credeva «che la Germania e la Russia raggiungeranno un patto duraturo», e nonostante gli accordi del Protocollo aggiuntivo segreto riteneva che Stalin, in caso di guerra, sarebbe rimasto neutrale, mentre le potenze occidentali, tenendo fede alle loro garanzie, avrebbero sconfitto Hitler sul suolo tedesco[13].

Alla fine ad avere ragione, con la sua valutazione della politica occidentale nel settembre 1939, fu Hitler. Certo, Londra e Parigi il 3 settembre 1939 dichiararono guerra al Reich – non a Mosca però, quando il 17 settembre attaccò la Polonia orientale – ma non intervennero nelle battaglie fra i tedeschi e i polacchi, né fornirono il promesso sostegno militare. La Gran Bretagna e la Francia condussero invece il cosiddetto *Sitzkrieg* (guerra seduta), che in Francia è entrata nella storia come *drôle de guerre* (guerra ridicola), in Gran Bretagna come *phoney war* e in Italia come *strana guerra*. Per evitare che fosse dimostrata la totale assurdità della convenzione militare di maggio, lo Stato maggiore francese ordinò, per esempio, l'«operazione Sarre», nel corso della quale, il 9 settembre, truppe francesi varcarono il confine tedesco nella regione della Saar. Alla Wehrmacht, che non aveva alcun interesse a una guerra su due fronti, fu ordinato di non opporre resistenza, e cosí scaramucce di confine e la cattura di prigionieri rimasero l'eccezione, finché il 21 settembre le truppe francesi si ritirarono nelle loro posizioni di partenza sulla Linea Maginot. «Una guerra singolare», osservò Ivan Majskij a Londra, ironizzando sui comunicati dello Stato maggiore francese.

> Nei bollettini dello Stato maggiore francese compaiono frasi come «La notte è trascorsa senza incidenti», «La giornata è trascorsa all'in-

segna dei pattugliamenti», «Truppe tedesche grosso modo equivalenti a una sola compagnia hanno lanciato un'offensiva» ecc. I bollettini dello Stato maggiore tedesco sono di tenore analogo[14].

Per la Polonia la *drôle de guerre* fu tutt'altro che divertente, bensí il «tradimento» di tutti gli accordi. Il giorno dopo l'invasione sovietica il governo polacco, guidato dal presidente Ignacy Mościcki, fuggí nella neutrale Romania, da dove i suoi membri seguirono la capitolazione dell'esercito polacco, il 6 ottobre, nella condizione di rifugiati.

Per Stalin la passività dell'Occidente fu la prova che né lui né Hitler avevano da temere un intervento militare. Quest'ultimo aveva aspettato le prime due settimane di settembre, oltre che per raggiungere la certezza che l'Armata Rossa in Polonia non sarebbe stata trascinata in una guerra delle potenze imperialiste, e aveva messo in conto che nel frattempo la Wehrmacht avrebbe oltrepassato il confine concordato. Il 5 settembre Molotov fece sapere a Berlino:

> Comprendiamo che nel corso delle operazioni non sia possibile a uno dei contraenti, o a entrambi, evitare di oltrepassare temporaneamente la linea di demarcazione fra le due sfere di interesse; eventualità di questo genere non possono però ostacolare la precisa attuazione del piano adottato[15].

E Stalin attese per poter valutare il successo dell'avanzata tedesca e sincerarsi della forza d'urto della Wehrmacht. Anche a questo riguardo fu decisiva la conquista di Varsavia, durante la quale Mosca non cessò di mettere Hitler un po' sotto pressione. Le felicitazioni intenzionalmente premature di Molotov per la conquista di Varsavia, il 9 settembre, erano una frecciatina. I tedeschi riuscirono a portarla a termine solo settimane dopo, a prezzo di accanite battaglie[16]. All'ambasciatore von der Schulenburg Molotov continuava a spiegare che

> ... per giustificare politicamente l'operato sovietico (disgregazione della Polonia e protezione «delle minoranze russe») [aveva] grande importanza passare all'azione solo dopo che il centro governativo della Polonia, la città di Varsavia, fosse caduta.

Molotov, telegrafò l'ambasciatore a Berlino, «ha pregato di conseguenza di comunicargli quanto prima possibile quando si può contare sulla conquista di Varsavia»[17]. Alla pressione e alla tattica temporeggiatrice Ribbentrop rispose, visibilmente irritato, che si contava di portare a termine «l'occupazione nei prossimi giorni» e che

> ... dal momento che le operazioni militari già solo a causa della stagione avanzata devono concludersi quanto prima, saremmo grati se il governo sovietico ci facesse sapere finalmente il giorno e l'ora in cui la sua armata darà inizio all'invasione[18].

2. *L'Armata Rossa in Polonia.*

Il 17 settembre l'Unione Sovietica mise in campo circa 600 000 soldati, 4000 carri armati, 2000 aerei e piú di 5500 pezzi d'artiglieria contro un esercito che, anche se Varsavia non era ancora caduta, si trovava già sull'orlo del disfacimento[19]. Le truppe tedesche erano penetrate in profondità nel paese. La zona di Białystok e Leopoli si trovava già, in base al patto, nella sfera di interesse sovietica. A nord della foce del fiume San i tedeschi marciavano in direzione di Lublino[20]. Stalin decise di intervenire solo quando la Polonia non poteva piú vincere la guerra, anche perché il governo tedesco, irritato, diffondeva voci su un armistizio separato, che naturalmente von der Schulenburg, parlando con Molotov, smentí. Se Mosca non voleva restare a mani vuote, era ora di velocizzare i preparativi per l'invasione. Il 16 settembre l'Unione Sovietica firmò un armistizio con il Giappone, che allentò la permanente conflittualità al confine con la Manciuria, dove il piú capace generale di Stalin, Georgij Žukov, aveva inflitto una pesante sconfitta all'esercito giapponese, al Khalkhin Gol. La vittoria sovietica nell'agosto del 1939 – mentre, a Mosca, Molotov e Ribbentrop negoziavano il Trattato di non aggressione – frenò la spinta espansionistica del Giappone verso nord e costrinse l'esercito imperiale a volgersi a sud, verso l'area del Pacifico. Per Stalin la fine dei conflitti di confine fra giapponesi e sovietici era un importante presupposto per l'intervento militare in Europa.

Nella notte fra il 16 e il 17 settembre Molotov convocò l'ambasciatore von der Schulenburg al Cremlino, dove lo attese in compagnia del commissario per la Difesa Vorošilov e di Stalin per dare lettura della nota diplomatica del governo sovietico relativa all'invasione della Polonia. Solo successivamente il vice di Molotov, Potëmkin, fece avere la nota all'ambasciatore polacco Wacław Grzybowski, a sua volta convocato al Cremlino, che aspettava in un'altra stanza. Grzybowski si rifiutò di ricevere il documento, che Molotov non gli consegnò neppure personalmente. Per l'ambasciatore non era accettabile che Mosca dichiarasse in esso che Varsavia non esisteva piú come «capitale della Polonia», che il governo polacco si era sciolto e che lo stato polacco e il suo governo avevano «di fatto cessato di esistere»[21], e nulla di tutto ciò rispondeva pienamente ai fatti. Varsavia non era ancora caduta, un nuovo governo polacco si costituí come governo in esilio, a Parigi e poi a Londra, e la presenza di uno «Stato segreto» diede prova fino alla fine della guerra di una ben organizzata resistenza agli invasori[22]. Eppure la nuova spartizione della Polonia, che significò la fine della Seconda Repubblica, non poteva piú essere fermata. La visita di von der Schulenburg al Cremlino

Figura 7.
Soldati tedeschi e sovietici sulla comune linea di demarcazione durante la campagna di Polonia, 1939.

non serví solo a comunicare formalmente l'invasione sovietica, ma anche a preparare una dichiarazione congiunta sulle prime misure politiche come alleati. In questo senso fu emanata il 18 settembre la dichiarazione sui «compiti delle truppe tedesche e sovietiche» (fig. 7), con l'ausilio delle quali dovevano essere ripristinati in Polonia «ordine e pace» e «regolamentata *ex novo* la vita dello stato»[23].

Qualche ora dopo che von der Schulenburg aveva lasciato il Cremlino, una commissione militare sovietica fece il suo ingresso a Białystok per attuare, in collaborazione con la Wehrmacht, le decisioni contenute nella dichiarazione e fissare la nuova linea di demarcazione. Tra l'altro, nei giorni precedenti si erano verificati continuamente spiacevoli incidenti fra l'Armata Rossa e la Wehrmacht, sui quali bisognava fare luce e che andavano evitati per il futuro. La costituzione di una commissione militare bilaterale, che Molotov, Vorošilov e Stalin approvarono inviando la delegazione sovietica, era stata proposta dai tedeschi. A Białystok la Commissione condusse poi, fino al 21 settembre, trattative di cui fino a oggi sono noti solo pochissimi dettagli. In linea di principio la Commissione militare fu la prima di una lunga serie di squadre di negoziazione e gruppi di lavoro che, nel corso dei mesi successivi, tradussero in pratica gli accordi del patto Hitler-Stalin, a partire dal tracciamento del confine passando per i reinsediamenti di popolazione, le deportazioni, fino alla gestione dei profughi e della migrazione illegale. Le commissioni tedesco-sovietiche permettono di seguire nel suo complesso l'evolversi della collaborazione e delle interrelazioni fra le truppe d'occupazione tedesche e sovietiche come sotto una lente d'ingrandimento[24]. Forse per questa ragione, e poiché le politiche d'occupazione sono state per lo piú considerate e studiate separatamente, fino a oggi se ne è completamente trascurata la storia. Per quanto concerne la Commissione tedesco-sovietica, è noto che i negoziati a Białystok portarono a un accordo militare firmato a Mosca il 22 settembre 1939 dall'addetto militare tedesco Ernst-August Köstring e da Kliment Vorošilov. L'accordo fissò come linea di demarcazione militare il corso dei fiumi Pisa, Narew, Vistola e San, stabilendo che il ritiro dei tedeschi dai territori reclamati dai sovietici doveva avvenire entro il 3 ottobre. Il giorno della firma, la Wehrmacht e l'Armata Rossa organizzarono la famigerata parata della vittoria a Brest-Litovsk, con la quale il generale delle truppe corazzate Heinz Guderian e il comandante di brigata Semën Krivošein suggellarono la fratellanza d'armi tedesco-sovietica rendendola visibile a tutti. Nel dettaglio, gli accordi militari andavano oltre la questione del confine e del ritiro della Wehrmacht. E in un certo qual modo anticipavano già quelli riservati del Trattato politico di delimitazione e amicizia, che Molotov e Ribbentrop negoziarono a Mosca alla fine di settembre. Questo valeva in particolare per la difesa e per la lotta comune contro la Resistenza polacca e il sostegno reciproco nell'attuazione di misure del terrore. La Wehrmacht si impegnò dunque, «onde evitare qualunque provocazione e atto di sabotaggio da parte di bande polacche», «a prendere le misure necessarie» nei luoghi che in base all'accordo passavano all'Armata Rossa. Quest'ultima promise di rimando di «annientare reparti o bande polacche che si trovano sulla direzione di marcia di reparti tedeschi di piccole dimensioni»[25]. In tale contesto Vorošilov ordinò ai comandanti dell'Armata Rossa in Polonia «di mettere a disposizione dei rappresentanti tedeschi» che chiedono «aiuto allo scopo di annientare reparti o bande polacche, (...) le forze necessarie ad annullare le resistenze che si trovano lungo la direzione di marcia». I tedeschi ricorsero davvero di buon grado all'aiuto dell'Armata Rossa, come ha scoperto lo storico Sergej Slutsch. In un caso da lui studiato, unità tedesche informarono il comandante sovietico Ivanov della presenza di consistenti forze polacche a ovest di Hrubieszów e richiesero di procedere all'«annientamento congiunto dei gruppi in questione». Dal momento che il comandante del fronte ucraino, Semën Timošenko, non voleva prendere una decisione su una richiesta del genere, restò in attesa dell'autorizzazione da Mosca, prima che lo Stato maggiore del fronte ucraino ordinasse «in caso di avvistamento di consistenti forze nemiche (...) di attaccarle e di prenderle prigioniere», oltre che di ostacolare i tentativi del nemico di avanzare verso Leopoli[26]. Fin dall'inizio la repressione della Resistenza polacca fu attuata con azioni militari e atti di violenza coordinati degli occupanti tedeschi e sovietici.

3. *Il Trattato tedesco-sovietico di delimitazione e amicizia.*

Anche se il Trattato di non aggressione aveva posto le basi per azioni coordinate soprattutto nel territorio dell'annientata Seconda Repubblica polacca, non eliminò la diffidenza e il sospetto che tedeschi e sovietici nutrivano gli uni nei confronti degli altri. Da un punto di vista politico Mosca temeva, non a torto, che la Germania mirasse a un armistizio separato con le potenze occidentali: un obiettivo che Hitler, anch'egli a ragione, attribuiva pure a Stalin[27]. Alla fine di settembre, con l'annientamento della Polonia, un primo scopo era stato raggiunto e c'erano da affrontare nuove questioni; riguardanti per esempio come realizzare la spartizione dei territori concordata nel Protocollo aggiuntivo segreto, i confini fra le sfere di interesse e la forma concreta da dare ad alcuni accordi, quale quello di sostenersi a vicenda nella lotta contro la Resistenza polacca. Per attuare il patto Hitler-Stalin o – nel linguaggio del regime – «dopo il crollo dello stato polacco (...) per ristabilire la pace e l'ordine in questi territori e garantire alle popolazioni che li abitano un'esistenza pacifica e rispondente alla propria specificità etnica», il 27 settembre Ribbentrop si recò una seconda volta a Mosca[28]. Per la prassi del patto Hitler-Stalin, per la collaborazione tedesco-sovietica e le azioni coordinate dei mesi seguenti, il Trattato di delimitazione e amicizia che Ribbentrop, Stalin e Molotov negoziarono per notti intere fu piú importante di quello di agosto.

Al ministro di Hitler erano stati affidati prima di partire alcuni compiti, tra cui quello di dare una spinta a «negoziati economici russo-tedeschi in grande stile»[29]. Il primo e piú importante incarico, come prescritto da un documento del Ministero degli Esteri, consisteva nel mantenere «il teatro di guerra quanto piú limitato possibile» per la Germania, mentre «presso il nemico e presso le potenze neutrali [andava] stimolato il bisogno di pace». Dopo aver smembrato la Polonia con successo, Hitler era interessato a una pausa e, per ottenerla, aveva bisogno di concludere una pace con le potenze occidentali; un argomento che Ribbentrop doveva sondare parlando con Stalin. In secondo luogo, Ribbentrop doveva ottenere che Mosca non ostacolasse i piani nazionalsocialisti nell'Europa sud-orientale, vale a dire che non «disturb[asse] la pace nei Balcani e non interven[isse] in Bessarabia», cose di cui a Stalin, nella primavera del 1940, certo non importava nulla. In terzo luogo c'era da risolvere «la questione del *Rumpfpolen*», con cui ci si riferiva al territorio polacco «rimasto», e cosa farne (cosí si espresse l'ultimo ambasciatore tedesco a Varsavia, Hans-Adolf von Moltke) dopo che gli interessi di entrambi erano stati soddisfatti. Prima ancora che Ribbentrop arrivasse a Mosca, Stalin aveva già rifiutato eventuali piani riguardanti quello che Moltke definiva il «resto della Polonia», che considerava una roccaforte nascosta della resistenza[30]. Della Polonia non doveva rimanere nulla e oltretutto, su come si dovessero «riportare la pace e l'ordine in questi territori» e «garantire alle popolazioni un'esistenza pacifica rispondente alla loro specificità etnica», i due contraenti avevano idee molto simili. La visita di Ribbentrop mirava inoltre anche a stabilire i principî fondamentali di un reciproco scambio di popolazione, e il Ministero degli Esteri era interessato in particolare al «trasferimento di cittadini di etnia tedesca dal territorio russo a quello germanico» e a «proteggere il destino dei cittadini di etnia tedesca negli altri territori che la Russia doveva ancora occupare». A essa collegata era la questione centrale del tracciato di confine e del consolidamento della frontiera fra le due sfere di interesse, che per esempio implicava incombenze pratiche come l'attivazione di linee ferroviarie, da un lato per garantire i trasporti di petrolio dalla Romania e dall'altro per effettuare quello scambio di popolazione da una parte all'altra del confine che attribuiva le persone alla zona d'occupazione cui appartenevano[31] (fig. 8).

Nel tardo pomeriggio del 27 settembre Ribbentrop, che aveva cercato invano di attirare Molotov a Berlino, fece il suo ingresso con un numeroso seguito nell'edificio dell'ex ambasciata austriaca.

Fra i suoi accompagnatori si trovava il consigliere di legazione Andor Hencke, un esperto diplomatico della Repubblica di Weimar che per qualche tempo aveva prestato servizio come segretario personale dell'ambasciatore Ulrich von Brockdorff-Rantzau a Mosca. Dopo la presa del potere nazionalsocialista, Hencke era stato a capo del consolato tedesco a Kiev e fino alla dissoluzione della Cecoslovacchia incaricato d'affari dell'ambasciata tedesca a Praga.

Come membro del partito ed «esperto di cose orientali» al Ministero degli Esteri, nel settembre 1939 gli fu affidata la dif-

Figura 8.

Mappa ricavata dal *Trattato tedesco-sovietico di delimitazione e amicizia*, con il tracciato del nuovo confine. È firmata da Stalin e da Ribbentrop. La foto è stata scattata durante il processo di Norimberga (1946) ai principali criminali di guerra.

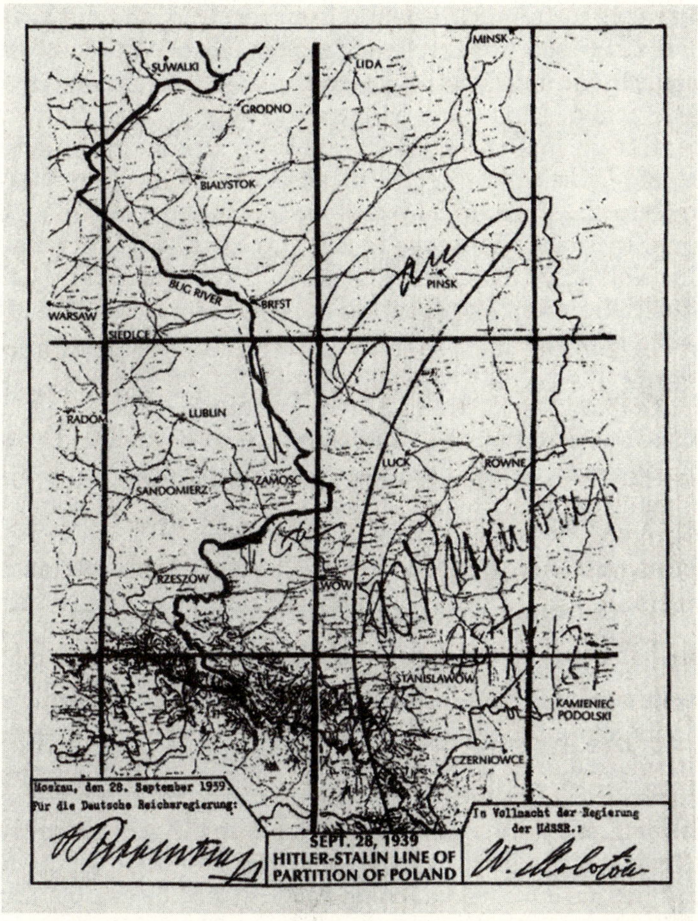

ficile questione del tracciamento del confine fra le sfere d'interesse tedesca e sovietica. In questa posizione, e in qualità di futuro capo tedesco di una commissione bilaterale che avrebbe dovuto trasporre sul terreno il tracciato di confine che si stava per concordare a Mosca, Hencke accompagnò il ministro degli Esteri e redasse, mentre si trovava ancora sul posto, uno dei rari e informativi rapporti sull'atmosfera dei negoziati al Cremlino. «Nello studio – scrisse Hencke – rimasero solo Stalin, Molotov, Ribbentrop, von der Schulenburg e Gustav Hilger in quanto interprete». Hencke, lo staff e tutti gli aiutanti attendevano nell'anticamera, dove non fu avviata alcuna conversazione e si ammazzava il «tempo leggendo i piú recenti giornali russi», si beveva «Narasan, un'eccellente acqua minerale del Caucaso» e si fumavano «molte forti sigarette russe»[32]. Passarono cosí ore, mentre Stalin, Molotov e Ribbentrop negoziavano il tracciato di confine, prima che Hencke venisse a sapere, passata ormai da tempo la mezzanotte, che la questione era stata rinviata con il pretesto che il nuovo ambasciatore sovietico a Berlino, Aleksander Škvarcev, non aveva presentato carte geografiche utilizzabili. Nel racconto di Hencke, Stalin lo aveva aggredito davanti a tutti: «Lei non ha preparato nulla – disse: – non ha portato neanche le mappe»[33].

Se questo fu il motivo vero del rinvio non è sicuro, e non è neppure importante. Stalin controllò e pilotò il corso delle trattative e, inaspettatamente, mise al centro la spartizione del «bottino di guerra», vale a dire i territori polacchi e baltici. Licenziò dopo qualche mese il suo ambasciatore e lo sostituí con Vladimir Dekanozov, uomo di fiducia del capo dell'NKVD Berija. Durante un momento di pausa nelle discussioni sul tracciato dei confini, Stalin espresse il desiderio di parlare di cambi territoriali. A differenza di quello che era stato concordato ad agosto, ventilò la rinuncia sovietica a Varsavia e all'area della Polonia centrale fino al fiume Bug. In cambio rivendicò il controllo della Lituania, che in base al Protocollo aggiuntivo segreto in realtà rientrava nell'area tedesca. Persino a Ribbentrop erano chiare le ragioni di questo improvviso cambiamento di idea. Stalin era poco interessato a «conquistare» luoghi in cui si concentrava la resistenza, quali erano la capitale polacca e i territori della Polonia centrale e mostrava, come Ribbentrop telegrafò a Hitler, una «notevole testardaggine». «A sostegno della sua (...) proposta», cosí Ribbentrop, affermava

> ... che una spartizione del territorio abitato solo da polacchi gli sembrava problematica. La storia aveva dimostrato che la popolazione polacca non smetteva di aspirare all'unificazione. Dividere la popolazione polacca avrebbe quindi facilmente portato a focolai di rivolta che avrebbero potuto seminare la discordia fra la Germania e l'Unione Sovietica[34].

Nonostante Ribbentrop avvertisse che «la Russia sarebbe stata per cosí dire sollevata dal problema polacco sul piano internazionale»[35], Hitler approvò. Non si trovava piú sotto pressione, ma aveva bisogno dell'alleanza e voleva concludere una pace. Ereditò il «problema polacco» anche perché, dopo la veloce vittoria, partiva dal presupposto «di essere forte abbastanza da risolverlo, tanto piú che Stalin – a quanto pareva – gli lasciava mano libera»[36].

Figura 9.

Al termine delle consultazioni al Cremlino, Andor Hencke mostra ai cartografi tedeschi le nuove linee di confine tra l'Unione Sovietica e il territorio occupato dalla Germania; a sinistra, Karl Julius Schnurre, capo della sezione Economia dell'Europa orientale.

Fino alla zona di Mariampol (Marijampolė) la Lituania toccò a Stalin, che stava molto attento a far coincidere la frontiera tedesco-sovietica con la Linea Curzon, la demarcazione di confine che le stesse potenze occidentali avevano proposto dopo la prima guerra mondiale e la guerra polacco-sovietica, anche se poi non era stata accettata. Se si guarda la questione da tale prospettiva, Stalin assicurò all'Unione Sovietica i territori ai quali era stata internazionalmente legittimata ad aspirare dalle grandi potenze. Il nuovo accordo venne fissato in un Protocollo aggiuntivo segreto, in base al quale anche le zone ricche di petrolio del distretto Boryslav-Drogbyč rimasero sotto controllo sovietico, e in cambio delle quali Stalin, uscito come chiaro vincitore della prima tornata di trattative, offrí generosamente forniture compensative. Le due parti si accordarono rapidamente e senza grandi contrasti sul secondo Protocollo aggiuntivo segreto al Trattato di delimitazione e amicizia. Esso regolamentava l'attività coordinata, già sperimentata sul piano militare, per contrastare la Resistenza polacca e gettò le basi per la prassi di violenza dei mesi successivi. «Tutt'e due le parti», questo il testo del famigerato documento,

> ... non tollereranno nei loro territori alcuna agitazione polacca che estenda la sua azione ai territori dell'altra parte. Impediranno ogni accenno a un'agitazione di tal genere nei loro territori e si metteranno reciprocamente al corrente delle misure prese per raggiungere questo scopo[37].

Il 28 settembre mattina iniziò il secondo giro di consultazioni. Nel frattempo Ribbentrop, con suo grande dispiacere, non aveva avuto il tempo di visitare le attrazioni turistiche di Mosca, «anche se lo avrei fatto tanto volentieri»[38]. Dopo che Stalin era riuscito a far approvare tutti, senza eccezione, i suoi desiderata per quanto concerneva i territori, definí insieme con Molotov e Ribbentrop il tracciato di confine, che nella stanza accanto veniva riportato sulle mappe dagli staff di collaboratori (fig. 9). Andor Hencke riferí:

> Io personalmente avevo il compito di sorvegliare l'inserimento della nuova linea di confine sulle carte geografiche e spesso dovetti farmi dare nuove indicazioni dal ministro degli Esteri e dal sottosegretario di Stato [Friedrich Gaus] (...) I disegnatori non erano in una situazione che consentisse facilmente di essere sempre aggiornati sugli aggiustamenti da apportare. Nell'eseguire questo lavoro bisognava fare grandissima attenzione, perché in seguito, al momento della demarcazione

del confine sul terreno, il minimo errore, persino un tratto troppo marcato, poteva avere delle conseguenze. Quando alla fine era stato raggiunto il pieno accordo, presentai al ministro degli Esteri e a Stalin la bozza della carta geografica perché la siglassero. Stalin scrisse a grandi lettere il suo nome e domandò scherzando: «Che dice, la mia firma le è abbastanza chiara?»[39].

Per marcare sul terreno i nuovi confini disegnati sulle carte (fig. 10) venne formata una Commissione di confine congiunta guidata, per i tedeschi, da Andor Hencke e con sede a Varsavia. Uno dei primi atti ufficiali del futuro governatore generale Hans Frank fu quello di accogliere subito la Commissione congiunta a Cracovia. Durante un ricevimento le due parti espres-

Figura 10.
Installazione di pali confinari alla frontiera tedesco-sovietica.

sero apprezzamento per il lavoro di collaborazione. Mentre il capo della delegazione sovietica Aleksandrov sottolineò con voce rauca e piglio da statista che già «lo spirito con il quale erano state condotte le trattative» rispecchiava «lo spirito di collaborazione per il bene della nazione sovietica e di quella tedesca, i due popoli piú grandi d'Europa», Frank si lasciò andare fino a dire: «Sia io che lei fumiamo tabacco polacco per mostrare che ce ne impipiamo della Polonia»[40].

Dopo la spartizione dei territori e il preciso tracciamento dei confini, il terzo punto riguardava il trasferimento di popolazione, su cui Ribbentrop, Molotov e Stalin si accordarono in un Protocollo riservato. L'iniziativa al riguardo era chiaramente stata presa dai tedeschi con la loro politica nazionalsocialista del «ritorno a casa nel Reich», in base alla quale i cittadini di etnia tedesca dovevano essere portati via dalla sfera di interesse sovietica. Per il concordato trasferimento in direzione opposta – dei bielorussi e degli ucraini verso l'area d'occupazione sovietica – l'interesse di Stalin era piuttosto scarso e si limitò sostanzialmente all'acquisizione di forza lavoro nonché al sequestro, all'arresto e alla successiva deportazione dei nazionalisti ucraini. Nel Protocollo riservato accettato alla fine dalle due parti era stabilito che le persone «di discendenza tedesca» potevano trasferirsi nel Terzo Reich o nella sfera di interesse tedesca. Le persone «di discendenza ucraina e bielorussa» erano invece autorizzate, se lo volevano, a trasferirsi nella sfera di interesse sovietica[41]. L'operazione avrebbe dovuto svolgersi su base volontaria ed essere condotta nel giro di pochi mesi.

Finiti i negoziati per il Trattato di delimitazione e amicizia, al ricevimento che si tenne al Cremlino il ministro degli Esteri Ribbentrop si sentiva – a quanto pare – «come fra compagni di partito»[42], mentre Molotov svolgeva il ruolo di capo cerimoniere e Stalin osservava soddisfatto la scena. La festa, a elevato tasso alcolico, venne interrotta solo per consentire ai tedeschi di fare una scappata al Bol'šoj e assistere a un atto del *Lago dei cigni*. Nel frattempo, come Hencke sapeva, Stalin trattava al Cremlino con una delegazione lettone. Appagato dalla propria grandiosa prestazione, Ribbentrop intraprese il viaggio di ritorno non senza dichiarare nuovamente a gran voce in aeroporto che «l'amicizia tedesco-sovietica (...) è stata ora definitivamente stabilita» e che «le due nazioni» sulle questioni relative all'Est Europa non si sarebbero «mai piú fatte dettar legge» da nessuno[43].

In realtà c'era un solo buon motivo per essere ottimisti, e non aveva a che fare con la spartizione della Polonia. Hitler e Stalin avevano annientato la Polonia. Tuttavia durante questo processo Hitler aveva fatto alcune concessioni, mentre Stalin aveva imposto spietatamente i propri desiderata. Inoltre i rispettivi interessi nell'Europa sud-orientale continuavano a non essere chiariti, prefigurando di conseguenza i conflitti futuri e le linee di frattura del patto. L'ottimismo di Ribbentrop era giustificato solo dal fatto che poteva presentare a Hitler progressi riguardo alla «questione della pace», la missione principale del suo viaggio. Il 28 settembre 1939 il governo del Reich e quello sovietico resero pubblica una dichiarazione congiunta nella quale si diceva che era stato «posato un fondamento sicuro per una pace durevole nell'Europa orientale», e che «di comune accordo» essi davano «espressione all'idea» che «rispondesse all'interesse autentico di tutti i popoli porre fine allo stato di guerra che oggi esiste fra la Germania da un lato e l'Inghilterra e la Francia dall'altro». La dichiarazione si concludeva con la tipica frase: «Se però gli sforzi dei due governi non dovessero avere esito, verrebbe constatato il fatto che l'Inghilterra e la Francia sono responsabili della prosecuzione della guerra»[44].

4. *La pace dei dittatori.*

L'«offerta di pace» della dichiarazione tedesco-sovietica era il tentativo di ottenere dalle potenze occidentali o una «seconda Monaco», di cui avrebbero approfittato tanto Hitler quanto Stalin, oppure – se non fosse accaduto – di far ricadere su di loro la colpa della prosecuzione della guerra. Nel suo discorso del 6 ottobre al Reichstag, Adolf Hitler descrisse l'annientamento della Polonia realizzato con la «felice e duratura» collaborazione tedesco-sovietica come un «contributo alla pace europea»[45]. Sia in Germania che in Unione Sovietica seguirono alla dichiarazione grandi campagne propagandistiche, nelle quali i due dittatori si presentarono come pacificatori d'Europa, mentre l'atteggiamento di rifiuto della Gran Bretagna veniva fatto passare per un gesto aggressivo da guerrafondai. Neville Chamberlain aveva effettivamente reagito con molto riserbo, condiviso con la maggioranza dei suoi compatrioti, anche se in particolare fra i conservatori c'erano sostenitori convinti di un rinnovato accordo di pace, i quali – in cambio della garanzia «se stipuliamo la pace oggi, questa pace non verrà rotta in sei mesi» – erano disponibili a negoziare con la Germania[46]. Dopo che Chamberlain aveva definitivamente respinto una «seconda Monaco», nel suo discorso di Danzica del 24 ottobre Ribbentrop censurò apertamente l'«esclusiva colpa dell'Inghilterra». Facendo riferimento al «discorso delle castagne» di Stalin, il 31 ottobre Molotov spiegò davanti al Soviet supremo che i ruoli ora si erano invertiti e che sia la Gran Bretagna sia la Francia si rivelavano potenze imperialiste aggressive, che si adoperavano «per la prosecuzione della guerra e contro la conclusione della pace», mentre la Germania mirava «a porre fine alla guerra il piú rapidamente possibile e alla pace»[47]. Nelle settimane successive anche il Comintern condannò debitamente e con solerzia il rifiuto dell'offerta di pace da parte dei «veri guerrafondai» che si trovavano nell'Europa occidentale.

Anche se l'«offerta di pace» mirava a far passare le potenze occidentali come responsabili della guerra, non si trattava solo di una manovra tattica, ma di qualcosa di piú. Hitler e Stalin non erano solo interessati a un accordo, ma ritenevano che una convergenza con l'Occidente fosse assolutamente realistica. In fondo la Gran Bretagna e la Francia erano rimaste a guardare senza far nulla durante la campagna di Polonia e avevano contraddetto le loro dichiarazioni di garanzia al punto che una prosecuzione della politica dell'*appeasement* non sembrava esclusa. Per Hitler questo avrebbe significato – dopo che, con la Polonia, una «delle piú grandi assurdità del Trattato di Versailles [era stata] tolta di mezzo», come sottolineò il 6 ottobre – una ben accetta tregua. A Mosca regnava, cosí scriveva Ivan Majskij, un clima abbastanza simile: «Lí non si mette in conto la guerra, ma si fa affidamento su una nuova Monaco»[48], di cui Stalin sarebbe stato molto soddisfatto. Le acquisizioni territoriali sovietiche «correggevano» le perdite subite dopo il conflitto mondiale e corrispondevano ai confini che le potenze occidentali avevano proposto dopo la prima guerra mondiale per l'Unione Sovietica verso ovest, la cosiddetta Linea Curzon. La tesi che Stalin avesse acconsentito al patto con Hitler anche e proprio per la prospettiva di una rapida conclusione della pace sulla scia della continuazione della politica dell'*appeasement* acquista credibilità, se guardata da questa prospettiva[49]. Il patto inoltre impedí che la guerra si allargasse o, come già previsto nel «discorso delle castagne», l'avrebbe almeno spostata in Occidente. Stalin non si sentiva in guerra con le potenze occidentali, aveva poco da temere, aveva già ottenuto molto e in prospettiva aveva da guadagnare ancora di piú.

Oltre ai territori della Polonia orientale reclamava la regione baltica, la cui annessione era solo una questione di tempo e la cui importanza strategica per la sicurezza addirittura maggiore della stessa espansione verso occidente. Ancora prima che Ribbentrop a settembre arrivasse a Mosca, Molotov aveva già fatto capire all'ambasciatore estone Karl Selter che «lo status quo che è stato costruito vent'anni fa (...) non può piú essere considerato adeguato»[50]. Oltre al fatto che Mosca per ragioni storiche attribuiva la regione baltica alla sua sfera di potere imperiale, Stalin temeva, e non del tutto a torto, che in caso di guerra i porti del Baltico sarebbero potuti diventare corridoi di invasione: per le potenze occidentali come per il Terzo Reich. Onde evitarlo, quell'area doveva essere trasformata in una grande zona di sicurezza militare, tra l'altro per difendere Leningrado, il che implicava la sovietizzazione dei tre stati. Dopo la firma del Trattato di delimitazione e amicizia, Stalin obbligò i governi dei paesi baltici a stipulare accordi di mutua assistenza indegni di questo nome. L'Estonia firmò il 28 settembre 1939, la Lettonia il 5 e la Lituania il 10 ottobre[51]. Gli accordi riconoscevano all'Unione Sovietica il diritto di installare, nei tre paesi, basi militari della marina, dell'aviazione e dell'esercito, delle quali venne progressivamente aumentata la consistenza. Molotov aveva minacciato apertamente il ministro degli Esteri estone che se il suo paese non avesse messo a disposizione «adeguati territori per le basi», l'Unione Sovietica sarebbe stata costretta ad «agire diversamente, con sistemi piú radicali (...) sicuramente meno gradevoli»[52]. Con la propria sovranità cosí compromessa, i paesi baltici si opposero ancora all'occupazione sovietica per piú di sei mesi.

La Finlandia, che l'Unione Sovietica considerava a sua volta un paese baltico e che quindi includeva nella sfera di influenza assegnatale nei negoziati di agosto, si rifiutò di firmare a forza un tale accordo di mutua assistenza. In conseguenza di ciò, quando Stalin il 30 novembre inviò l'Armata Rossa nel paese, la recente alleanza con la Germania fu sottoposta alla prima verifica della propria tenuta. La maggior parte della popolazione tedesca disapprovò l'invasione sovietica, anche se Goebbels era contento dell'agitazione suscitata dal conflitto[53]. Sul piano internazionale, l'attacco venne condannato e il 14 dicembre 1939 l'Unione Sovietica fu espulsa dalla Società delle Nazioni in quanto colpevole di aggressione. La guerra d'inverno di Stalin contro la Finlandia mise la Germania in una situazione politicamente delicata. Anche se tradizionalmente aveva portato avanti una politica favorevole alla Finlandia e i finlandesi si erano rivolti a Berlino in cerca di aiuto, la posizione di Mosca andava sostenuta e bisognò persino garantire sostegno materiale diretto alla flotta russa sottomarina[54]. Ufficialmente il Terzo Reich, interessato a una rapida conclusione della vicenda anche per via delle proprie forniture di materie prime dalla Scandinavia, dichiarò la neutralità. A Mosca Stalin e Molotov si dicevano sicuri della vittoria. «Le nostre truppe – garantí il commissario per gli Affari esteri – saranno in tre giorni a Helsinki, e a quel punto i testardi finlandesi saranno costretti a firmare l'accordo che si sono rifiutati di accettare a Mosca»[55]. Inizialmente le cose sembrarono andare cosí. Il 2 dicembre l'Unione Sovietica firmò l'agognato trattato di mutua assistenza con un «governo del popolo» che si era formato a Terijoki (Zelenogorsk, una città di confine conquistata), guidato dal comunista Otto Kuusinen. Il cosiddetto «governo del popolo», in cui Kuusinen fungeva da premier e ministro degli Esteri, è stato un effimero governo fantoccio destinato a vita breve, che pensò bene di redigere il verbale della sua prima seduta in russo. Il governo di Kuusinen, esautorato dopo quattro settimane, non era riconosciuto né dalla popolazione né tantomeno dall'esercito, che continuò a combattere opponendo un'accanita resistenza. Nei duri mesi invernali migliaia di soldati sovietici persero la vita. Anche se a lungo termine una vittoria era probabile – nel febbraio 1940 l'Armata Rossa aveva già sfondato le prime fortificazioni della Linea Mannerheim – Stalin si mostrò conciliante.

I negoziati condotti nell'ambasciata sovietica di Stoccolma portarono a un Trattato di pace il 12 marzo 1940, mettendo sorprendentemente fine all'ingloriosa guerra d'inverno che era costata tante vite. A differenza degli Stati baltici, la Finlandia evitò l'installazione delle basi militari sovietiche ma dovette concedere in affitto la città di Hanko e l'omonima penisola sud-occidentale come base navale per un lungo periodo e accettare gravi perdite territoriali. Il paese fu privato di ampie aree della Carelia, a nord del lago Ladoga, oltre che di isole di importanza strategica nel golfo di Finlandia. A questo punto, di un'offerta di pace tedesco-sovietica all'Europa non si parlò piú.

5. *Regime d'occupazione.*

Mentre la Finlandia riusciva a evitare la sovietizzazione e l'Europa occidentale veniva risparmiata ancora per un po' di tempo dall'occupazione nazionalsocialista, il patto Hitler-Stalin trasformò l'Europa orientale in quelle «terre di sangue» di cui lo storico americano Timothy Snyder ha descritto con grande effetto la terribile esperienza di violenza[56]. Nelle «terre di sangue» il regime nazionalsocialista e quello stalinista giunsero a un grado di connessione che, a dispetto di tutti i contrasti ideologici e di tutte le differenze politiche, basava la sua violenza su una comune volontà di ordine e distruzione. Fino al giugno del 1941 esso produsse non solo quel parallelismo dell'azione noto grazie a Snyder, ma un'atroce comunanza dell'agire sorprendentemente finora misconosciuta.

Dopo la campagna vittoriosa, il 22 ottobre Adolf Hitler, di fronte ai comandanti in capo della Wehrmacht, delineò i principî della politica bellica e d'occupazione da applicare nell'Est:

> Annientamento della Polonia – Soppressione della sua forza vitale. Non si tratta di raggiungere una determinata linea o un nuovo confine, ma di cercare sempre nuove strade per annientare il nemico. (...) Attuazione: dura e senza riguardi. Temprarsi contro ogni pensiero compassionevole![57].

Il terrore che seguí questo imperativo colpí persone che appartenevano a tutti i gruppi etnici, religiosi e sociali; in un primo momento soprattutto l'élite polacca: servitori dello stato, militari, proprietari terrieri, poliziotti, intellettuali e la popolazione ebraica. Fin dall'inizio gli ebrei furono esposti a vaste repressioni, alla discriminazione antisemita, alla deportazione in speciali campi di lavoro e, dal 1940, in ghetti come quello di Litzmannstadt.

Deportazioni forzate e operazioni di reinsediamento e di scambio di popolazione su vasta scala furono strumenti centrali di questa prassi d'occupazione nazionalsocialista e stalinista. Nel caso della Germania rispondevano agli imperativi ideologici di una politica demografica etno-razziale che mirava a un nuovo ordine europeo e affondava le sue radici storiche nella fine della prima guerra mondiale e nei sovvertimenti politico-demografici del dopoguerra. Il nazionalsocialismo perseguiva alla fin fine una politica demografica estremista, la cui ossessione per la razza mirava alla completa omogeneità del quadro demografico europeo. I territori polacchi incorporati nel Reich tedesco – il Reichsgau di Danzica, la Prussia occidentale, il Reichsgau Wartheland e i territori della «Prussia sud-orientale» inglobati nella Prussia orientale, oltre che l'Alta Slesia orientale inclusa nella Slesia – erano destinati, in base a queste pianificazioni etniche, a fungere da «dimora» per i cosiddetti *Reichsdeutsche*, cittadini del Reich di etnia tedesca, mentre la popolazione polacca ed ebraica doveva essere espulsa. In questo contesto Reinhard Heydrich, il capo della Direzione generale per la sicurezza del Reich (RSHA), dispose già il 21 settembre, quale misura di «ricomposizione demografica del territorio», la prima deportazione di ebrei e polacchi verso est, in quello che sarebbe diventato il Governatorato Generale. Istituito ufficialmente il 12 ottobre 1939 con un decreto di Hitler, esso comprendeva quei territori della Polonia centrale che Stalin aveva lasciato alla Germania nei negoziati di settembre. Hans Frank, cui Hitler conferí la carica di governatore generale, governava da Cracovia tramite le amministrazioni distrettuali di Varsavia, Lublino, Radom, Cracovia, e dal 1941 anche di Leopoli. Privo di un chiaro stato giuridico, il Governatorato Generale fungeva da bacino di raccolta della politica demografica, come riserva di forza lavoro e luogo in cui relegare tutti quei gruppi che, considerati di razza inferiore, erano destinati all'annientamento. All'inizio di dicembre vi furono trasferiti altri polacchi ed ebrei provenienti dal Wartheland per far posto a sfollati tedeschi, i cosiddetti tedeschi etnici, provenienti dalla zona d'occupazione sovietica. Alla metà di marzo del 1941, quando Hans Frank e la Wehrmacht fermarono i trasferimenti per l'impossibilità di gestire il caos generato dall'insufficienza delle strutture di accoglienza e dei mezzi di trasporto, almeno 365 000 persone erano state portate via dai territori «del Reich» e deportate ai margini della sfera di interesse tedesca.

Anche la politica d'occupazione staliniana fece ampio ricorso alle deportazioni per arrivare a un riassetto dei territori conquistati basato sull'ideologia di classe e sull'appartenenza etnica, e alla loro sovietizzazione. Tuttavia, all'inizio esse vennero ancora fatte rientrare dalla propaganda nel contesto della lotta per la liberazione degli operai e dei contadini ucraini, bielorussi e polacchi. Su alcuni volantini lanciati sulla Polonia orientale si leggeva:

> La potente Unione Sovietica, [vi] tende le mani dell'aiuto fraterno. Non vi opponete all'esercito degli operai e dei contadini. (...) Non veniamo come conquistatori, ma come fratelli di classe, venuti a liberarvi dall'oppressione dei latifondisti e dei capitalisti. La grande e invitta Armata Rossa porta sulle sue bandiere la fratellanza operaia e la vita felice[58].

Alla fine di ottobre Mosca organizzò le elezioni dei delegati delle assemblee nazionali dell'Ucraina occidentale e della Bielorussia occidentale, cui partecipò piú del 90 per cento degli aventi diritto, in parte costretti e sotto minaccia. L'unico compito dei rappresentanti del popolo eletti con questo sistema consisteva nel pregare Mosca di accoglierli nelle Repubbliche sovietiche rispettivamente di Ucraina e Bielorussia, come avvenne all'inizio di novembre tramite il Soviet supremo dell'Urss. Con il decreto «Sull'acquisizione della cittadinanza dell'Urss da parte degli abitanti dei distretti occidentali delle Repubbliche ucraina e bielorussa» iniziò la sovietizzazione dei territori della Polonia orientale alla maniera stalinista[59]. Tra gli ucraini, i bielorussi e gli ebrei che avevano creduto alla messa in scena di Stalin e salutato davvero l'arrivo dell'Armata Rossa, prese presto il sopravvento una profonda disillusione. Se all'inizio avevano ancora sperato di assumere importanti posizioni di potere al posto dei polacchi che erano stati cacciati – cosa che comunque accadde nelle amministrazioni locali e nelle milizie – diventò presto chiaro che non potevano contare sulla propria liberazione sociale e tanto meno sulla realizzazione di ambizioni nazionali. Le forze speciali dell'NKVD istituite da Berija arrestarono in ondate successive decine di migliaia di presunti «nemici della sovietizzazione» e organizzarono deportazioni che nel complesso riguardarono fino a 325 000 ex cittadini polacchi di varia appartenenza etnica. In un primo momento, nel dicembre del 1939, Stalin e il Politbjuro decisero di deportare categorie specifiche di civili: veterani di guerra, rappresentanti della Chiesa, servitori dello Stato e proprietari terrieri, bollati come nemici di classe e sospettati di essere potenziali oppositori. Dal momento che Mosca nei territori dell'Ucraina e della Bielorussia occidentali non mise in piedi alcun vasto sistema di campi di concentramento, vennero trasportati su carri bestiame verso il Kazakistan e la Siberia, fino ai campi di prigionia speciali sorvegliati dall'NKVD e nei gulag. Questo destino toccò ad altre 140 000 persone, tra le quali molti ucraini, che in precedenza, secondo quanto stabilito dal Trattato di delimitazione e amicizia, si erano trasferiti volontariamente nel territorio d'occupazione sovietica, dove le milizie dell'NKVD li avevano catturati nel corso di operazioni notturne di massa. Il 2 marzo 1940, subito prima che Stalin ordinasse l'esecuzione degli ufficiali polacchi, il Politbjuro dispose una terza ondata di deportazioni soprattutto di parenti degli ufficiali, grosso modo 61 000 persone. Nel giugno del 1940 e nel maggio del 1941 seguirono altre deportazioni, che di nuovo riguardarono ucraini che si erano trasferiti e profughi provenienti dall'area d'occupazione tedesca, cosí come persone provenienti dai paesi baltici e dalla Moldavia nel frattempo occupati[60].

Insieme alle deportazioni di massa, ai reinsediamenti e agli spostamenti di popolazioni, l'interscambio e i contatti fra l'occupante tedesco e quello sovietico all'epoca del patto Hitler-Stalin sono dimostrati da due operazioni di annientamento: l'«operazione AB» (*Allgemeine Befriedungsaktion*, Operazione di pacificazione generale), diretta contro l'élite polacca, e il crimine stalinista di Katyń. Dal momento dell'invasione della Wehrmacht, la violenza delle SS e delle famigerate unità operative del Servizio di sicurezza (SD) delle SS e della Polizia di sicurezza (Sipo) si diresse contro la Resistenza polacca e gli avversari politici. Fino alla primavera del 1940 piú di trentamila persone morirono nell'ambito dell'operazione *Politische Flurbereinigung* (Ricomposizione politica del territorio). Il terrore giunse alla sua massima espressione (fino a quel momento) con i preparativi della famigerata «operazione AB», una campagna condotta dalla Sipo e dalla SD nel Governatorato Generale, nel corso della quale furono assassinati migliaia di presunti o effettivi appartenenti alla Resistenza polacca e incarcerati circa tremila criminali. Temendo una sollevazione coordinata dei polacchi, improbabile in quel momento e sulla quale in ogni caso le voci erano vaghe, nel febbraio e nel marzo del 1940 il Consiglio per la difesa del Reich decise di isolare ed eliminare i sospetti e i potenziali leader. Poco dopo l'SD e la Sipo, con un'azione lampo, arrestarono circa mille persone, per la maggior parte liquidate dopo verdetti collettivi. Dal maggio al giugno 1940 furono assassinate da quattromila a seimila persone e circa ventimila trasportate in campi di concentramento, tra cui Auschwitz, che Himmler aveva disposto di costruire appositamente a questo scopo il 27 marzo 1940[61].

Piú o meno nello stesso periodo, nella primavera del 1940, unità dell'NKVD locale e «liquidatori» della centrale di Mosca uccisero circa 220 000 soldati, ufficiali e riservisti polacchi, tra i quali molti ebrei. L'operazione assassina di Katyń – una vera e propria «esecuzione di massa» – fu eseguita in ottemperanza a una risoluzione del Politbjuro del 5 marzo 1940, che Berija aveva approntato pochi giorni prima con l'approvazione di Stalin[62]. Dall'aprile al giugno del 1940 le esecuzioni di massa notturne ebbero luogo in almeno tre località – Katyń presso Smolensk, Char'kov e Kalinin (oggi di nuovo Tver') – dove i detenuti, provenienti da campi di prigionieri di guerra dell'NKVD, erano stati preventivamente condotti. Le «esecuzioni di massa» di Katyń sono ancora oggi uno dei piú conosciuti e – per via della controversia sulla colpevolezza dell'NKVD, durata decenni – uno dei piú famigerati crimini di guerra dello stalinismo, che nel frattempo è diventato il piú importante mito storico nazionale polacco. Katyń è il simbolo del terrore sistematico cui la Polonia fu esposta nella seconda guerra mondiale; un terrore che per essere stato a lungo un tabú ha un peso particolare nella memoria collettiva[63]. Inoltre, concentrandosi sulla colpevolezza dei sovietici, si è perso di vista il fatto che il terrore di Katyń fu compiuto durante il patto Hitler-Stalin e che l'alleanza tedesco-sovietica ebbe una grande influenza sul suo esito. Berija propose infatti a Stalin di fucilare gli ufficiali polacchi solo dopo che il tentativo di spedirli nel Governatorato Generale, approfittando dell'accordo di reinsediamento tedesco-sovietico, era stato respinto dai tedeschi. Nel momento in cui veniva pianificata l'«operazione AB», che – come disse il governatore generale Hans Frank – la fece «finita a ritmo accelerato con la massa degli oppositori sediziosi che si trovano in mano nostra e con individui altrimenti sospetti»[64], i tedeschi non erano minimamente interessati a prendere in consegna degli ufficiali polacchi, e quindi nuovi potenziali oppositori. Lo scambio cui Berija aspirava fu rifiutato anche per non «pretendere» dagli esecutori tedeschi altre «onerose liquidazioni». Hans Frank aveva illustrato l'«operazione AB» in questo modo:

> Non c'è bisogno di trascinarci oltre questi elementi (...) nei campi di concentramento del Reich, perché in quel caso avremmo solo seccature e un'inutile corrispondenza con i familiari, ma liquidiamo le cose sul posto. E lo faremo anche nella maniera piú semplice. Signori miei, noi non siamo assassini. Per il poliziotto e l'uomo delle SS che in base a queste misure è tenuto, per ragioni di ufficio o di servizio, a effettuare le esecuzioni, si tratta di un compito terribile. Per noi è facile firmare qui centinaia di condanne a morte; ma affidarne l'esecuzione a uomini tedeschi, a soldati e camerati tedeschi per bene, è un peso tremendo[65].

Questo peso – per quanto cinica fosse l'argomentazione – non andava ulteriormente accresciuto dall'accoglienza e dalla conseguente successiva uccisione di prigionieri polacchi provenienti dalla zona d'occupazione sovietica. «I tedeschi – ricordò Stanisław Mikołajczyk, un politico polacco che all'epoca viveva in esilio a Londra – non volevano altri ufficiali polacchi e proposero ai russi di liquidarseli da soli» (*did not want any more Polish officers and suggested to the Russians that they should 'liquidate' them themselves*)[66]. Nel terrore delle operazioni di annientamento come le esecuzioni di massa di Katyń si manifestò chiaramente l'interscambio fra l'occupazione nazionalsocialista e quella stalinista: un capitolo cui viene riservata scarsa attenzione nella storia del patto Hitler-Stalin.

[1] PÄTZOLD e ROSENFELD 1990, pp. 238 sg.
[2] KORNAT 2009, pp. 54 sgg.
[3] Citato in PÄTZOLD e ROSENFELD 1990, p. 241.
[4] Citato in AUGSTEIN 1996, p. 105.
[5] *Dichiarazione del governo al Reichstag* 1939.
[6] WEINBERG 1954, p. 53.
[7] Citato in PÄTZOLD e ROSENFELD 1990, p. 247.
[8] Testo della Nota del governo dell'Urss alle missioni diplomatiche accreditate a Mosca, 17 settembre 1939, citato in PÄTZOLD e ROSENFELD 1990, p. 252.
[9] Discorso di Molotov alla radio, 17 settembre 1939, citato in PÄTZOLD e ROSENFELD 1990, p. 253.
[10] KORNAT 2009, p. 65.
[11] KORNAT 2009.
[12] KORNAT 2009, p. 67.
[13] Citato in KORNAT 2009, p. 51.
[14] Citato in GORODETSKY 2016, p. 365.
[15] Citato in PÄTZOLD e ROSENFELD 1990, p. 247.
[16] PÄTZOLD e ROSENFELD 1990, p. 249.
[17] Citato in PÄTZOLD e ROSENFELD 1990, p. 250.
[18] Citato in PÄTZOLD e ROSENFELD 1990.
[19] SLUTSCH 2000, p. 226.
[20] PÄTZOLD e ROSENFELD 1990, p. 253.
[21] Citato in PÄTZOLD e ROSENFELD 1990, p. 252.
[22] Lo «Stato segreto», con cui ci si riferisce a tutte le organizzazioni della Resistenza polacca durante la seconda guerra mondiale, proviene da KARSKI 1944 (*N.d.T.*).
[23] Citato in PÄTZOLD e ROSENFELD 1990, p. 254.
[24] SLUTSCH 2000, p. 228.
[25] Citato in SLUTSCH 2000.
[26] Citato in SLUTSCH 2000.
[27] SLUTSCH 2000.
[28] Per il testo del Trattato di delimitazione e amicizia cfr. PÄTZOLD e ROSENFELD 1990, pp. 260 sg. Vedi qui *Appendice*. Sulla sua genesi vedi anche FLEISCHHAUER 1991, p. 467.
[29] PÄTZOLD e ROSENFELD 1990, p. 258.
[30] WEINBERG 1954, p. 58.
[31] Un'eccellente descrizione delle trattative sul confine a Mosca è fornita da FENDEL 2017, pp. 51-85.
[32] PAAA, R 27436, ff. 53-64, qui f. 58.
[33] KORDT 1950, p. 348.
[34] Citato in PÄTZOLD e ROSENFELD 1990, p. 259.
[35] Citato in PÄTZOLD e ROSENFELD 1990.
[36] ROSSI 1949, p. 81.
[37] Citato in PÄTZOLD e ROSENFELD 1990, p. 259. Vedi anche qui *Appendice*.
[38] PAAA, R 27436, ff. 53-64, qui f. 59.
[39] Ivi.
[40] Citato in SLUTSCH 2000, p. 231.
[41] Protocollo riservato, in PÄTZOLD e ROSENFELD 1990, p. 261. Vedi anche qui *Appendice*.

[42] HILGER 1964, p. 296.
[43] Dichiarazione alla stampa del ministro degli Esteri Ribbentrop prima della sua partenza da Mosca il 29 settembre 1939, in PÄTZOLD e ROSENFELD 1990, p. 264.
[44] PÄTZOLD e ROSENFELD 1990, p. 262.
[45] Citato in PÄTZOLD e ROSENFELD 1990, pp. 265 sgg.
[46] GORODETSKY 2016, p. 365.
[47] Citato in PÄTZOLD e ROSENFELD 1990, pp. 271 sgg.
[48] GORODETSKY 2016, p. 344.
[49] Cosí argomenta per esempio GORODETSKY 2016, p. 356.
[50] Molotov a Karl Selter, ministro degli Affari esteri, Mosca, 24 settembre 1939, citato in MYLLYNIEMI 1979, pp. 57 sg.
[51] FEEST 2009.
[52] Citato in MYLLYNIEMI 1979, p. 58.
[53] GOEBBELS 1998, vol. VII, p. 217.
[54] WEINBERG 1954, p. 89.
[55] Citato in WEINBERG 1954.
[56] SNYDER 2010.
[57] Citato in WNUK 2009, p. 158.
[58] Citato in WNUK 2009, p. 162.
[59] Per una analisi piú in dettaglio, vedi ROMAN 2003; GROSS 1988; GŁOWACKI 1998; SUDOŁ 1998; FILIPPOV 1997.
[60] Dati tratti da ROMAN 2003, p. 105.
[61] Dati tratti da BÖMELBURG 2003, p. 76.
[62] Sulla storia delle esecuzioni di massa vedi WEBER 2015; CIENCIALA, LEBEDEVA e MATERSKI 2007.
[63] La diffusa espressione «massacro di Katyń» deriva dalla propaganda basata su notizie raccapriccianti orchestrata da Goebbels dopo la scoperta delle fosse comuni nell'aprile del 1943.
[64] Citato in SCHENK 2006, p. 189.
[65] Citato in SCHENK 2006.
[66] NARA, RG 59, scatola 2, fasc. «Massacro della foresta di Katyń», resoconto delle pubblicazioni di Mikołajczyk sulla stampa americana, s.d.

Capitolo quarto

«I tedeschi in Germania, i russi in Russia, gli ebrei nel Bug!»

Il pomeriggio del 27 gennaio 1940, alti rappresentanti governativi del distretto di Cracovia, del Ministero degli Esteri, dell'Alto comando della Wehrmacht, della Sicherheitspolizei e della Volksdeutsche Mittelstelle si incontrarono a Cracovia, negli uffici di Friedrich Wilhelm Krüger, comandante superiore delle SS e della Polizia, nel Governatorato Generale[1]. All'ordine del giorno di quella riunione, durata tre ore scarse, c'era la conclusione della «moderna migrazione di popoli» che nelle settimane precedenti la propaganda nazionalsocialista aveva accompagnato con grande clamore. Dopo un «rimpatrio» di circa sessantamila tedeschi della regione baltica, realizzato nell'autunno del 1939 senza molta preparazione, il reinsediamento dei tedeschi etnici provenienti dalla Volinia, dalla Galizia e dalla zona del fiume Narew era stato pianificato per settimane e condotto, in confronto, in maniera organizzata. Dal dicembre del 1939 al febbraio del 1940 lasciarono la zona d'occupazione sovietica dirette a Occidente, in totale, circa 130 000 persone[2]. Heinrich Himmler, Reichsführer delle SS e commissario del Reich per il rafforzamento della germanicità, nonostante le temperature polari aveva dato il benvenuto di persona – il giorno prima a Przemyśl, sul ponte del fiume San – ad alcuni degli ultimi convogli che attraversarono il confine tedesco-sovietico. Ora che Himmler e i fotografi del settimanale «Das Schwarze Korps» se n'erano andati, a Cracovia i responsabili tracciavano un bilancio. Al centro della riunione del 27 gennaio c'era la collaborazione «improntata ad ampia disponibilità» con i partner sovietici, con l'NKVD di Berija e il Commissariato agli Affari esteri di Molotov[3]. Da loro, questo il ragionamento, c'era ancora molto da imparare.

1. *I reinsediamenti tedesco-sovietici concordati.*

Fra le operazioni condotte dai tedeschi e dai sovietici in conseguenza del patto Hitler-Stalin, il reinsediamento dei cosiddetti tedeschi etnici fu quella di portata piú ampia (viceversa furono solo dodicimila circa gli ucraini e i bielorussi che lasciarono il Governatorato Generale diretti a est)[4]. Eppure è stata raramente percepita come prova della collaborazione gravida di conseguenze fra i due regimi. Rimanendo ancorati alla tradizione delle prospettive storiche separate, o tutt'al piú comparate, nei decenni scorsi gli studiosi si sono concentrati sulla politica etnica e di reinsediamento nazista, a proposito della quale lo storico Stephan Döring ha giustamente osservato soltanto pochi anni fa che, malgrado il suo notevole interesse, manca persino una dettagliata descrizione dei reinsediamenti concordati[5]. Altrimenti la ricerca ha fornito sí, come nel caso degli studi sull'Europa orientale successivi alla guerra fredda, contributi pionieristici sulla politica demografica e le deportazioni staliniane, ma lasciando da parte gli intrecci e i collegamenti internazionali. Gli specialisti di entrambi i settori di ricerca hanno evitato di mostrare fino a che punto l'operazione congiunta di reinsediamento si sia ripercossa sulla scelta politica di ricorrere alla violenza dall'una come dall'altra parte, condizionandola e procurando conseguenze che andarono molto al di là dell'operazione stessa.

Il Trattato tedesco-sovietico di delimitazione e amicizia, firmato a Mosca da Ribbentrop e Molotov il 28 settembre 1939, forní i presupposti giuridici. Il Protocollo riservato che lo integrava stabiliva che

> ... il governo dell'Urss (...) non po[rrà] alcun ostacolo ai cittadini del Reich che risiedono nella sua sfera di interesse, e ad altri soggetti di discendenza tedesca, nel caso desiderino trasferirsi in Germania o nei territori della sfera di interesse tedesca. È d'accordo che questo trasferimento venga effettuato da incaricati del governo del Reich d'intesa con le autorità locali competenti e che i diritti di proprietà degli emigranti vengano garantiti.

A sua volta il governo tedesco assumeva «un impegno analogo (...) per quanto concerne[va] le persone di discendenza ucraina o bielorussa che risied[evano] nella sua sfera di interesse»[6]. Nel

Protocollo si stabiliva di comune accordo il reinsediamento di quei gruppi di popolazione che, dopo la spartizione della Polonia secondo la logica della rispettiva ideologia demografica, erano finiti dalla «parte sbagliata». In base all'idea nazionalsocialista di ordine etno-razziale bisognava trasferire le persone di etnia tedesca nella zona d'occupazione tedesca, mentre gli ucraini e i bielorussi passavano nei territori – occupati dai sovietici – dell'Ucraina e della Bielorussia occidentali, che Stalin stava sovietizzando. In quanto operazione da condurre in maniera congiunta, il reinsediamento si distingueva chiaramente dal trattamento riservato alla Resistenza polacca, definito nel Protocollo aggiuntivo segreto. Mentre in quel caso si concordava che ci si sarebbe «messi reciprocamente al corrente delle misure adottate» contro «l'agitazione polacca»[7], per i trasferimenti era previsto solo di darsene comunicazione. Questa misura fu pianificata e attuata insieme e si collaborò giorno per giorno. Il reinsediamento richiedeva che ci si recasse l'uno nella zona d'occupazione dell'altro, cosa che né i tedeschi né i russi vedevano senza sospetto. Prima di tutto, però, esigeva la pianificazione comune, iniziata il 17 ottobre 1939 a Mosca.

Per ragioni legate agli ambiti di competenza e alle responsabilità, si può supporre che, oltre a funzionari del Ministero degli Esteri, facessero parte della delegazione tedesca inviata alla metà di ottobre a Mosca anche alcuni membri delle SS e collaboratori di Himmler, il quale in veste di commissario del Reich per il rafforzamento della germanicità aveva ricevuto da Hitler l'incarico di organizzare i reinsediamenti. L'11 ottobre Himmler aveva affidato la gestione operativa alla VoMi, la Direzione generale per il benessere dei tedeschi etnici; quindi, fra coloro che si recarono a Mosca si trovavano presumibilmente il capo della VoMi Werner Lorenz (dal 1931 nelle SS) e il fidato collaboratore di Himmler Horst Hoffmeyer, già nominato capo dell'ufficio n. VII della VoMi per la Tutela della popolazione di etnia tedesca nei nuovi territori orientali. Hoffmeyer (Obersturmbannführer delle SS e maggiore generale della Polizia) dopo la buona riuscita del reinsediamento dei tedeschi baltici si era reso disponibile in qualità di esperto di reinsediamenti della politica etnica nazionalsocialista, e si sarebbe dimostrato all'altezza di questa fama anche in seguito, in particolare nei rapporti con gli alleati sovietici. Il presidente della delegazione tedesca a Mosca era però il giurista Kurt von Kamphoevener, un diplomatico esperto in servizio presso il Ministero degli Affari esteri dal 1911 e che nel 1940 aderí al Partito nazionalsocialista. Kamphoevener discendeva da una famiglia prussiana di ufficiali – il padre era stato consigliere militare alla corte del sultano Abdul-Hamid II a Costantinopoli, dove il figlio Kurt era nato nel 1887 – e apparteneva quindi alla tradizionale élite dei diplomatici tedeschi. Tuttavia, nel 1930 aveva aderito al Partito socialdemocratico e dal 1931 al 1936, come capo dell'Ufficio «Società delle Nazioni» al Ministero degli Esteri, si era distinto occupandosi del sistema multilaterale per il mantenimento della pace nel periodo fra le due guerre. A Mosca, Kurt von Kamphoevener si recò in veste di capo dell'Ufficio «Questioni relative alla pace», di cui fu titolare fino al 1941[8].

Chi accolse i tedeschi a Mosca, dove e di cosa si parlò è ancora oggi per lo piú ignoto. Ufficialmente la responsabilità dei negoziati e l'attuazione dei trasferimenti ricadeva sul Commissariato agli Affari esteri. Di fatto l'NKVD di Berija teneva le fila dietro le quinte e non è stato chiarito se la Commissione governativa fosse guidata da un rappresentante dell'NKVD, da un politico del Commissariato agli Affari esteri o addirittura dall'ex commissario per gli Affari esteri Maksim Litvinov. Già la firma sovietica in calce all'accordo negoziato dal governo è un enigma. Mentre Kurt von Kamphoevener firmò in veste di presidente della delegazione tedesca, nella parte riservata ai sovietici, per la presidenza della delegazione sovietica c'è scritto «Litvinov», senza nome proprio. Se però si trattasse del commissario per gli Esteri silurato da Stalin o di un ufficiale dell'NKVD che si chiamava nello stesso modo non è ancora chiaro, anche se alcuni indizi lasciano supporre che lo sfortunato capo della diplomazia di Mosca, dopo essersi speso a lungo per un avvicinamento alle democrazie europee occidentali, ora negoziasse con i tedeschi. Contraddice questa ipotesi l'età della persona che nelle fotografie della Commissione governativa sovietica del dicembre 1939 viene indicata come «presidente Litvinov», visibilmente piú giovane di Maksim Litvinov, che all'epoca aveva già sessantatre anni. Depone invece a suo favore il fatto che Litvinov, dopo l'estromissione nel maggio del 1939, non aveva affatto voltato le spalle alla vita politica; dirigeva il Dipartimento per l'Informazione internazionale presso il Comitato centrale del Partito, rimanendo dunque in un'importante posizione di collegamento fra il Commissariato agli Affari esteri e il centro del potere al Cremlino. Litvinov continuò a occuparsi di questioni europee. L'esperienza di politica estera accumulata proprio in Occidente e in particolare i lunghi anni alla Società delle Nazioni consigliavano, nel novembre 1939, di affiancarlo a Kurt von Kamphoevener, anch'egli diplomatico alla Società delle Nazioni nel periodo fra le due guerre e che probabilmente conosceva personalmente Litvinov, sebbene i due paesi avessero fatto parte dell'organizzazione in periodi diversi[9]. Inoltre con Litvinov e Kamphoevener come fiori all'occhiello, la Commissione governativa tedesco-sovietica per i reinsediamenti poteva muoversi nella tradizione dei trasferimenti di popolazione che erano seguiti alla prima guerra mondiale: in parecchi casi erano stati avviati dalla Società delle Nazioni e anche sanzionati sulla base del diritto internazionale, e avevano determinato comunque movimenti migratori molto problematici in Europa. Kamphoevener e Litvinov erano diplomatici esperti e leali servitori dello stato, avvantaggiati proprio dal non essere fra i rappresentanti di primo piano dell'assai controversa alleanza tra Hitler e Stalin. È evidente che la loro era solo una presenza di facciata, come sottolinea una dichiarazione resa da Kamphoevener dopo la fine della guerra, il 14 agosto 1945, a un ufficiale americano dei servizi segreti (G2 - Intelligence). Nel verbale si legge:

> La fonte è stata inviata in veste di capo della commissione tedesca a negoziare con i russi per il trasferimento di popolazioni dalle aree adiacenti al nuovo confine. Le minoranze tedesche nella zona della Polonia occupata dalla Russia erano il fattore piú importante. Nella sua commissione vi erano vari rappresentanti di agenzie governative, compresa la Volksdeutsche Mittelstelle di Himmler. La commissione russa era guidata da 'Mali' Litwinow [*sic!*], anche se il potere reale era esercitato dal rappresentante della GPU, e in seguito dal Lt. Gen. Moslenikov [*sic!*]. I negoziati richiesero circa una settimana, ma i russi ebbero bisogno di tre settimane per ricevere l'approvazione da Mosca. Una volta ottenuta, i russi eseguirono lealmente quanto concordato[10].

Corrisponde al vero che i negoziati a Mosca si erano conclusi rapidamente e che solo l'approvazione di Stalin, senza la quale nessun contratto veniva concluso, si fece attendere. Il 3 novembre 1939 l'accordo governativo fu siglato e il Ministero degli Esteri ne diede conto:

> Tra il governo del Reich e il governo dell'Unione delle Repubbliche socialiste sovietiche il 3 novembre 1939 è stato concluso un accordo. In base a questo accordo tutti i tedeschi provenienti dai territori dell'Ucraina e della Bielorussia occidentali e tutti gli ucraini, i bielorussi, i russi e i ruteni dei territori appartenuti alla Polonia e che ora rientrano nella sfera di interesse del Reich hanno il diritto di spostarsi nel territorio dell'altro stato. Determinante al riguardo è una dichiarazione di volontà[11].

Dopo l'annuncio ci vollero altre due settimane perché l'accordo governativo sul «reinsediamento della popolazione di origine tedesca dalla zona di interesse dell'Urss e della popolazione ucraina e bielorussa dai territori dell'ex stato polacco che rientrano nella sfera di interesse del Reich» entrasse in vigore, il 16 novembre 1939. Le sue sezioni e i suoi articoli regolamentavano le competenze, l'intera procedura e in particolare il trasporto delle persone, la quantità di beni trasportati, la loro registrazione; in breve, come organizzare l'operazione, che andava conclusa entro il 1° marzo 1940[12]. Nel giro di tre mesi i bielorussi e gli ucraini dovevano essere trasferiti nella zona di interesse sovietica e i tedeschi etnici nel Governatorato Generale, nei nuovi territori orientali o nel «vecchio Reich»[13]. L'accordo stabiliva quali beni erano autorizzati a portare con sé: bestiame di piccola taglia e due cavalli a nucleo familiare, se il trasporto avveniva in convoglio, ma né denaro – fatta eccezione per una piccola somma in złoty polacchi – né metalli preziosi né armi[14]. Per quanto riguarda il patrimonio che lasciavano, bisognava compilare degli elenchi, da un lato per consentire ai tedeschi di risarcire, in un secondo momento, e dall'altro per concordare compensazioni fra stati; compensazioni che nell'accordo erano previste e che avrebbero irritato la parte sovietica. Stalin, che concepiva solo l'espropriazione incondizionata di quanti intendevano emigrare, non ne voleva sapere e probabilmente per questa ragione, dopo le trattative, la firma andò per le lunghe. L'articolo 9, in cui si dice che «il patrimonio lasciato dopo il trasferimento [... cade] sotto tutela statale e nella disponibilità della parte nel cui territorio viene lasciato» legittimava l'espropriazione, e l'articolo 10, in cui «le parti contraenti (...) non [escludono] la possibilità di un conguaglio definitivo dei rispettivi diritti patrimoniali sulla base di una compensazione reciproca nella forma di somma complessiva del valore dei beni che erano stati lasciati» si trovava lí, almeno per Stalin, soltanto per bellezza. Al termine dei trasferimenti, Mosca boicottò i tentativi compiuti per arrivare a un accordo sui conguagli e aveva già stabilito in partenza che i beni fondiari degli emigranti non potevano essere inseriti nelle liste patrimoniali. L'articolo 10 diceva poi che

> ... rivendicazioni patrimoniali sia dell'una che dell'altra parte sono ammesse solo in riferimento a quei patrimoni e aziende che *in base alle leggi del paese in cui si trovano possono essere in possesso di persone private*[15].

In Unione Sovietica il possesso del suolo non rientrava fra questi. Il «conguaglio dei reciproci crediti patrimoniali» non fu attuato e la Commissione sovietica non riusciva neppure a concepire la corresponsione di risarcimenti. Nella prassi, il diverso modo di intendere la gestione del patrimonio degli emigranti portò a conflitti, fraintendimenti e contrasti di opinioni che spesso fu possibile risolvere solo dopo che i parametri vennero fissati a un livello troppo basso dal punto di vista tedesco[16]. Nel diario dell'Untersturmführer delle SS Brückner, che faceva parte del comando della Commissione tedesca per i reinsediamenti, si dice per esempio:

> I sovietici rifiutarono in piú occasioni di compilare elenchi di beni di (...) imprenditori che erano stati espropriati. Nel corso della trattativa con i rappresentanti del governo centrale si fa notare che noi abbiamo bisogno delle liste perché nel Reich gli imprenditori devono essere risarciti. Totale incapacità di comprendere e risatina scettica accompagnata dal commento: «Fateli lavorare!»[17].

La sezione II (articoli 6-10) dell'accordo regolamentava inoltre questioni relative al personale, nonché la sede delle singole commissioni e i valichi di confine. La Commissione mista tedesco-sovietica per i reinsediamenti era formata da due delegazioni nominate dai rispettivi governi; quella sovietica era guidata da Litvinov e quella tedesca da Kamphoevener. L'attuazione pratica spettava, in base all'articolo 7, a rappresentanti autorizzati principali, che ciascuna parte inviò nel territorio dell'altra, mentre nella propria area di interesse operavano rappresentanti governativi principali. In territorio sovietico il rappresentante autorizzato principale tedesco, Horst Hoffmeyer, lavorava dunque in collaborazione con il rappresentante governativo principale sovietico, J. N. Sinicyn, che era al servizio dell'NKVD ucraina. Entrambi avevano come base la città di Luzk, in Volinia, e per lo meno Hoffmeyer disponeva sul posto di un ampio apparato, che comprendeva sette dipartimenti[18]. Per la collaborazione quotidiana, la composizione di conflitti, il controllo dell'intero iter dell'operazione di reinsediamento nonché delle liste di beni, la competenza era del VI e del VII dipartimento, guidati entrambi da Lothar Heller, il plenipotenziario per l'Economia della Volksdeutsche Mittelstelle.

Nel territorio d'occupazione tedesca l'Unione Sovietica inviò come rappresentanti autorizzati principali gli ufficiali dell'NKVD S. N. Troizki, che si insediò a Cholm, e V. S. Egnarov, a Jaroslau. Il loro interlocutore – e quindi il rappresentante governativo principale tedesco nel Governatorato Generale – era nientemeno che il Brigadeführer delle SS Bruno Streckenbach che, in quanto comandante della Polizia di sicurezza e del Servizio di sicurezza a Cracovia in quest'epoca, era tra l'altro responsabile della deportazione degli ebrei polacchi nel Governatorato Generale. In base all'accordo, i rappresentanti autorizzati e governativi principali erano coadiuvati da due vice ciascuno, nonché rispettivamente da rappresentanti autorizzati distrettuali (anch'essi con il loro staff) e rappresentanti governativi distrettuali, oltre che da rappresentanti autorizzati e governativi locali, con i loro vice. L'articolo 13 alla sezione III, «Organizzazione del reinsediamento», citava per i rappresentanti autorizzati e governativi principali le seguenti sedi: «nel territorio del Reich le città di Cholm e di Jaroslau» e «nel territorio dell'Urss la città di Łuck». Le sedi dei rappresentanti autorizzati distrettuali tedeschi in territorio sovietico erano Bielsk (Bielsk Podlaski), Luzk (Łuck), Stanislau (Stanislav), Kostopol, Wladimir-Wolhynsk, Leopoli (Lwów), Styri; quelle dei rappresentanti autorizzati distrettuali sovietici in territorio tedesco Biala (Biała Podlaska), Cholm (Chełm), Grubeschow (Hrubieszów), Jaroslau (Jarosław), Belgoraj (Biłgoraj), Sanok, Lisko, Neu-Sandez (Nowy Sącz), Varsavia e Łódź (in seguito Litzmannstadt)[19]. Nel Protocollo aggiuntivo venne stabilito che il rappresentante autorizzato distrettuale di Leopoli era al tempo stesso il vice del rappresentante autorizzato principale tedesco nel territorio d'occupazione sovietica. La controparte sovietica ebbe di conseguenza la possibilità di nominare in quel luogo un vice del suo rappresentante governativo principale. Al tempo stesso era autorizzata a insediare a sua volta in una delle sedi del Governatorato Generale (tranne che a Cholm e Jaroslau) un vice del rappresentante autorizzato principale. L'articolo 17 dell'accordo di reinsediamento fissava infine i seguenti valichi di confine: Nowogród, Śniadowo, Tschizow, Simjatice, Brest-Litovsk, Jagodin (Jagodzin), Uszilug (Uściług), Ljubyscha (Lubyesa), Przemyśl, Olchowzew[20].

2. *Protagonisti e motivazioni.*

In linea generale, tutti i reinsediamenti concordati che vennero attuati durante il periodo di validità del patto Hitler-Stalin rispecchiarono le logiche dell'ideologia del *Volkstum* e le politiche d'occupazione dei territori conquistati. Motivazioni ideologico-politiche ed esigenze pratiche si presupponevano e si influenzavano a vicenda. Per i progetti di germanizzazione nei territori orientali occupati, il radicale scambio di popolazione fu un «colpo di fortuna», dal momento che in quei luoghi, prima della guerra, solo l'11 per cento circa della popolazione era costituito da tedeschi e l'80 per cento da polacchi o ebrei polacchi[21]. Una volta concluse le operazioni militari ebbe subito inizio, sotto la guida del nuovo commissario del Reich per il rafforzamento della germanicità, il «riassetto etnico» dei nuovi territori, che nella pratica si tradusse in uno scambio di popolazione di proporzioni gigantesche. All'inizio del 1941 l'apparato di Himmler aveva deportato piú di trecentomila polacchi ed ebrei dai nuovi territori orientali nel Governatorato Generale e, ispirandosi a una «politica di germanizzazione» totale, li aveva sostituiti con i tedeschi etnici della Volinia, della Galizia e dell'area del Narew (fig. 11)[22]. Quella che il *Rassenpolitisches Amt* (Ufficio delle politiche razziali) della NSDAP definiva la «creazione di una popolazione tedesca omogenea dal punto di vista razziale e quindi politico-spirituale, in senso sia psicologico sia nazionale», rimuovendo «senza riguardi» al tempo stesso «ogni elemento non tedesco»[23] era, oltre a tutti gli imperativi ideologici, una questione di potere politico. In teoria, infatti, solo l'insediamento *ex novo* di una popolazione grata e di conseguenza leale, oltretutto sfuggita alla sovietizzazione staliniana, prometteva il rafforzamento duraturo e il legame dei nuovi dominî allo stato nazionalsocialista. «Il territorio appena conquistato – ebbe a dire Ulrich Greifelt, stretto collaboratore di Himmler – dovrebbe essere popolato da tedeschi, solo a quel punto diverrà possesso inviolabile»[24]. Nei piani trionfali di Himmler non era stato previsto che i problemi pratici nel corso del reinsediamento avrebbero spesso sortito effetti contrari e che le numerose delusioni, le circostanze caotiche e l'ostilità fra tedeschi «vecchi» e «nuovi» non avrebbero propriamente rafforzato i vincoli di lealtà. Hitler aveva convalidato e autorizzato personalmente quei piani il 6 ottobre 1939, in uno dei suoi primi discorsi dopo la campagna di Polonia. Durante il cosiddetto «Discorso di ottobre» al Reichstag legittimò la collaborazione con la Russia sovietica nel contesto della politica etnica e di germanizzazione nazionalsocialista, che solo in questo

---

Figura 11.
Himmler e tedeschi etnici «rimpatriati».

modo, riteneva, avrebbe potuto tradursi in pratica. Soprattutto, il Trattato di delimitazione e amicizia era, a suo parere, espressione della determinazione dei due stati «a non permettere che sorgano tra di loro situazioni problematiche». In questo senso,

> ... la Germania e la Russia sovietica hanno fissato un confine chiaro fra le rispettive sfere di interesse, decise a mantenere la tranquillità e l'ordine ciascuna dalla sua parte e a impedire tutto ciò che potrebbe arrecare danni all'altra[25].

Il compito che il Reich si prefiggeva prima di tutto consisteva, per Hitler, nella «costruzione di un confine rispondente alle condizioni storiche, etnografiche ed economiche», nel «produrre un nuovo ordine della situazione etnografica», che si sarebbe raggiunto tramite il «trasferimento dei gruppi nazionali», in modo tale che alla fine del processo «risultino linee divisorie migliori di quelle attuali»[26].

Il giorno dopo il discorso al Reichstag, il 7 ottobre 1939, Hitler affidò per decreto al suo capo delle SS e della Polizia Heinrich Himmler il compito «di rafforzare la germanicità» attraverso il reinsediamento delle cosiddette «schegge di popolazione tedesca». Himmler, che lavorava con risolutezza e in accanita concorrenza con il Ministero dell'Agricoltura per avocare a sé la politica di insediamento tedesca, era riuscito a imporsi. La sua nuova posizione di «commissario del Reich per il rafforzamento della germanicità» (RKF) gli offriva la possibilità di riunire tutta la politica di germanizzazione nazionalsocialista e demografica, in base alle proprie idee, in un solo apparato alle sue dirette dipendenze[27]. Himmler ne approfittò e da questo momento poté servirsi di tutte le «autorità e istituzioni del Reich, delle regioni e dei comuni, nonché di altri enti pubblici» a disposizione «e delle altre associazioni per l'insediamento esistenti» che avevano già condotto trasferimenti, come quelli dei tedeschi del Baltico o del Sud Tirolo, oppure che lavoravano a progetti di germanizzazione[28]. Sfruttò coerentemente i pieni poteri che gli erano stati conferiti per costruire il suo «arcipelago RKF» e fece ricadere sulla presunta babele delle responsabilità tutti i problemi che si presentarono nel corso dei reinsediamenti, al fine di concentrare ancor piú su di sé e di monopolizzare le competenze. Affidò la pianificazione centralizzata dei reinsediamenti concordati e l'emissione delle linee guida fondamentali all'Obergruppenführer delle SS Ulrich Greifelt, che aveva già organizzato i trasferimenti dal Sud Tirolo nel giugno del 1939, faceva parte del suo staff direttivo ed era stato nominato capo dell'influente Ufficio del commissario del Reich. Alla fine di ottobre, Himmler delegò l'esecuzione pratica e l'assistenza della popolazione di etnia tedesca, ma soprattutto il suo rimpatrio dai territori sovietici, alla Volksdeutsche Mittelstelle (VoMi), comandata dall'Obergruppenführer delle SS Werner Lorenz. La «Direzione centrale per il benessere dei tedeschi etnici», istituita originariamente nel 1936-37 per assistere, mantenere i contatti e sostenere finanziariamente la popolazione di etnia tedesca all'estero, era un ufficio pubblico che dipendeva direttamente da Hitler, in cui operavano certo molte SS, ma che godeva ancora di una certa autonomia rispetto a Himmler. Solo nel giugno del 1941 divenne un Ufficio di comando centrale delle SS e dunque fu inglobato nell'arcipelago di Himmler. In veste di Ufficio per i tedeschi etnici che risiedevano al di fuori del Reich, la VoMi si occupò sia del trasporto attraverso il confine tedesco-sovietico, sia della sistemazione delle persone trasferite nei centri di raccolta. Era una centrale per la cooperazione con i sovietici. Oltre alla Volksdeutsche Mittelstelle parteciparono ai trasferimenti dall'Unione Sovietica diversi ministeri, fra cui il Ministero delle Finanze del Reich, che mise a disposizione il denaro per il trasporto e la sistemazione, e il Ministero della Salute guidato da Leonardo Conti, competente per la copertura finanziaria dell'assistenza medica, cosí come la Croce Rossa tedesca (DRK). Anzi, con le sue infermiere e le sue aiutanti la DRK forní alla VoMi il supporto numericamente piú consistente nel trasporto nei centri di raccolta e sanitari dell'Ufficio centrale dell'immigrazione (EWZ)[29].

I trasferimenti dei tedeschi etnici e del Baltico provenienti dalla sfera di interesse sovietica fornirono a Himmler l'opportunità di «mettere in piedi nelle zone occupate un apparato che prendeva a modello quello del Reich»[30] e di tenere sotto controllo la politica demografica. Per raggiungere questo obiettivo bisognava smantellare a poco a poco l'autonomia delle autorità preposte ai trasferimenti come la VoMi e, al contrario, rafforzare la competenza dei propri poteri – per esempio quello di comandante superiore delle SS e della Polizia e quello del

Servizio di sicurezza nel Governatorato Generale – rispetto all'amministrazione civile. La riuscita del piano dipese anche dalla veemenza con cui fidi collaboratori di Himmler – come Horst Hoffmeyer, «plenipotenziario del governo del Reich per l'evacuazione dei tedeschi dalla Volinia e dalla Galizia» – attribuirono alla sovrapposizione di competenze e alla confusione amministrativa la colpa dei grossi problemi sorti dopo l'arrivo delle persone trasferite nei centri di raccolta dell'unità operativa della VoMi di Litzmannstadt[31]. Ingorghi durante il trasporto, le rigide condizioni atmosferiche e non da ultimo una preparazione affrettata portarono effettivamente al sovraffollamento dei centri, nei quali la registrazione delle persone trasferite non poteva essere condotta secondo i «piani di germanizzazione», la gente scompariva e si metteva di propria iniziativa in cammino alla volta del «vecchio Reich». Hoffmeyer sfruttò il caos e, per sostenere l'assunzione di una posizione di monopolio da parte di Himmler, fece riferimento, tra l'altro nella seduta del 27 gennaio, all'organizzazione esemplare dei sovietici. Hoffmeyer presentò quale modello cui riferirsi l'autonomia di gestione, la decisione e il controllo di cui l'NKVD di Berija disponeva in tutte le fasi. Come documentato dal verbale, elogiò la rigorosa organizzazione rispetto alle «eterogenee» autorità preposte ai trasferimenti e alla confusione di competenze dei tedeschi:

> I rappresentanti governativi sovietici sono tutti – disse – senza eccezioni, ufficiali dell'NKVD, formati e inviati unicamente a svolgere questo incarico, mentre i rappresentanti governativi tedeschi, in quanto funzionari di altissimo e alto rango [devono] occuparsi anche di altri importanti compiti oltre al trasferimento[32].

Hoffmeyer (che nel 1941 nel distretto di Cracovia dipendeva direttamente dal comandante superiore delle SS e della Polizia) sottolineò in piú occasioni «che i rappresentanti governativi sovietici dall'altra parte lavorano in modo molto diverso». In base al verbale della seduta disse:

> Lí è presente un apparato sovietico specificamente dedicato solo al trasferimento. I rappresentanti governativi principali, distrettuali e locali hanno un solo compito, quello di occuparsi del trasferimento dei tedeschi, di rendere possibile l'attuazione delle misure tedesche (...) ma anche di tutelare gli interessi dell'Unione Sovietica. Sono informati nel dettaglio – aggiunse – di tutto quel che succede e hanno sempre un quadro molto preciso dell'intero personale tedesco, di come procede la re-

gistrazione delle persone e dei beni, della permanenza e dell'attività dei membri delle unità tedesche, ma anche di tutti i tedeschi etnici utilizzati come collaboratori[33].

Hoffmeyer apprezzava l'efficienza che i pieni poteri e l'autonomia decisionale conferivano all'NKVD, i quali «nella pratica – sottolineava – di sicuro sono percepiti molto piú di quanto i tedeschi avessero messo in conto»[34].

Non sorprende che presso i sovietici tutti i trasferimenti concordati si svolgessero sotto il controllo dell'NKVD, se si considera di quanto potere essa disponesse nell'ambito del sistema di violenza staliniano, ma che gli uomini di Himmler preposti ai trasferimenti prendessero a modello una costellazione simile, a prima vista sí. Si trattava di una questione altamente sensibile per tutt'e due le parti, con la quale però la paranoia staliniana nei riguardi del nemico e della sicurezza si confrontò in maniera peculiare. Il Governatorato Generale era considerato dai tedeschi come una sorta di «zona di transito» extraterritoriale per gruppi di popolazione «non graditi», mentre il confine tedesco-sovietico rappresentava per Mosca, prima di tutto, un confine di stato. I territori della Bielorussia occidentale e dell'Ucraina occidentale che si estendevano sul versante sovietico del confine dovevano essere pienamente integrati nell'impero sovietico. Entrambi i compiti – la sicurezza dei confini e la sovietizzazione – ricadevano da sempre sui reparti speciali e sulle guardie di frontiera del Commissariato agli Affari interni[35]. In secondo luogo gli ucraini e i bielorussi trasferiti venivano guardati come potenziali nemici che l'NKVD doveva registrare e controllare esattamente come la popolazione nuova. E in terzo luogo la funzione di guida dell'NKVD era fuori discussione, in quanto nel corso dei trasferimenti membri delle SS, della Croce Rossa tedesca e altri funzionari dello stato nazionalsocialista operavano nei nuovi territori, ovviamente sottoposti a particolare osservazione.

Di fronte all'imponderabilità e ai potenziali pericoli legati ai trasferimenti concordati, viene da chiedersi perché mai Stalin acconsentí ad accogliere gli ucraini e i bielorussi. In fondo erano stati chiaramente i tedeschi ad avanzare la richiesta, e Ribbentrop, a settembre, si era recato a Mosca con l'incarico di ottenere il trasferimento della popolazione di etnia tedesca.

Perché l'Unione Sovietica avrebbe dovuto essere interessata ad altri bielorussi e ucraini quando già quelli che c'erano venivano considerati potenziali nemici del popolo e oppositori nazionalisti? Oltretutto la sovietizzazione della popolazione nuova assorbiva già sufficiente attenzione, energie e risorse dei servizi segreti e del Ministero degli Interni e migliaia di persone trasferite significavano soltanto un sovraccarico. In effetti nel corso dell'operazione risultò chiaro quanto fosse scarso l'interesse di Mosca per i «fratelli di sangue» ucraini e bielorussi provenienti dal Governatorato Generale. Il commissario tedesco della città di confine di Sanok constatò per esempio:

> Non si può dire che i russi si siano dati un gran da fare per portare via molta gente da qui. Lavoravano a un ritmo quanto mai flemmatico. Spesso non andavano proprio in ufficio per giorni interi e lasciavano la gente lí ad aspettare. Avevo l'impressione che la delegazione russa avesse ricevuto disposizioni di tirare fuori da questi territori meno gente possibile (...) Pare che una volta il rappresentante governativo distrettuale abbia lasciato intendere che degli ucraini non gli importava nulla, perché creavano difficoltà sia ai russi sia ai tedeschi[36].

Stalin sfruttò l'ambizione della politica demografica nazionalsocialista per «liberarsi» della popolazione di etnia tedesca, per lui una minoranza sgradita[37]. La smania «germanizzatrice» di Himmler lo lasciava indifferente e quindi l'NKVD diede sí il suo appoggio al trasferimento dei 130 000 tedeschi etnici, ma in cambio – con grande rabbia dei tedeschi – si prese in proporzione meno ucraini e bielorussi.

3. *L'inizio dei reinsediamenti tedesco-sovietici.*

La guerra che contrappose tedeschi e sovietici e i crimini efferati perpetrati dai primi dopo l'invasione del giugno 1941 ai danni della popolazione russa hanno fatto perdere di vista il fatto che i criminali di Himmler e gli sgherri di Berija collaborarono a lungo in pieno accordo. Era ed è difficile da tollerare che criminali di guerra come Bruno Streckenback o Odilo Globočnik – il quale, protetto da Himmler, in veste di Reichsführer delle SS e capo della Polizia del distretto di Lublino, fu coinvolto anche nei trasferimenti concordati – prima della campagna di annientamento contro l'Unione Sovietica a quanto pare avessero collaborato bene con quanti perpetravano la violenza staliniana. Eppure proprio se ci si interroga sui legami fra le dinamiche violente e annientatrici dei due regimi e la loro politica demografica questa cooperazione rientra nella storia della seconda guerra mondiale. Quello che oggi sembra incredibile, per i membri delle SS e dell'NKVD coinvolti era in sostanza una pragmatica relazione di lavoro richiesta dal patto Hitler-Stalin e che, nonostante tutti i dissensi e i problemi, filava liscia. Anche gli incontri di lavoro che si scambiavano – conosciuti, e interpretati in molti modi, come misteriose «conferenze NKVD-Gestapo» (per esempio la visita di una Commissione governativa sovietica di alto livello nel Governatorato Generale nel dicembre 1939, o il viaggio della Commissione tedesca per i profughi a Leopoli occupata dai sovietici nella primavera del 1940) – erano necessari semplicemente per tenersi al corrente, portare avanti le trattative ed effettuare i trasferimenti concordati. Incontri di minore portata si tenevano a cadenza regolare: per esempio quelli del 25 novembre e del 14 dicembre 1939 tra i rappresentanti governativi tedeschi e i rappresentanti autorizzati sovietici principali nel Governatorato Generale[38]. Non venivano neppure tenuti segreti, ma nel caso di delegazioni di alto rango erano coperti dalla stampa e in qualche caso presentati addirittura come prova di un'amicizia di cui nella quotidianità, al di fuori della propaganda, non c'era traccia.

Il sobrio pragmatismo con il quale tedeschi e sovietici si dedicarono a mettere in pratica gli accordi del patto Hitler-Stalin non deve far pensare che non fosse chiara a tutti la speciale natura di questa collaborazione. La profonda rivalità ideologica del periodo fra le due guerre, pregiudizi culturali, stereotipi razzisti o legati all'ideologia di classe sullo straniero e il nemico non potevano essere eliminati, cosí come la reciproca diffidenza, che non venne meno. Funzionari delle SS come Horst Hoffmeyer e generali dell'NKVD come Ivan Maslennikov non dimenticarono affatto le differenze ideologiche alla base della diversa socializzazione politica. Non furono minimamente toccati, come aveva garantito lo stesso influente segretario di Stato del Ministero degli Esteri Ernst von Weizsächer, dalla cooperazione politica. A seguito del Trattato di delimitazione e amicizia, Weizsächer aveva spiegato, rivolgendosi al personale che prestava servizio nelle ambasciate tedesche, che

> ... gli accordi russo-tedeschi [erano] una regolamentazione secolare delle relazioni tra i due paesi nel senso del ripristino definitivo della storica amicizia. Le ideologie dei due paesi sono garantite e assolutamente non toccate dagli accordi[39].

Su questo piano gli assassini nazionalsocialisti e stalinisti si incontrarono. Condivisero una disponibilità all'uso della violenza e del terrore che si manifestò durante i reinsediamenti concordati e nella successiva crisi innescata dai profughi, lasciando sullo sfondo gli antagonismi ideologici.

L'operato delle unità speciali di trasferimento fu ben preparato da entrambe le parti, anche se sono disponibili molte piú informazioni sull'addestramento del personale tedesco che su quello dei membri dell'NKVD. Il rappresentante autorizzato distrettuale tedesco di Luzk, Alfred Karasek, noto cultore delle tradizioni popolari e convinto nazionalsocialista, che faceva parte dell'*Umsiedlungskommando Wolhynien* (Unità speciale di trasferimento Volinia) della Volksdeutsche Mittelstelle, scrisse un rapporto sul primo incontro con i suoi *Gegenspielern*, «avversari» (*sic!*):

> In Russia ci imbattemmo prima di tutto in una totale diffidenza. Non potevamo fare un passo senza essere sorvegliati. La nostra libertà di movimento era ridotta al minimo (...) Avevano ricevuto istruzioni precise su come interagire con noi. Lo si deduceva soprattutto dalle risposte spesso laconiche a determinate lamentele o domande (...) Del resto che i rappresentanti governativi fossero stati accuratamente addestrati prima di incontrarsi con noi, alcuni di loro lo hanno ammesso apertamente[40].

Il personale delle unità speciali tedesche, prima ancora che l'8 novembre 1939 l'accordo sui reinsediamenti entrasse in vigore, si radunò a Berlino, nel cosiddetto Friesenhaus presso il Reichssportfeld, l'attuale parco olimpico[41]. Si trattava soprattutto di membri delle SS. Alcuni appartenevano al Servizio di sicurezza (SD) delle SS; altri erano membri delle grandi associazioni per la conservazione delle tradizioni popolari, come l'Associazione per il germanesimo all'estero (VDA) o la Lega dell'Est tedesco (*Bund Deutscher Osten*). I Corpi motorizzati nazionalsocialisti (NSKK), incaricati di procurare i mezzi di trasporto, inviarono gli autisti; la Wehrmacht e la DRK misero a disposizione il personale sanitario, i dottori e le apparecchiature tecniche per l'assistenza medica[42]. In totale, nel centro di raccolta al Reichssportfeld di Berlino, parecchie centinaia di persone si sottoposero a diversi corsi di formazione organizzati dalla VoMi, a esami medici e di idoneità, a ore di addestramento e all'obbligatoria dotazione di divise. Un gruppo, costituito prevalentemente da crocerossine, medici e futuri comandanti di campi di concentramento, era destinato ad accogliere la popolazione di etnia tedesca ai varchi di frontiera e a provvedere alla sua assistenza nei campi di raccolta previsti, che presto sarebbero stati 47[43]. Questo gruppo rimase nel Governatorato Generale e si mise in viaggio con tutta l'attrezzatura necessaria a montare un ospedale da campo alla volta di Litzmannstadt, dove venne messo in piedi un centro pilota di prima accoglienza, con una capacità pianificata di quarantamila posti. Per conseguire lo spazio necessario e costruire nel giro di poche settimane 31 campi in città e altri 16 nei dintorni, la cosiddetta «VoMi-Einsatzstab Litzmannstadt», l'unità operativa della VoMi di Litzmannstadt, espropriò fabbriche, occupò scuole abbandonate e cacciò alla svelta la popolazione polacca ed ebraica dalle case.

Altri partecipanti all'addestramento di Berlino, per lo piú membri scelti delle SS e, come previsto dagli accordi, 330 persone al massimo, erano destinati a prestare servizio nella sfera di interesse sovietica. In base all'articolo 8 dell'accordo, il loro incarico consisteva nella registrazione e nella selezione dei tedeschi etnici da trasferire e nell'organizzazione dei trasporti, che avrebbero dovuto svolgersi in treno per le donne e i bambini e su strada per gli uomini. Nel complesso si trattava, come annotato dall'Untersturmführer delle SS Brückner, di un «gruppo assai eterogeneo: SS, VDA, tedeschi etnici provenienti dalla Galizia e dalla Volinia, che era alloggiato nel Reichssportfeld, Friesenhaus»[44]. Il convinto nazionalsocialista Heinz Brückner, la cui dettagliata descrizione costituisce una delle fonti principali per la storia dell'operazione di reinsediamento condotta nell'inverno del 1939-40, si recò in Unione Sovietica come membro del comando tedesco. In seguito fece carriera e divenne capo dell'Ufficio VI della VoMi per la Tutela della popolazione di etnia tedesca nel Reich. Già a Berlino l'unità speciale di trasferimento («il gruppo assai eterogeneo» di Brückner) fu sottoposta ad approfondite indagini mediche, vaccinata contro il tifo, dotata di uniformi, suddivisa in gruppi di lavoro agli ordini dei rappresentanti autorizzati territoriali e locali, e preparata al soggiorno in Unione Sovietica alla maniera nazista da comandanti delle SS come Horst Hoffmeyer. «Il rappresentante autorizzato per i reinsediamenti, – annotò Brückner il 13 novembre, – l'Obersturmbannführer delle SS Hoffmeyer, parla per la prima volta al corso. Motto: 'Occhi aperti, orecchie aperte, becco chiuso!' (per il 'becco' qualcuno se la prende)»[45]. Dopo qualche esitazione – la partenza in un primo momento era fissata per il 12 novembre – l'unità speciale lasciò la stazione di Berlino-Charlottenburg il 28 novembre e, passando per Kattowitz (Katowice), Cracovia e Jaroslau, raggiunse Przemyśl-ovest, la piccola parte della città di confine che apparteneva alla sfera di interesse tedesca, dove la squadra, dopo due giorni di viaggio in treno, fu accolta dal rappresentante autorizzato principale Horst Hoffmeyer[46]. Invece di accompagnare il personale a Przemyśl-est, nella parte della città occupata dai sovietici, al di là del fiume San, Hoffmeyer si mise però a parlare di trattative che ritardavano l'attraversamento della frontiera. «Si parla – scrisse Brückner – di 2-10 giorni, durante i quali resteremo presumibilmente ancora a Przemyśl. Valutata dapprima la sistemazione nelle caserme. Sporche, quindi i partecipanti restano a vivere sul treno». Il giorno successivo, un gelido 1° dicembre, Brückner registrò l'arrivo dei commissari sovietici: «Alle 14 arrivo della delegazione sovietica per le trattative! Trattare, trattare, trattare! Sempre nuove difficoltà. Il giorno della partenza non è ancora fissato!»[47].

4. *Trattative, un banchetto e una gita negli Alti Tatra.*

Fino a oggi, rifacendosi soltanto ai documenti della Volksdeutsche Mittelstelle non è stato possibile ricostruire quali «nuove difficoltà» furono oggetto di trattativa a Przemyśl. Da essi si ricava che Hoffmeyer, il quale era partito da Berlino diretto a est prima dell'unità speciale, aveva incontrato la delegazione governativa sovietica a Przemyśl già il 26 novembre. Come lo storico militare Stephan Döring è riuscito a dimostrare, questo incontro serví per un verso a consultarsi sui dettagli dell'assistenza medica da fornire in territorio sovietico alle persone che si trasferivano[48]. Senza grosse complicazioni furono affrontate poi altre questioni, per esempio se per il rientro in patria c'era bisogno di un visto e se durante il trasporto era consentito scattare fotografie. Si rivelarono assai piú problematiche le consultazioni sulla consistenza numerica delle unità speciali tedesche impegnate nei trasferimenti, e qui si vide quale livello avesse raggiunto il nervosismo di Mosca di fronte al fatto che era stato permesso a funzionari nazionalsocialisti e a personale delle SS di entrare per settimane nel paese. Senza lasciare margine alla trattativa, i sovietici respinsero l'incremento numerico delle unità speciali – l'obiettivo dei tedeschi – e insistettero perché venisse rigorosamente rispettato il numero concordato: 330 persone. Secondo il «Völkischer Beobachter», che teneva l'opinione pubblica al corrente delle trattative, i tedeschi avevano cercato, con un banale trucco, di aumentare la consistenza numerica delle unità portandole a 450 persone non contando gli autisti e i paramedici fra il personale effettivo concordato, ma definendolo «colonna speciale»[49]. I sovietici non stettero al gioco, e finirono per rimandare indietro 150 persone, che rimasero nel Governatorato Generale come riserve. Horst Hoffmeyer fece di nuovo riferimento alla grande e a volte bizzarra diffidenza che aveva regnato nel corso delle trattative durante la seduta conclusiva del 27 gennaio, quando osservò che

> ... [l]e difficoltà da parte sovietica (...) in un primo momento [sembravano] enormi; esse affondavano le loro radici nella risoluta diffidenza di fronte a qualunque richiesta considerata necessaria da parte tedesca per la preparazione o la pianificazione. Per esempio: già durante le trattative di Przemyśl i sovietici fecero notare di aver deportato milioni di persone nell'Urss, ma di non avere mai costruito punti di sosta e di ristoro, e che quella gente era arrivata comunque alla meta. Sospettavano che dietro le razioni di sopravvivenza dichiarate dai tedeschi [che avrebbero dovuto essere messe a disposizione dai sovietici] si celasse una richiesta di fornire derrate alimentari al territorio tedesco[50].

Al primo difficile giro di consultazioni seguí, il 27 novembre, un breve scambio di idee con alcuni medici russi sull'assistenza medica durante il trasporto, prima che la situazione si complicasse nuovamente nel corso di un ulteriore incontro, il 29 novembre. Questa volta i negoziatori sovietici proposero di ridurre il numero dei distretti inizialmente concordati, contravvenendo cosí a loro volta al rigoroso rispetto dell'accordo governativo che erano stati i primi a pretendere. Motivarono la proposta facendo notare che in alcune località, a causa delle molte fughe, «non c'era già piú nessuno da trasferire»[51]. Probabilmente si trattava almeno in parte di una scusa per abbreviare a tutti i costi la permanenza dei tedeschi. Per altro verso è possibile che i flussi spesso caotici di profughi, nell'autunno del 1939, avessero effettivamente ridotto il numero di tedeschi etnici intenzionati a trasferirsi, ma anche i sovietici non disponevano al riguardo di informazioni attendibili. La questione dei distretti fu all'origine di un conflitto che causò l'interruzione delle trattative finché i tedeschi, il 2 dicembre, non accettarono di ridurli da 54 a 50. In cambio Hoffmeyer riuscí a ottenere che l'unità speciale di trasferimento si presentasse non in abiti civili – come richiesto dai sovietici, terrorizzati all'idea di SS in uniforme sul loro territorio – ma in un «abito da lavoro» standard, una semplice uniforme grigioverde senza mostrine[52]. Dopo un totale di cinque incontri le trattative erano concluse e i sovietici prospettarono l'attraversamento del confine per l'8 dicembre. In seguito Horst Hoffmeyer propose alla delegazione governativa sovietica una visita a Cracovia, per fare la conoscenza del governatore generale Hans Frank e del comandante superiore delle SS e della Polizia Krüger[53].

Il 6 dicembre 1939 uscí sul «Völkischer Beobachter» un articolo che annunciava per quella sera l'arrivo della delegazione sovietica a Cracovia («Delegazione sovietica giunge a Cracovia»)[54]. L'articolo non forniva solo informazioni sul motivo della visita, ma citava anche i nomi delle principali personalità della delegazione russa:

> La delegazione russa è guidata dal presidente della Commissione, Litvinov, capo della sezione Ovest del Commissariato agli Affari esteri dell'Urss, dal generale di divisione Maslennikov, membro del Soviet supremo e vicecommissario del popolo del Commissariato agli Affari interni, e dal direttore generale presso il Commissariato agli Affari esteri Arkadiev[55].

Erano i componenti sovietici della Commissione governativa mista guidata da Kurt von Kamphoevener e dal «non meglio identificato» Litvinov. Neanche qui il suo nome veniva citato, ma il «Völkischer Beobachter» diceva che si trattava del capo della sezione Ovest del Commissariato agli Affari esteri di Molotov. Con Ivan Maslennikov, uno stretto collaboratore di Berija, descritto da Kamphoevener come il vero capo della Commissione, si recava nella «capitale» del Governatorato Generale un alto funzionario dell'NKVD. Maslennikov, specializzato in operazioni militari e dei servizi segreti sotto copertura, era entrato nell'NKVD alla fine degli anni venti. Si era fatto valere come capo delle guardie di frontiera e, dopo essersi ulteriormente formato presso la prestigiosa *Akademiya* militare Frunze, fucina degli alti ufficiali di Mosca, nel febbraio 1939 era stato nominato da Berija vicecommissario del popolo e capo delle guardie di frontiera dell'NKVD. In questa funzione, Maslennikov, che i contemporanei hanno descritto come «duro e a volte spietato, privo di riguardo»[56], comandò la missione delle truppe speciali dell'NKVD dopo l'invasione della Polonia, nel settembre del 1939. Sua fu la responsabilità dell'arresto e della deportazione di migliaia di cittadini polacchi, comprese le élite militari che, nella primavera del 1940, morirono per le esecuzioni di massa di Katyń. Durante il patto Hitler-Stalin, Ivan Maslennikov, godendo della piena fiducia di Berija, coordinò il terrore esercitato dall'NKVD nell'Ucraina e nella Bielorussia occidentali. Come ricompensa della sua lealtà priva di scrupoli entrò a far parte della piú ristretta cerchia del capo dell'NKVD, di cui condivise la caduta, dopo la morte di Stalin. Nel 1954 Maslennikov, che oggi in Unione Sovietica viene onorato come un eroe di guerra, si suicidò.

Quando il treno speciale con Litvinov, Maslennikov e Arkadiev fece il suo ingresso nella stazione di Cracovia, ad accoglierlo sulla banchina, insieme con Josef Bühler, c'era nientemeno che il governatore generale Frank (fig. 12). Bühler era il «braccio destro» di Frank, placava la sua fame di tesori d'arte rubati, gestiva la lussuosa vita da colonizzatore che conduceva nel Castello di Cracovia e si occupava inoltre del «lavoro sporco di ordinaria amministrazione»: la repressione e il terrore ai danni della popolazione polacca ed ebraica. Mentre Maslennikov e Arkadiev preparavano le esecuzioni di massa di Katyń, Josef Bühler (fu impiccato nel 1948 in Polonia) nella primavera del 1940 organizzava l'«operazione AB». Dopo l'attacco all'Unione Sovietica, nel giugno del 1941, Bühler

Figura 12. Prima pagina della «Krakauer Zeitung», 7 dicembre 1939. Era un giornale delle zone d'occupazione.

1. Jahrgang, Folge 22

Einzelpreis: 30 Groschen / 15 Rpf.

Krakauer Zeitung

Bezugspreis monatl. Zl 4.80 oder RM 2.40 zuzügl. Trägerlohn bzw. Postzustellungsgebühren. Erscheinungsweise täglich ausser Montag. Im Falle höherer Gewalt oder sonstiger Einwirkungen besteht für den Verlag keinerlei Verpflichtung für eine Ersatzlieferung.

Krakau, Donnerstag, 7. Dezember 1939

Anzeigenbedingungen: 1 mm hohe und 85 mm breite Zeile 50 Groschen oder 25 Rpf. Grundschr.: Kolonel. Textspalte 1 mm Höhe Zl 3.— oder RM 1.50. Spaltenbr. 72 mm. Ermässigte Grundpreise lt. Preisliste. Briefanschrift: Zeitungsverlag Krakau—Warschau. Krakau.

Die Sowjetdelegation bei Dr. Frank

Feierliche Begrüßung auf der Burg von Krakau - Ansprachen des Generalgouverneurs und des Präsidenten der sowjetrussischen Kommission - Lösung der Umsiedlungsfragen in freundschaftlicher Zusammenarbeit

Die Ankunft auf dem Hauptbahnhof

Eigene Meldung

Krakau, 7. Dezember.

Pünktlich zur vorgesehenen Zeit war nachmittags kurz vor 5 Uhr der Sonderzug mit der russischen Delegation auf dem Hauptbahnhof von Krakau angekommen. Der Chef des Amtes des Generalgouverneurs, Ministerialdirektor Bühler, entbot im Namen des Generalgouverneurs den Gästen den Willkommensgruß und die Glückwünsche für die Erfüllung einer Aufgabe im Dienste der europäischen Befriedung. Der Führer der sowjetrussischen Delegation sprach dann seinen Dank aus und erklärte, daß die Sowjet-Bevollmächtigten mit Freude der Einladung des Generalgouverneurs nachgekommen seien.

Die Fahrt der russischen Gäste ging später durch die Stadt, deren historische Bauten festlich angestrahlt waren, so die Marienkirche, die Tuchhallen, der Rathausturm. Ein prachtvolles Bild bot die alte Burg und die Kathedrale, die in ihren herrlichen architektonischen Linien in gleißendem Licht erstrahlte. Die Auffahrt war von Fahnen flankiert. Der Renaissance-Hof hob sich mit seinen Arkaden und Säulen scharf aus dem nächtlichen Dunkel ab. Eine Schwadron der SS-Reiterstandarte erwartete hier als Ehrenformation die russischen Gäste.

Einholung in Przemysl

Sowjet-Rußland ist Grenznachbar Deutschlands geworden. Aber nicht politische Verwicklungen resultierten daraus, wie die Westmächte gehofft hatten, sondern Klärung verworrener politischer Verhältnisse und engste freundschaftliche Zusammenarbeit. Während die plutokratischen Kriegstreiber in Frankreich und England gegen die Neuordnung Europas die Waffen erheben, sind Berlin und Moskau dabei, in großangelegten Austauschaktionen eine moderne Völkerwanderung zu organisieren, wie sie segensreicher nicht mehr denkbar ist. Ein wahrhaft europäisches Friedenswerk wird hier geleistet, das alle Möglichkeiten zu Reibereien und politischen Spannungen aus dem Wege räumen wird. Am 16. November unterzeichnete Reichsaußenminister v. Ribbentrop in Moskau den großen Umsiedlungsplan, der beispiellos in der Geschichte dasteht.

Inzwischen sind die Verhandlungen durch eine gemischte deutsch-sowjetrussische Umsiedlungskommission zum Abschluß gebracht worden, sodaß die praktische Arbeit in den nächsten Tagen aufgenommen werden wird. Auf dem Bahnhof von Deutsch-Przemysl steht bereits der Sonderzug mit den deutschen Umsiedlungsbevollmächtigten, die in den nächsten Tagen die Grenze überschreiten werden, um im sowjetrussischen Interessengebiet ihre Tätigkeit zu beginnen. Der Generalgouverneur für die besetzten polnischen Gebiete hat die sowjetrussische Regierungsdelegation zu einem zweitägigem Aufenthalt nach Krakau eingeladen. Am Mittwoch vormittag, kurz nach 12 Uhr, fuhr bei strahlender Sonne ein zur Einholung der Gäste bestimmter Sonderzug über die etwa 100 m lange Eisenbahnbrücke des San und traf nur wenige Minuten später auf dem Bahnhof von Russisch-Przemysl ein. Nach dem Passieren der Grenze des sowjetrussischen Einflußgebietes wurde der langsam durch die Stadt fahrende Zug von der Bevölkerung, die rechts und links der Eisenbahnlinie Aufstellung genommen hatte, durch Rufe und lebhaftes Winken begrüßt. Die Stadt selber hatte Flaggenschmuck angelegt und die Halle des russischen Bahnhofes war zu Ehren der Gäste mit den Bildern führender sowjetrussischer Staatsmänner geschmückt. Auf der kurzen Strecke zwischen der Grenze und dem Bahnhof hatten Posten der Roten Armee Aufstellung genommen, die in Hab-Acht-Stellung den Zug an sich vorüberfahren ließen.

In Vertretung des Generalgouverneurs hieß der Distriktschef von Krakau, Gouverneur SS-Brigadeführer Dr. Wächter, die sowjetrussischen Gäste herzlich willkommen. Nachdem er mit kräftigem Händedruck sämtliche Mitglieder der versammelten sowjetrussischen Delegation begrüßt hatte, wies er in einer kurzen Ansprache auf die Bedeutung dieser Begegnung hin und führte unter anderem aus:

„Wir leiten mit dem heutigen Tage ein Werk von historischer Bedeutung ein, das einem wahren Frieden sowie der Freundschaft des deutschen Volkes und der sowjetrussischen Völker dienen wird. Ich begrüße Sie in der Ueberzeugung, daß das Werk, das wir nun in Angriff nehmen, in gemeinsamer Zusammenarbeit aufs Beste gelingen wird."

Der Präsident der Sowjet-Delegation, Litwinow, dankte für diese Worte und betonte, daß die Delegation sich glücklich schätze, die deutsche Einladung annehmen zu dürfen. Sie sei überzeugt, daß diese neuerliche Begegnung ein weiteres Zeichen der freundschaftlichen Beziehungen zwischen den beiden Staaten und ein vielversprechender Beginn der gemeinsamen neuen Arbeit der Umsiedlung darstelle.

Der sowjetrussischen Regierungs-Delegation gehören außer dem Präsidenten Litwinow die Herren Maslennikow, Arkadiew, Zlobin, Karpow, Usikow, Troitzky und Jegnarow sowie über 30 Gebietsbevollmächtigte und ihre Vertreter an. Die deutsche Delegation setzt sich unter anderem aus SS-Brigadeführer Streckenbach, dem Gesandten von Wühlisch, dem Hauptbevollmächtigten für die Umsiedlung, SS-Obersturmbannführer Hoffmeyer, und seinen Stellvertretern Roßner und Dr. Scholz, sowie den Herren Generalkonsul von Saucken, Generalkonsul Dr. Walther, Lothar Heller und dem Leiter des Robert-Koch-Instituts, Professor Rose zusammen.

Nach den kurzen, herzlichen Begrüßungsworten auf dem Bahnhof bestieg die Sowjet-Delegation auf Einladung Dr. Wächters den Sonderzug und fuhr über die Sanbrücke, deren Mitte die beiden Interessengebiete voneinander abgrenzt, in die deutsche Zone zurück. Während der mehrstündigen Fahrt nach Krakau bot sich den Teilnehmern Gelegenheit zur freundschaftlichen Aussprache.

Fahrt durch die festlich beleuchtete Stadt

Eigener Bericht der Krakauer und Warschauer Zeitung

Krakau, 7. Dezember.

Die russische Umsiedlungsdelegation ist gestern nachmittag in Krakau eingetroffen und wurde nach einer Fahrt durch die festlich beleuchtete Stadt auf der Burg von Dr. Frank feierlich empfangen. In seiner Begrüßungsansprache an die sowjetrussischen Bevollmächtigten wies der Generalgouverneur auf die große Bedeutung des Umsiedlungswerkes hin, das jetzt im Geiste des sowjetrussisch-deutschen Freundschaftsvertrages in Angriff genommen wird. „Wir sind darangegangen, die Lebensinteressen unserer beiden Völker auf den verschiedensten Gebieten in freundschaftlichem Geiste in Einklang zu bringen und gemeinsam zu fördern. In den Rahmen dieser Zusammenarbeit gehört auch die sowjetrussisch-deutsche Umsiedlungsvereinbarung." Der Generalgouverneur versicherte dann, daß seine weitestgehende Unterstützung der Sowjetdelegation bei ihrer Arbeit zur Verfügung stehen werde.

In seiner Antwortrede dankte der Führer der sowjetrussischen Delegation für die Einladung des Generalgouverneurs und für den herzlichen Empfang. Er gab der Ueberzeugung Ausdruck, daß sich das große Werk der Umsiedlung auch in seiner praktischen Durchführung im freundschaftlichen Geiste verwirklichen lasse.

In seinem Arbeitszimmer waren Dr. Frank, der in Begleitung des Reichsministers Seyß-Inquart, Obergruppenführers Krüger, Ministerialdirektors Dr. Bühler und Gouverneurs Dr. Wächter erschien, die Mitglieder der Delegation durch den Gesandten von Wühlisch vorgestellt worden.

Im Alten Turmzelt bat Dr. Frank später seine Gäste zu einem Essen. Die sowjetrussischen Bevollmächtigten hatten im weiteren Verlaufe des Abends im größeren Kreise Gelegenheit, sich mit den Abteilungsleitern des Amtes zu unterhalten. Nach dem Empfang auf der Burg begaben sich die russischen Gäste wieder in ihren Sonderzug zurück.

„Gedanken wahrer Friedenspolitik"

Die Rede des Generalgouverneurs Dr. Frank

Die Ansprache des Generalgouverneurs bei dem Empfang der sowjetrussischen Delegation hatte folgenden Wortlaut:

Sehr verehrte Delegierte der Sowjetregierung!

Als Generalgouverneur der von Deutschland besetzten polnischen Gebiete heiße ich Sie hier in Krakau herzlich willkommen. Es ist mir eine besondere Freude, daß Sie meiner Einladung gefolgt sind und damit sichtlich zum Ausdruck bringen, eine wie große Bedeutung auch Sie dem historischen Werke beimessen, mit dessen Durchführung wir jetzt beginnen wollen. Im Geiste des Freundschaftsvertrages, den der weitblickende Lenker der Sowjetunion und unser Führer Adolf Hitler in diesem Sommer geschlossen haben, sind wir daran gegangen, die Lebensinteressen unser beiden Völker auf den verschiedensten Gebieten in freundschaftlichem Geiste in Einklang zu bringen und gemeinsam zu fördern. In den Rahmen dieser Zusammenarbeit gehört auch die sowjetrussisch-deutsche Umsiedlungsvereinbarung, die dazu beitragen soll, entsprechend der zwischen unsern Staaten festgelegten Interessengrenze den völkischen Lebensraum in unsern beiderseitigen Gebieten organisch zu gestalten.

Ich beglückwünsche Sie, daß Sie berufen sind, diese hohen Gedanken einer wahren Friedenspolitik praktisch durchzuführen, und versichere Sie, daß Ihnen hierbei meine weitestgehende Unterstützung zur Verfügung steht. Ich wünsche Ihnen für diese Arbeit vollen Erfolg und hoffe auf eine dauernde sowjetrussisch-deutsche Freundschaft zum Wohle unserer beiden Völker.

Lösung auch der praktischen Fragen

Die Antwort des Präsidenten Litwinow

Der Präsident der Umsiedlungskommission führte in seiner Antwortrede bei dem Empfange auf der Burg folgendes aus:

Herr Generalgouverneur!

Die Sowjetische Regierungsdelegation drückt Ihnen ihre tiefe Dankbarkeit aus, für Ihre liebenswürdige Begrüßung. Im Einklang mit der Entschließung der Regierungen der Sowjetunion und Deutschlands ist eine Vereinbarung über die Umsiedlung erreicht und unterschrieben worden.

Das von den Vertretern beider Länder unterschriebene Dokument enthält in sich die Methode einer freundschaftlichen Lösung der Frage, welche unsere Regierungen interessiert. Wir sind tief davon überzeugt, daß die bevorstehende Arbeit zur Umsiedlung ebenso erfolgreich verwirklicht werden wird, wie auch alle vorhergegangenen Verhandlungen.

Wir sind ebenfalls davon überzeugt, daß auch die praktischen Fragen der Umsiedlung von den an Ort und Stelle Tätigen in eben demselben freundschaftlichen Geist gelöst werden.

Die Sowjetische Regierungsdelegation dankt Ihnen für Ihre liebenswürdige Zusicherung der Hilfe für unsere bevorstehende Arbeit. Wir sind davon überzeugt, daß unsere heutige Begegnung dem Werke einer erfolgreichen Vollendung der Aufgabe dienen wird, der Aufgabe, welche uns von unseren Regierungen gestellt worden ist!

Korrektur geschichtlicher Fehler

Von Kurt Neher

Deutschlands Lage im Herzen Europas hat in den zwei Jahrtausenden seiner Geschichte sein Schicksal entscheidend beeinflußt. Mit offenen Grenzen lag es da, ein Durchzugsland für jedes Heer, ungeschützt gegen jeden Angriff, so lange nicht ein starker Herrscherwille seine ganze Kraft gegen die von allen Seiten anstürmenden Völkerfluten setzte. Während unsere heutigen Gegner England und Frankreich in Ruhe, und in weit höherem Maße sich selbst überlassen als Deutschland, ihre innenpolitischen Gährungen überwinden konnten, war das Reich in ununterbrochenem Ablauf der Schauplatz fremder Einflüsse und Mächte. Wie wichtig natürliche Grenzen für die Entwicklung eines Staates in den vergangenen Jahrhunderten gewesen waren, geht aus den langen Kriegen hervor, die das im Süden, Westen und Nordwesten von der Natur geschützte staatlich gefestigte Frankreich gegen seinen Nachbarn im Osten führte, um ihn Schritt für Schritt über das linke Rheinufer zu werfen. Unter Ludwig XIV. wollte Frankreich endlich den Schlußstein zu dieser Politik der „natürlichen Grenzen" setzen. Es ist ihm nicht gelungen; aber nach 1918, nach dem Friedensschluß, hat es wieder versucht, seine alten Träume von der Rheingrenze mit der Besetzung der Saar und des Rheinlandes zu verwirklichen.

Unter der Mitwirkung einer die zentrale Staatsführung unterstützenden geographischen Lage, ist Frankreich zur Blüte und Reife gelangt als in Deutschland noch nicht einmal die politischen Herrschaftsansprüche der Fürstenhäuser geklärt waren.

Wenn wir heute einen Blick auf die ethnographische Karte Europas werfen, so können wir daraus lesen wie aus einem Buch. Es hat den Anschein — um ein Bild zu gebrauchen — als habe ein Riese im deutschem Land stehend von dort aus mit mächtigen Würfen Getreide in den Ostraum geschleudert, das dann begann zu blühen und Früchte zu tragen. Bedenkt man aber, daß die ethnographische Karte nur jene deutschen Volksteile anzeigt, die ihre Muttersprache bewahrt haben, so kann man sich einen Begriff von dem Strom deutschen Blutes machen, der in ununterbrochenem Gleichmaß nach dem Osten abfloß und in Abertausend Kanälen langsam versickert ist.

Kulturdünger zu sein, das war das deutsche Schicksal. Kulturdünger war auch jene Siedlerwelle, der die Männer angehörten, die im Mittelalter Warschau erbauten, den Grundstein zu Krakau legten, und ordnend in den Osten eingegriffen.

Für Deutschland waren jene Kaufleute und Bauern nach einer kurzen Zeit kultureller Blüte in wenigen Jahrhunderten verloren. Ihre Enkel und Urenkel wuchsen in östliches Volkstum hinein und schmiedeten, eine fremde Sprache sprechend, Waffen gegen das Reich, als dessen Widersacher sie aufzutreten begannen, sobald sie ihre Herkunft vergessen hatten und infolge ihrer höheren Intelligenz in die Führerstellungen vorgedrungen waren.

Im Jahre 1150 schon siedelten Schwaben im unteren Donauraum. Dieser Stamm gehörte zu den ersten, die dem Ansturm asiatischer Heere und den fremden Einflüssen standgehalten haben. Viele Bauernzüge vor ihnen sind untergegangen, haben sich vermischt mit anderen Rassen und sind völlig verschwunden wie z. B. die Ostgoten, von denen Forscher sagen, ein Splitter dieses großen Volkes habe sich in die Hohe Tatra zurückgezogen, so daß wir die Goralen als ihre Nachfahren

fu tra coloro che presero parte alla famigerata Conferenza di Wannsee sulla *Endlösung der Judenfrage* (Soluzione finale della questione ebraica).

Nel dicembre del 1939, Bühler accompagnò gli ospiti sovietici al Castello, dove nella sala delle feste ebbe luogo il ricevimento di benvenuto. Dopo cena, Frank lodò – tronfio per il successo di trattative che non aveva guidato – l'amicizia tedesco-sovietica e l'accordo governativo come «[rispondente] al grande disegno del nostro Führer di dare nuovamente una patria comune ai tedeschi che finora sono vissuti sparsi per il mondo». Al tempo stesso, spiegò il governatore generale, l'accordo rispondeva «al dichiarato desiderio del capo dell'Unione Sovietica di consentire alle minoranze slave prima assoggettate dalla Polonia di riunirsi ai loro fratelli di sangue»[57]. La permanenza della delegazione russa a Cracovia fu breve. Già il mattino seguente, come si ricava dallo stesso «Völkischer Beobachter», Litvinov, Maslennikov e Arkadiev lasciarono la città per intraprendere «una breve gita sulle montagne degli Alti Tatra». Dopo di che, fecero ritorno in Unione Sovietica.

Pensare ad Hans Frank, a Josef Bühler e all'élite SS del Governatorato Generale che brindano alla salute del vice di Berija e dei suoi gregari assicurando reciproca amicizia lascia una brutta sensazione (anche se le fotografie sono simili a quelle scattate nella notte d'agosto che vide la nascita del Trattato di non aggressione, e nessuno prese sul serio i giuramenti di amicizia). L'incontro al Castello di Cracovia rappresentò simbolicamente il culmine di una collaborazione fra perpetratori di violenza: dei contenuti principali di questa collaborazione non si parlò al ricevimento di Frank, ma nelle poche riunioni di lavoro tra le SS e l'NKVD di cui si ha notizia. Mentre Hans Frank si occupava del «cerimoniale», i colloqui davvero importanti si svolsero prima a Przemyśl e dopo a Zakopane, dove non era presente solo Horst Hoffmeyer ma anche il governatore del distretto di Cracovia, il Brigadeführer delle SS Otto Wächter. Come riportato dal «Völkischer Beobachter», Wächter aveva accolto la delegazione governativa russa già al confine, a Przemyśl. Dopo il ricevimento a Cracovia accompagnò gli ospiti sugli Alti Tatra, dove in programma non c'era un'innocua gita turistica. A differenza dei lettori dell'edizione berlinese del «Völkischer Beobachter», quelli dei giornali pubblicati nella zona d'occupazione, in particolare la «Warschauer Zeitung» nel Governatorato Generale, vennero a sapere che la delegazione sovietica si recò a Zakopane (fig. 13), dove la stazione era stata decorata per l'occasione di bandiere con la svastica e stendardi sovietici. È vero, Zakopane era un'apprezzata stazione invernale e sciistica degli Alti Tatra, che nel mese di febbraio aveva ancora ospitato la XVI edizione dei Campionati mondiali di sci nordico. La città era però anche una ex base militare al confine fra la Polonia e la Slovacchia utilizzata dai nazionalsocialisti. Dall'inizio della guerra a Zakopane si trovava un centro di formazione per quadri del Servizio di sicurezza (SD) e della Polizia di sicurezza (Sipo) in cui tedeschi, ma soprattutto ucraini disposti a collaborare, venivano formati con corsi di addestramento militare della durata di parecchi mesi sia ad attività di spionaggio sia a metodi di tortura e di interrogatorio[58]. Durante la seconda guerra mondiale Zakopane non è stata affatto solo una località montana di villeggiatura, bensí un importante centro delle operazioni di intelligence delle SS e della Sipo (fig. 14). È altamente improbabile che la delegazione sovietica vi si sia fermata solo per

Figura 13.
La delegazione sovietica con Otto Wächter a Zakopane, dicembre 1939.

ammirare l'idilliaco paesaggio alpino. Questo incontro fu invece una di quelle «conferenze Gestapo-NKVD» di cui non si può negare l'esistenza, ma che ancora non sono state studiate in maniera sistematica[59]. Di conseguenza sugli argomenti concretamente affrontati durante i colloqui di Zakopane si possono solo avanzare ipotesi, anche se sicuramente si parlò dei trasferimenti concordati, della situazione al confine condiviso, dei profughi e di attraversamenti illegali della frontiera. La relativa prossimità temporale fra l'«operazione AB» pianificata dai tedeschi e la decisione di uccidere gli ufficiali polacchi presa da Stalin hanno alimentato il sospetto che anche queste azioni siano state concordate a Zakopane, o addirittura coordinate[60]. Se si considera l'impegno a tenersi reciprocamente al corrente delle misure adottate contro la Polonia, contenuto nel Protocollo aggiuntivo segreto, è possibile che Maslennikov sia venuto a conoscenza di diversi progetti e valutazioni, e che i tedeschi siano stati informati delle deportazioni. È tuttavia improbabile che a Zakopane siano state pianificate l'«operazione AB» e le esecuzioni di massa di Katyń. Nel caso di operazioni assassine nessuna delle due parti scopriva le sue carte. La diffidenza era troppa[61].

Figura 14.
La scuola della Sipo-SD a Zakopane.

5. *I tedeschi in Unione Sovietica.*

Mentre Litvinov, Maslennikov e Arkadiev si trovavano a Zakopane, Brückner e le circa trecento persone che costituivano l'unità speciale di trasferimento erano in attesa di poter attraversare il confine. All'alba dell'8 dicembre, poche ore dopo la partenza della delegazione governativa, il momento arrivò:

> I veicoli avanzano – siamo in Unione Sovietica! A sinistra e a destra della strada, postazioni armate dell'esercito sovietico. Ottimo materiale umano, tra cui molti visi intelligenti. Comportamento assolutamente irreprensibile[62].

Brückner descrisse un'accoglienza a metà fra l'amichevole e il diffidente da parte delle guardie di frontiera di Berija, che non si staccarono piú dalle costole dei tedeschi, pur svolgendo i controlli doganali «cortesemente e senza complicazioni inutili»:

> La nostra squadra in parte troppo zelante: appoggiano prontamente le valigie nel fango della strada. Si cercano solo armi. Rinvenuta: – una sciabola polacca di cavalleria, arrugginita, in una custodia non sua. Il commissario politico la sequestra con entusiasmo. Attraverso l'interprete, il funzionario capo della polizia di stato sovietica viene messo al corrente. Prima volto serio, poi: «Si tratta di bottino? Probabilmente la sciabola del maresciallo Rydz-Śmigły!» Risata generale da entrambe le parti. La situazione è salva. *Corpus delicti* è autorizzato a passare[63].

Le operazioni di trasferimento cominciarono nel bel mezzo d'un inverno che in tutta Europa fu insolitamente rigido, con temperature che durante il giorno scendevano a 25 gradi sottozero e con furiose tempeste di neve. Rispondevano agli interessi di dominio di entrambi i regimi, che consistevano nell'imporre ciascuno il proprio nuovo ordine ricorrendo a tutta la brutalità necessaria: quella che ha segnato le *Bloodlands* (terre di sangue) descritte da Timothy Snyder. Nell'inverno 1939-40 i tedeschi e i sovietici portarono avanti insieme la devastazione. Le operazioni di trasferimento vicino al nuovo confine spezzarono famiglie, villaggi e quartieri, si lasciarono alle spalle zone spopolate, sradicarono esseri umani e alimentarono flussi di profughi impossibili da controllare, che fin dall'inizio della guerra crearono problemi agli occupanti. Al (dis)ordine che loro stessi avevano creato reagirono con crescente violenza. La politica demografica mise in moto una spirale di morte che causò centinaia di migliaia di vittime e nella zona d'occupazione tedesca attivò i meccanismi della Shoah. La cameratesca giovialità delle fotografie di propaganda, come quelle che i giornalisti di Himmler scattarono nel gennaio del 1940 sul ponte del fiume San o quelle degli spettacolini in cui tedeschi etnici «rimpatriati», in colorati abiti tradizionali, eseguivano danze popolari davanti alle SS, non rispecchiavano né la realtà dei trasferimenti né le esperienze delle persone trasferite e tanto meno il terrore nel Governatorato Generale. È significativo che la propaganda sovietica abbia rinunciato in partenza a messe in scena del genere. L'idea di far tenere ai deportati spettacoli di danze popolari era estranea all'NKVD.

Fin dall'inizio, davanti agli uffici delle squadre incaricate dei trasferimenti, c'era una gran ressa. I tedeschi etnici della Volinia e della Galizia si spostavano da villaggi e insediamenti sparsi in un'area molto vasta per andare nelle città e sfruttare anche loro l'opportunità di trasferirsi nel Reich, o almeno di lasciare l'area soggetta al potere sovietico. Erano venuti a conoscenza dei trasferimenti attraverso appelli e manifesti, alcuni addirittura per radio. La notizia si diffuse in un battibaleno, ma l'entusiasmo con cui i tedeschi etnici, pieni di aspettative, si rivolgevano a Brückner e ai suoi colleghi aveva poco a che vedere con lo zelo ideologico. Certo, fra i tedeschi etnici vi erano ferventi sostenitori del nazionalsocialismo i quali non vedevano l'ora di raggiungere il Terzo Reich ed erano pronti a mettersi al suo servizio, o meglio al servizio della Sipo. Altri rifiutavano il nazionalsocialismo apertamente e per principio[64]. Nella grande maggioranza dei casi, però, dietro le straripanti manifestazioni di simpatia per Hitler e gli evviva indirizzati al Terzo Reich non si celava alcuna professione ideologica, bensí soltanto sollievo. Molti tedeschi etnici erano semplicemente contenti di potersi sottrarre al caos della guerra e della dominazione sovietica, con la quale avevano avuto brutte esperienze. I ricordi della prima guerra mondiale, delle deportazioni sotto la dominazione russa e della politica di repressione della Repubblica polacca nei confronti delle minoranze erano ancora troppo freschi per non salutare con favore la politica demografica razziale dei tedeschi, che percepivano come una forma di «assistenza». Inoltre, fra i motivi piú importanti della grande disponibilità a trasferirsi, anche se per farlo bisognava abbandonare la vita alla quale si era abituati, rientravano la grande incertezza e la paura dello stalinismo[65].

Il timore delle conseguenze della sovietizzazione non spingeva solo i tedeschi etnici, ma «gente di ogni risma» – come nel gennaio del 1940 venne riferito da Leopoli – alle porte degli uffici preposti ai trasferimenti, dove ben presto si formarono ogni mattina lunghe code. «Polacchi, ucraini, il console olandese, anche ebrei e un francese» volevano «andarsene, solo andarsene»[66]. Tutti erano segnati dalla guerra e dal nuovo tracciamento del confine, e avevano preso decisioni di cui alcuni si sarebbero pentiti. Tra coloro che volevano trasferirsi c'erano polacchi, ucraini ed effettivamente persino ebrei che, come i tedeschi etnici, erano originari dei territori dell'ex Polonia orientale e, senza tener conto delle notizie terribili che arrivavano, intendevano trasferirsi nel Governatorato Generale. Altri erano scappati verso est dalla zona d'occupazione tedesca all'avanzare della Wehrmacht e delle SS. Resisi conto della situazione non meno pericolosa e del caos, si erano convinti a tornare, cosa che sembrava possibile per vie legali attraverso il reinsediamento. L'incaricato del Ministero degli Affari esteri, Wolfgang von Welck, riferí a Berlino che

> ... molti polacchi cercavano di farsi passare per tedeschi allo scopo di raggiungere il territorio tedesco. Durante la registrazione si sono svolte scene indescrivibili, in particolare a Przemyśl [e a] Brest-Litovsk. Gli sbandati e i profughi sostavano a migliaia davanti agli uffici preposti alla registrazione, spesso per tutta la giornata, dall'una del mattino fino a tarda sera senza mangiare, con una temperatura di 25-30 gradi sottozero o sotto una tormenta. Molti svenivano per la fame. Negli uffici preposti alla registrazione donne e uomini si gettavano in ginocchio di fronte agli incaricati tedeschi e pregavano in lacrime di essere accettati. Si sono presentate donne in avanzato stato di gravidanza che toccò respingere perché erano polacche. Molti arrivavano con bambini piccoli completamente svestiti[67].

Le strategie per farsi inserire nelle liste delle persone da trasferire erano molteplici e sempre le solite. I tedeschi etnici che non disponevano dei certificati e dei documenti necessari, inventavano – come tutti gli altri – storie familiari, presentavano documenti falsi o giustificavano con esagerate situazioni di emergenza la necessità di lasciare in fretta il paese[68]. In base ai criteri dell'Ufficio per l'immigrazione, chi desiderava trasferirsi doveva dimostrare la propria discendenza e competenza linguistica, oltre che rendere una dichiarazione di appartenenza al popolo tedesco, probabilmente all'origine di molti plateali saluti nazisti. Per dimostrare di essere di discendenza tedesca bisognava documentare di avere tre nonni tedeschi, un quarto nonno poteva essere «di altra etnia»[69]. Dal momento che bisognava presentare i relativi certificati di nascita e di matrimonio, nacque un'industria delle certificazioni, spesso gestita da pastori evangelici. Certificati di nascita e di matrimonio che attestavano la discendenza tedesca furono prodotti in serie. L'ufficio parrocchiale della città di Tutschin (Tuczyn), in Volinia, rilasciò in brevissimo tempo ottomila nuove certificazioni e il pastore voliniano Henke riferí da Roschischtsche (Rożyszcze) di avere impiegato «per settimane dieci scrivani per approntare certificati di nascita»[70]. Il criterio della lingua si rivelò altrettanto aleatorio, perché i polacchi fuggiti dall'Occidente spesso parlavano tedesco meglio dei tedeschi etnici della Volinia e della Galizia. Di conseguenza, l'incaricato del Ministero degli Esteri informava sulle

> … particolari difficoltà (…) con i profughi che provengono dai territori riuniti al Reich, perché qui molti polacchi parlano bene il tedesco, mentre i giovani tedeschi cresciuti in campagna spesso padroneggiano a malapena la lingua tedesca. Neanche i nomi qui forniscono un criterio per stabilire l'appartenenza etnica[71].

A complicare ulteriormente il lavoro delle squadre impegnate nei trasferimenti contribuivano i matrimoni misti e le relazioni amorose, come riferí il collaboratore della VoMi Brückner: «Tedesco ha tre figli illegittimi da polacca. I bambini sono educati come tedeschi. Per poterli portar via resosi necessario matrimonio immediato». Un altro caso:

> Un prigioniero di guerra russo (ucraino) del 1915, alla fine della guerra ha sposato ragazza tedesca nella Prussia occidentale. (…) Quando nel Reich grande disoccupazione, tornato qui. (…) La famiglia è rimasta tedesca. Questo ucraino fa 25 chilometri a piedi fino a Wladimir-W. per la domanda di trasferimento. Dalle 10 alle 19 in sala d'attesa. Lingua russa eccellente, intelligente, molto germanizzato. Inserito nella lista delle persone da trasferire[72].

Come Brückner, tutti coloro che lavoravano nei centri di registrazione dovettero ben presto confrontarsi con una realtà di vita e di guerra che riduceva all'assurdo tutte le teorie e tutti i progetti della politica demografica nazionalsocialista. Per uscire da questo dilemma vennero fatalmente inventate nuove categorie che, invece di risolvere il problema, lo complicarono ancora di piú. Nacquero cosí i «tedeschi etnici sbandati». Rientravano in questa categoria i tedeschi etnici che erano fuggiti dal caos della guerra e si trovavano ora nei territori occupati dai sovietici. Come von Welck riferí al Ministero degli Esteri,

> La necessità di registrare per il trasferimento i tedeschi etnici che si trovavano fra i profughi polacchi si è manifestata solo dopo che le squadre speciali di trasferimento hanno iniziato a lavorare: quando i rappresentanti autorizzati locali tedeschi a Brest-Litovsk, Bielsk, Kowel e Przemyśl-est hanno avviato la loro attività, oltre ai tedeschi etnici residenti si sono presentati numerosi sbandati per farsi registrare. Riguardo alla registrazione degli sbandati, il rappresentante autorizzato principale ha emanato il 26 ultimo scorso un ordine speciale, sulla base delle esperienze fatte fino a quel momento, che fra l'altro stabilisce quanto segue: i tedeschi etnici sbandati vengono registrati in liste *ad hoc*. Non devono essere inseriti nelle stesse liste delle altre persone da trasferire. Vengono inoltre compilate due liste di sbandati di tipo diverso. Nella prima vengono inseriti coloro che sono da considerare senza ombra di dubbio tedeschi, nella seconda coloro di cui non si può constatare la germanicità senza ombra di dubbio, ma ai quali, per i documenti presentati e dopo un attento esame, non si può rifiutare la registrazione. Nel valutare l'appartenenza etnica va applicato un criterio severo[73].

Ma neanche l'invito a controlli piú severi fu d'aiuto, perché i profughi e le persone intenzionate a lasciare il paese che non avevano alcuna possibilità di essere riconosciute come tedeschi etnici ora cercavano almeno di finire nella seconda lista, quella dei tedeschi etnici sbandati. Il compito degli incaricati speciali era ulteriormente complicato, come il Ministero degli Esteri riconobbe prontamente, dal fatto che «la loro decisione a proposito dei profughi che facevano domanda di registrazione in molti casi era una decisione sulla vita e la morte»[74]. La Polizia di sicurezza e il personale della VoMi, tra cui Brückner, si mostrarono meno impressionati dal problema di queste persone.

> Al quartier generale – riferí Brückner a proposito di un caso – viene segnalato un tedesco etnico. È lí con la moglie – polacca. Proprietario terriero dalle parti di Lublino. Moglie qui dal fratello in visita, malato. L'uomo viene in automobile a prenderli. Il confine viene chiuso, non possono tornare indietro. Vogliono essere accolti nei territori riservati

ai reinsediamenti. La madre dell'uomo è originaria dell'Holstein, abita a Dresda. Il padre era polacco. Moglie polacca, nessun figlio. L'uomo si definisce ora polacco, ora tedesco. Dovrebbe rientrare nella normativa sui profughi, ma non in quella del reinsediamento[75].

Certo, anche Brückner percepiva la «preoccupazione che venissero deportati in Siberia» e ammise: «Indubbiamente possibile, i rappresentanti autorizzati locali dovranno spesso essere molto duri». Poi però insisteva sull'incarico:

> Trasferire i tedeschi, non i polacchi. Molti nobili polacchi, qui, che vogliono tornare. Qui la prospettiva è il colpo alla nuca. Pensare che a tenere le fila dell'ostilità contro la Germania [sono stati] proprio i nobili[76].

Gli alleati sovietici non gradivano i grandi affollamenti davanti agli uffici per i trasferimenti. Smentivano troppo apertamente la propaganda politica che presentava l'Armata Rossa come liberatrice dei «fratelli di classe ucraini e bielorussi» in Polonia. Per Mosca era difficile da accettare che i «liberati» ora si rivolgessero cosí palesemente altrove, decidendo addirittura di lasciare il paese per recarsi nei territori occupati dai nazionalsocialisti, e lo consideravano semplicemente un comportamento da nemici del popolo. A Leopoli e nelle piú importanti città di confine, chiunque fosse in attesa veniva registrato ancor prima di entrare negli uffici preposti ai trasferimenti, cosí da poter mettere di sicuro le mani su coloro che venivano rifiutati e rispediti indietro. Questo comportamento suscitò del malumore fra i tedeschi. Per esempio da Leopoli venne riferito:

> Quando alle nove in punto volevamo fare entrare i visitatori che per la terza volta si erano radunati fuori, le sentinelle comunicarono di aver ricevuto l'ordine di non farli entrare. Protestare era inutile perché il maggiore H, su cui ricadeva la competenza (...) come fino ad allora era sempre accaduto in casi del genere, non c'era. (...) Alle 10 il maggiore sovietico arrivò e si svolse un colloquio molto serio, durato due ore. Risultò che per i sovietici l'elevato numero dei visitatori era davvero diventato troppo preoccupante e per il momento facevano di tutto per rendere l'attesa piú difficile. Solo dopo una nuova protesta le porte vennero aperte[77].

Tutti erano consapevoli che in molti casi quanti venivano rifiutati erano esposti a repressioni, arresti e in molti casi alla deportazione[78]. Questo non ebbe influenza alcuna sulla politica di reinsediamento tedesca. Le squadre, quindi, riferivano sí la violenza dell'NKVD nei confronti degli ucraini. Non per questo, però, aumentava per loro la possibilità di accedere al reinsediamento. Rispetto ad altri gruppi di popolazione, gli ucraini si presentarono effettivamente in numero maggiore negli uffici tedeschi. «Gli ucraini – riferí Brückner – desiderano quasi tutti venire da noi, in particolare l'intellighenzia»[79]. Molti avevano valide ragioni politiche e vedevano nel corso pro-ucraino del Terzo Reich la possibilità di tradurre in pratica le proprie idee sullo Stato. Rifacendosi a vecchi contatti tra l'esercito tedesco della Repubblica di Weimar e le organizzazioni militari ucraine, l'Alto comando della Wehrmacht aveva affidato già nel giugno del 1939 all'*Amt Ausland/Abwehr II* (Ufficio estero/Difesa II) il compito di verificare se vi era la possibilità di utilizzare degli ucraini in caso di guerra, e di «mettere rapidamente in piedi un'organizzazione di combattimento»[80]. Negli anni del patto Hitler-Stalin il Governatorato Generale – a Cracovia vissero per un certo periodo piú di trentamila ucraini – era il centro del movimento nazionalista ucraino[81]. Qui associazioni radicalmente antibolsceviche e favorevoli al fascismo, come l'OUN-B (Organizzazione dei nazionalisti ucraini-banderisti) di Stepan Bandera non solo venivano tollerate, ma sostenute attivamente[82]. Chi vi aderiva veniva addestrato presso l'accademia militare Jevhen Konovalec', fondata appositamente a questo scopo, prima di entrare con la Wehrmacht in Unione Sovietica.

A fine dicembre del 1939 Brückner osservò l'aumento di «misure coercitive in generale» e la «chiara dura persecuzione della classe dirigente ucraina». Il 28 dicembre riferí dell'arresto di circa duecento ucraini da parte dell'NKVD:

> Un insegnante ucraino viene arrestato a casa sua a Luzk e portato via dalla milizia su un autocarro insieme con altri. Lungo il tragitto escogita un espediente per trarsi d'impaccio. Dice di sentirsi male. Gli viene consentito di alzarsi. Abbatte una guardia e si lascia cadere all'indietro giú dal veicolo. Scompare nel bosco perché a causa del gran sferragliare l'autista non sente coloro che gli urlano di fermarsi[83].

Quattro giorni dopo annotò:

> Continuano a ripetersi casi di ucraini che, nei convogli, si infilano fra i tiranti dei veicoli e tentano cosí di passare il confine. Sono per lo piú i sovietici a tirarli fuori da lí sotto, mezzi assiderati, per arrestarli e portarli via[84].

Poco prima dell'attacco tedesco all'Unione Sovietica, nel 1941, l'NKVD intensificò l'evacuazione degli ucraini dai territori occidentali. Nel maggio del 1941 ebbero inizio misure repressive sistematiche, a seguito delle quali furono deportati alla fine 61 000 ucraini[85].

Intorno al 20 dicembre partirono dal territorio sovietico i primi trasporti di tedeschi etnici e «sbandati»[86]. Le rigide condizioni atmosferiche e la negligenza delle autorità sovietiche, su cui ricadeva la responsabilità di fornire i treni fino al confine, resero i viaggi pericolosi e misero a repentaglio la vita in particolare di bambini, vecchi e persone malate.

> Tra l'altro il convoglio è costituito da 32 carri bestiame! – si lamentava Brückner. – Dentro niente paglia! Le stufe promesse non ci sono! Sporchi e malmessi! Non si riesce a chiudere i buchi! In ognuno di questi vagoni vengono stipati 30 tedeschi etnici[87].

Gli sforzi dell'NKVD miravano a togliersi di torno quanto prima i tedeschi etnici, insieme con le unità speciali impegnate nei trasferimenti, di conseguenza il comfort non rientrava fra le priorità. La situazione straordinariamente difficile veniva altresí spiegata con «la decisa diffidenza di fronte a ogni richiesta di preparazione o pianificazione considerata necessaria dai tedeschi». Horst Hoffmeyer era venuto a sapere che i suoi interlocutori sospettavano che dietro le richieste di punti di ristoro e di generi alimentari avanzate dai tedeschi si nascondessero tentativi di sabotaggio. I rappresentanti sovietici gli fecero capire, come Hoffmeyer riferí alla fine di gennaio, di avere «già deportato milioni di persone in Unione Sovietica», «di non avere però mai costruito punti di sosta e di ristoro, e che questa gente era comunque arrivata alla meta»[88].

Prima di giungere nel Governatorato Generale i convogli rimanevano bloccati nella neve e ritardavano giorni interi, cosí che anche i treni in attesa nelle stazioni di confine congelavano. Arrivati dalla parte tedesca, gli strapazzi non erano finiti. Spesso nei centri di accoglienza e di raccolta dei punti di collegamento mancava anche il minimo indispensabile, i responsabili potevano solo ipotizzare quando sarebbero arrivati i treni successivi e i campi VoMi dell'unità operativa di Litzmannstadt furono ben presto sovraffollati[89]. Alla fine dell'anno Brückner scriveva esasperato:

> I treni continuano (...) a essere in ritardo. Arrivano solo con 24 ore o piú di ritardo. Per la gente significa aspettare al gelo molte ore all'aperto (...) Ci amareggia molto che il trasferimento nel territorio della sfera di

interesse tedesca non funzioni. I tedeschi etnici, che hanno già patito il gelo per ore e per giorni, dalla parte tedesca devono di nuovo stare per ore in piedi sulla banchina della stazione (...) Mentre dal lato sovietico si è riusciti a ottenere che quasi tutti i treni siano ben riscaldati, purtroppo nei treni tedeschi molto spesso non è cosí. Nelle stazioni tedesche di confine non c'è cibo per i neonati, spesso non ci sono piatti caldi né bevande. (...) Le maledette competenze.

Il 5 gennaio aggiungeva:

Finalmente l'annuncio che la colonna di camion partita dal territorio tedesco ha passato il confine. Per 12 giorni non era stato possibile – non c'era benzina! E qui ce la prendiamo con i rappresentanti sovietici se un giorno non riceviamo da loro la benzina per le nostre macchine. Come dice Hoffmeyer, c'è da farsi venire il voltastomaco! (...) Sembra che a Berlino non abbiano la piú pallida idea di quel che succede qui[90].

6. *L'NKVD nel Governatorato Generale.*

Mentre l'NKVD in casa propria era interessata al rapido disbrigo dell'operazione di trasferimento dei tedeschi, in territorio tedesco si concesse, con ogni evidenza, parecchio tempo per organizzare i reinsediamenti in quello sovietico. Le squadre erano arrivate da poco nel Governatorato Generale che già presso il plenipotenziario Hoffmeyer si accumulavano le lamentele per lo «scarsissimo interesse» e la quasi provocatoria flemma dei sovietici. Da Jaroslau, nella Galizia occidentale, dove lavoravano otto persone guidate dall'ufficiale dell'NKVD Egnarov, il rappresentante governativo riferí che

... nonostante siano stati messi a disposizione con la massima sollecitudine locali da adibire ad abitazione e ufficio (...) e tutti gli strumenti richiesti (...) finora non è dato constatare un'attività piú intensa. (...) [I rappresentanti sovietici] si rifiutano di recarsi in altre località e in campagna con la scusa della neve e del clima. L'impressione generale: maldestri e svogliati. Sembrano mancare linee guida. I responsabili sovietici hanno lasciato alla fine che il personale tedesco rispondesse alle domande della gente sulle condizioni di vita in Unione Sovietica[91].

E, da Neu-Sandez, il consigliere governativo Hübschmann informò:

Non era sempre molto facile preservare l'armonia, perché il punto debole dei russi era l'organizzazione del loro lavoro (...) Si è perso del tempo prezioso, nonostante la continua pressione da parte nostra e le proposte su come portare avanti l'attività. Si è arrivati al punto che i russi, i quali spesso se ne stavano seduti insieme a fumare e a bere invece di lavorare, si sparpagliavano qua e là e facevano finta di fare qualcosa quando l'interprete tedesco compariva nella stanza per esortare e spronare[92].

La flemma con cui l'NKVD ostacolava l'operazione di reinsediamento inasprí l'arroganza che affiorava nei rapporti inviati dai tedeschi e il risentimento nei confronti dei «russi incivili» e «pigri». Casi di arricchimento personale e la constatazione che i partner sfruttavano la loro permanenza piú per «rifarsi il guardaroba», per «accaparrarsi beni e trasportare bagagli in territorio sovietico» fecero il resto[93]. Quello che ai tedeschi sfuggiva, a causa del loro senso di superiorità, era che il disinteresse aveva chiare ragioni politiche. Certo, Stalin aveva approvato l'operazione di reinsediamento e il «riassetto» etno-sociale della popolazione rispondeva agli interessi della sua politica. Tuttavia, come si è già illustrato, il desiderio di accogliere decine di migliaia di ucraini e bielorussi provenienti dalla zona d'occupazione sovietica era alquanto limitato. Le squadre sovietiche preposte ai trasferimenti lavoravano con tutta flemma perché cosí dovevano fare. Al massimo, osservò per esempio il commissario della città di frontiera di Sanok, «i sovietici erano interessati ai bambini da portare solo al di là del ponte che si trova nei pressi di Sanok» o a «giovani uomini in grado di lavorare». «Si nota lo sforzo di registrare soprattutto persone sane di sesso maschile di età compresa fra i 15 e i 50 anni»[94].

L'operazione di trasferimento in Russia era rallentata anche dal disinteresse di coloro cui era rivolta. A differenza dei tedeschi etnici, che si rifacevano alle promesse della politica nazionalsocialista e si attendevano un netto miglioramento delle condizioni di vita, le prospettive degli ucraini e dei bielorussi che avessero voluto trasferirsi erano molto meno allettanti. L'NKVD era alquanto avara di informazioni riguardo ai territori destinati ai nuovi insediamenti e alla vita nella nuova patria, e rendeva quindi insicuro chi era ben disposto nei confronti dell'Unione Sovietica. Molti si tirarono indietro e si fecero cancellare dalle liste dopo che nessuna, o solo qualche vaga informazione era stata fornita sulle condizioni di vita, i risarcimenti e le località previste per il nuovo insediamento. La notizia che forse sarebbero stati sistemati a Orenburg – piú di mille chilometri a sud-est di Mosca, al confine con il Kazakistan – non contribuí ad accrescere la voglia di trasferirsi. E cosí l'incaricato del Ministero degli Esteri per l'assistenza ai delegati sovietici, Gebhardt von Walther, dopo un giro di ispezione presso le sedi delle commissioni sovietiche constatò:

> L'esito finale del reinsediamento (...) non raggiunge[rà] affatto i numeri supposti in un primo momento da parte sovietica. La stragrande maggioranza degli interessati prende solo informazioni sulle prospettive e le condizioni di vita in Unione Sovietica e poi si tira indietro. Gli incaricati sovietici sono tenuti a non dare alcuna rassicurazione, per quanto è stato possibile accertare, perché i rappresentanti tedeschi e sovietici, a differenza del procedimento seguito in territorio sovietico, non gestiscono insieme i rapporti con il pubblico. Da casi singoli si deduce che, per l'essenziale, attribuiscono importanza soprattutto agli operai e di conseguenza rifiutano di accogliere i familiari che non rispondono alle loro aspettative, come per esempio genitori che non sono in grado di lavorare. Neanche sulla destinazione del nuovo insediamento degli emigranti è stato possibile sapere qualcosa[95].

7. *Nella terra di nessuno.*

Il desiderio di raggiungere l'Unione Sovietica sfruttando i reinsediamenti era diffuso soprattutto fra gli ebrei polacchi: vittime particolarmente tragiche della collaborazione tedesco-sovietica. Gli ebrei subivano la politica d'occupazione tedesca, le dure repressioni antisemite, le deportazioni e il terrore dell'annientamento. Fuggirono in massa davanti alla Wehrmacht che avanzava verso est. Anche se è difficile stabilire una cifra definitiva, si può presumere che nel corso della seconda guerra mondiale circa 230 000 ebrei polacchi siano arrivati per strade diverse, legali e illegali, in Unione Sovietica[96]. Per quanto possa suonare cinico, furono in molti casi addirittura esortati dagli occupanti tedeschi, o spinti con la violenza al di là del confine. Una volta giunti in territorio sovietico, ad aspettarli non c'era solo l'indescrivibile miseria della condizione di profughi. L'NKVD li guardava con sospetto, come nemici del popolo, potenziali oppositori o spie. Chi dopo il dicembre del 1939 si rifiutò di prendere la cittadinanza sovietica finí in carcere o venne deportato all'interno del paese. E proprio il fatto che questi deportati abbiano avuto le migliori opportunità di sopravvivere alla Shoah è uno degli aspetti piú cinici della seconda guerra mondiale. Coloro che, delusi dalla vita reale sotto lo stalinismo, decisero di tornare nel Governatorato, non ebbero questa opportunità. Alcuni furono arrestati e uccisi mentre si trovavano ancora al confine – sui ponti, nei fiumi o nei boschi – o dai tedeschi o dalle guardie di frontiera dell'NKVD. Coloro che tornarono indietro o si nascosero nelle aree di confine, morirono nei campi di concentramento tedeschi: ad Auschwitz, Bełżec, Majdanek, Sobibór o Treblinka[97].

A quale crudeltà fosse esposta una vita sotto il dominio nazionalsocialista, gli ebrei polacchi lo sperimentarono fin dal primo giorno di guerra. Mentre migliaia di persone venivano deportate a est dalla politica di germanizzazione di Himmler, molti ebrei decisero di scappare anche di loro spontanea volontà. Ecco quello che ha ricordato Henry Orenstein, un sopravvissuto alla Shoah, la cui famiglia si separò immediatamente dopo l'invasione tedesca:

> Gli uomini, pensavamo, rischiavano molto di piú a causa dei nazi rispetto alle donne, che al massimo sarebbero state esposte a punizioni e umiliazioni; la loro vita però non era minacciata. Per la mamma e Hanka era meglio rimanere a casa. Lí potevano proteggere il nostro patrimonio e guadagnare qualcosina con il negozio. Sapevamo che come profughi, fra i sovietici non sarebbe stato facile per noi e speravamo che la mamma ci potesse spedire un po' di denaro. Pensavamo anche, in particolare all'inizio, che sarebbe stato possibile attraversare il confine fra il territorio occupato dai tedeschi e quello occupato dai russi. Forse saremmo tornati presto indietro e ci saremmo riuniti alla mamma e a Hanka[98].

Altri, per lo piú giovani, che vivevano vicino alla linea di demarcazione militare, si unirono all'Armata Rossa e attraversarono cosí il confine ancora aperto. Questo il ricordo di un sopravvissuto:

> Una quantità di donne e uomini giovani erano convinti che presso i russi li attendesse un futuro migliore, quando l'11 ottobre [*sic!*] si misero in cammino per non tornare piú. Anche mio nonno Nusen e la sua famiglia, dieci persone in tutto, passarono da casa nostra, ciascuno con un fagotto di provviste e un cuscino. Vennero per convincerci a andare con loro. I soldati li avrebbero portati con sé. Mio nonno disse che preferiva gli sporchi russi, anche se erano comunisti, perché non si fidava dei tedeschi ben rasati dagli occhi azzurri. I miei genitori però non vollero affrontare l'incertezza della vita da profughi[99].

E Mayer Megdal, all'epoca un ragazzino di 13 anni di Hrubieszów, osservò che

> ... un gruppetto degli ebrei che venivano dalla città [seguí] il consiglio dei russi e, abbandonando tutti gli averi, cercò protezione nelle città di confine dalla parte russa. Per molte famiglie ebraiche fu una decisione difficile. (...) Anche se fossimo riusciti ad attraversare il confine, i miei genitori esitavano a lasciare la loro casetta e a esporre la famiglia alle difficoltà che ci attendevano in una vicina città russa di confine nella condizione di profughi. Mia madre non faceva che ricordare i soldati tedeschi di frontiera durante la prima guerra mondiale (...) Nessuno di noi, a quel tempo, poteva immaginare il dolore che gli ebrei avrebbero patito, sfociato poi nella «soluzione finale»[100].

Il timore che molti ebrei avevano nell'abbandonare la loro fidata patria per un'incerta esistenza da profugo non era assolutamente infondato. Dal mese di settembre, nelle città di confine della Polonia orientale si svolgevano scene incredibili. Przemyśl, Brest e, un po' piú lontano, anche Leopoli, erano sovraffollate. In base a stime del Ministero degli Esteri, nel gennaio del 1940 si trovavano a Brest e a Przemyśl rispettivamente trentacinquemila profughi, il che significa che il numero degli abitanti era temporaneamente piú che raddoppiato[101]. Si sapeva che i senza patria vegetavano al gelo negli androni delle case, tra rovine di guerra e addirittura in strada. Per attraversare il confine, era necessario pagare qualche trafficante. «Legge non scritta sul fiume San: il passaggio illegale del confine costa 1000 złoty. In cambio una barca a remi a disposizione, corruzione delle sentinelle»: Brückner descrisse cosí la situazione nel suo diario[102]. Quando il 21 dicembre l'Unione Sovietica mise lo złoty fuori corso, la situazione peggiorò ulteriormente.

> Dunque in Unione Sovietica è cosí che si viene «socializzati» – osservò il solito Brückner. – Dalla sera alla mattina si è tutti senza soldi. Il ricco è povero; l'artigiano non ha piú capitale d'impresa (...) ecco fabbricata la società proletaria.

Sulla situazione a Przemyśl si espresse con queste parole:

> Rapporto Przemyśl-est: piena zeppa di profughi. La gente vive quasi accatastata in androni ecc. Per la svalutazione dello złoty incredibile miseria. (...) Cinque bambini crepati per la strada![103].

Nel gennaio del 1940 Wolfgang von Welck, che rappresentava il Ministero degli Esteri presso la Commissione per i reinsediamenti, riferí a Berlino:

> I profughi erano originari del Governatorato Generale, della Prussia occidentale, di Posen e dell'Alta Slesia. (...) I profughi sono stati per lo piú sistemati in treni merci non riscaldati, trenta e piú persone per vagone. Inoltre se ne stanno in cinema non riscaldati, palestre ecc.; a Przemyśl vegetano in gran numero negli androni. L'abbigliamento dei profughi consiste spesso solo di abiti estivi, perché si trovano qui dall'inizio di settembre dell'anno passato. I bambini sono quasi completamente svestiti. Dato che qui regna un inverno particolarmente rigido con 30 o piú gradi sottozero, i profughi si trovano in uno stato miserevole. A ciò si è aggiunto il fatto che, essendo stato messo fuori corso lo złoty, sono del tutto sprovvisti di mezzi. È stato osservato che le donne vendono la loro biancheria intima per nutrire i loro figli. Si verificano numerosi casi di morte per la fame o il gelo, in particolare fra i numerosissimi bambini[104].

Nell'inverno del 1939 le potenze occupanti cominciarono a chiudere le frontiere. Per l'Unione Sovietica si trattava di un confine di stato ufficiale, che veniva rigorosamente sorvegliato e lungo il quale gli sconfinamenti illegali andavano puniti come reati. In questo modo venne posto un freno alla sregolata migrazione di profughi. Chi cercava comunque di passare il confine veniva catturato dall'NKVD, arrestato e in alcuni casi ucciso direttamente sul posto. A fronte di questi sviluppi, i reinsediamenti erano quasi l'unica via legale per andare da un paese nell'altro. Sono molti i motivi, oltre alla miseria dei profughi, che indussero alcuni ebrei a tornare dal territorio di confine sovietico nel Governatorato Generale. Se volevano rimanere erano costretti a prendere la cittadinanza sovietica, cosa che molti rifiutarono per paura di interrompere, cosí facendo, ogni contatto con la vecchia patria e con i membri della famiglia che si erano lasciati dietro. I profughi presagivano le immense perdite materiali e umane e i nuovi problemi che l'insediamento in Unione Sovietica avrebbe comportato. Altri si lasciarono trascinare dalla disperata speranza che la situazione a ovest del confine costituito dal fiume si sarebbe tranquillizzata e che i tedeschi non fossero in fondo cosí crudeli come le notizie provenienti da quei luoghi facevano credere. Con queste esperienze, speranze e paure i profughi ebrei si rivolsero alle unità speciali tedesche per i trasferimenti che, in quanto esecutrici della politica etnica nazionalsocialista, non soltanto respingevano gli ebrei, ma li liquidavano nei loro rapporti con denigrazioni antisemite[105].

Con grande disappunto dei tedeschi, anche le squadre sovietiche nel Governatorato Generale mostravano scarso interesse ad accogliere profughi ebrei. Il rappresentante distrettuale sovietico respinse i 1250 ebrei che fino alla fine di gennaio si registrarono a Varsavia per il trasferimento[106]. Da Sanok furono segnalati in totale 1400 candidati al trasferimento, di cui «800 ebrei e 600 persone del posto», e il rappresentante distrettuale principale sovietico respinse le «domande ebraiche»[107]. Il commissario tedesco della città riferí:

> Va osservato che un'ampia fetta della popolazione ha simpatizzato con i russi; erano molti di piú quelli che volevano espatriare. I russi però si sono ben guardati dall'accettare tutti. In particolare attribuivano valore solo a famiglie intere possibilmente con molti bambini e solo a persone giovani. Rifiutavano gli ebrei per principio; e quando [abbiamo] tentato [*sic!*] di infilare nei convogli degli ebrei, avevamo il piacere di doverceli riportare indietro tutti quanti dalla Russia[108].

Questo tentativo di far passare di nascosto degli ebrei in Russia non era affatto un caso isolato o solamente un'idea saltata in mente a qualche delegato locale. Considerazioni di questo genere esistevano effettivamente già nel settembre del 1939 ai piú elevati livelli di comando. Mentre si pianificava di organizzare il futuro Governatorato Generale come «zona di transito» dove relegare polacchi ed ebrei provenienti dai nuovi territori del Reich, a quanto pare Hitler in persona approvò la proposta, avanzata da Himmler, di effettuare espulsioni al di là della linea di demarcazione. Alla riunione dei capidipartimento tenuta alla Direzione generale per la sicurezza del Reich il 21 settembre 1939, dunque ancora prima della firma del Trattato di delimitazione e amicizia tedesco-sovietico, Reinhard Heydrich spiegò che l'«espulsione al di là della linea di demarcazione [... è] stata autorizzata dal Führer»[109]. Non risulta nessuna pianificazione sistematica o un coordinamento per questo tipo di operazioni, il che non significa che non si svolgessero in piú occasioni. Espulsioni in Unione Sovietica potevano essere o eseguite, come nel caso citato sopra, da unità di trasferimento locali a propria discrezione, oppure avvenivano nel contesto di deportazioni di massa, come la cosiddetta «operazione Nisko». Sotto la direzione di Adolf Eichmann, che aveva già costituito la *Zentralstelle für jüdische Auswanderung* (Ufficio centrale per l'emigrazione ebraica) a Praga, nell'ottobre del 1939 circa 4700 ebrei furono deportati dall'Austria, da Kattowitz (Katowice) e da Marisch-Ostrau (Moravská Ostrava) fino ai dintorni della piccola città di Nisko, sul fiume San, 80 chilometri circa a sud-ovest di Lublino. Mentre una parte dei deportati, in un primo momento, costruiva il proprio campo di transito, le guardie esortarono altri, appena arrivati, a scomparire «semplicemente nel paesaggio autunnale»[110]. Il che voleva dire, scampare alla fucilazione fuggendo alla svelta al di là del confine. L'ebreo viennese Leopold Sonnenfeld, che sopravvisse alla guerra in un insediamento speciale sovietico e fu uno dei pochi deportati di Nisko che tornarono in Austria e poterono riferire quello che avevano vissuto, ricordò gli strapazzi dell'alquanto involontaria fuga:

> Dopo ci hanno detto: «E allora, adesso ve ne potete andare! Chi fra tre ore verrà trovato nel raggio di cinque chilometri, sarà fucilato all'istante. Ora andatevene dai vostri amici!» A noi è rimasta solo la strada per la Russia. Altre strade aperte non ce n'erano. Uno non ha voluto muoversi e lo hanno fucilato. (...) Non ci rimaneva altro che metterci in marcia! Naturalmente tra noi c'erano anche persone piuttosto malmesse. Avevamo ufficiali, ufficiali ebrei, che avevano partecipato alla prima guerra mondiale. Tra loro c'era anche Jellinek, che era stato anche lui ufficiale nella prima guerra mondiale. E ha formato quattro colonne in tutto, di 250 persone ciascuna. La strada attraverso la Russia, attraverso la Galizia, la conosceva, cosí piú o meno, ha detto, dovevamo dirigerci là e là, e là ci siamo diretti. (...) E c'erano persone che non riuscivano a portare la loro valigia, gente piuttosto anziana. E certi polacchi che guidavano dei carri le hanno caricate [le valigie]. Hanno fatto forse un chilometro, poi hanno frustato i cavalli come matti e se ne sono andati, scomparsi, se ne sono andati con le valigie e tutto. La gente ha pianto e gridato. Cosí abbiamo camminato per sei giorni, finché siamo arrivati al confine russo. Lí ci siamo nascosti, perché le SS ci inseguivano. Correvamo per salvarci la vita, tutti. Cosí siamo andati avanti finché siamo arrivati al confine russo, sul fiume Bug. Lí ci siamo nascosti in certe fattorie abbandonate – tutto era abbandonato. (...) C'erano trafficanti di esseri umani che in cambio di denaro facevano attraversare il confine di nascosto e portavano la gente in Russia. Il confine era il fiume Bug. Poi però abbiamo fatto solo squadre di una decina di persone, non gruppi piú grossi, perché gli ufficiali hanno detto che 250 persone sono un bersaglio facile. Gruppi di dieci possono muoversi piú facilmente nei boschi. E abbiamo contrattato con i trafficanti. Ci hanno offerto: uno di notte alle 11 e mezzo, un altro all'una. Io ho detto, di notte non andiamo, solo al mattino presto,

all'alba. Di loro non mi fido. I trafficanti ci hanno condotti al fiume Bug. C'era un albero che si allungava da una riva all'altra. Ci siamo arrampicati come le scimmie e ci abbiamo strisciato sopra fino all'altra sponda. I tedeschi ne hanno beccato di nuovo uno. È caduto in acqua e abbiamo dovuto lasciarlo indietro. Cos'altro fare? Era un ragazzo, gli hanno sparato addosso. Poi siamo arrivati dall'altra parte e in territorio russo. E i russi a questo punto non ci hanno voluto far entrare. Siamo rimasti lí per un po'. Il russo ha detto che prima doveva avere il permesso, telefonare. Allora siamo rimasti seduti, per due ore e mezzo o giú di lí. Poi hanno autorizzato il passaggio, siamo stati mandati al comando piú vicino. Lí ci hanno detto dove dovevamo andare. Ci hanno sistemato una volta in una scuola dove c'erano alti letti di paglia. Di prima mattina ci siamo presentati al comando. Nel frattempo erano già arrivati gli altri, i gruppi di dieci. Eravamo già piú numerosi, saremo stati due-trecento. Sotto la pioggia battente siamo rimasti fuori in piedi fino alle due e mezzo del pomeriggio. Poi ci hanno fatto entrare, uno alla volta, e ci hanno preso quello che avevamo nelle tasche: matita, orologi, anelli, tutto. E poi ci hanno detto: «E adesso potete andarvene, sparite!» Cosí abbiamo camminato per sei giorni fino a Leopoli. Abbiamo vissuto di elemosina. I militari russi avevano delle specie di lazzaretti. Siamo andati sempre lí a elemosinare un piatto di minestra. Abbiamo recuperato un tozzo di pane o cose del genere. Cosí siamo andati avanti e siamo arrivati fino a Leopoli. Siamo arrivati a Leopoli nella notte fra il 30 e il 31 ottobre[111].

In altri casi gli ebrei furono dotati di documenti di identità che, come visti di uscita, ingiungevano di lasciare il Governatorato Generale. Fela Steinbock, un'ebrea di Sosnowiec, non lontano da Cracovia, firmò un documento del genere, che «diceva che non saremmo mai piú tornati a Sosnowiec. Fummo i primi a lasciare la città»[112].

Il cosiddetto *Todesmarsch* (marcia della morte) degli ebrei di Hrubieszów fu un'espulsione condotta dai tedeschi con particolare crudeltà, nella quale agli ebrei non venne «solo» ingiunto di passare il confine per essere poi abbandonati al proprio destino[113]. Nel caso di Hrubieszów, ebrei polacchi vennero spinti in modo organizzato al confine, dove rimasero prigionieri nella terra di nessuno del fiume e morirono miseramente sotto i colpi d'artiglieria dei tedeschi e delle guardie di frontiera sovietiche. Hrubieszów era una cittadina polacca sulle rive dell'Huczwa, un affluente del fiume Bug, nella quale all'inizio della guerra piú della metà degli abitanti era costituita da ebrei. Il 1° dicembre 1939 tutti gli uomini ebrei di età compresa fra i 16 e i 60 anni furono chiamati a radunarsi il giorno successivo in una piazza del centro. Contemporaneamente si diffusero voci che gli uomini sarebbero stati spediti in Unione Sovietica o mandati ai lavori forzati. Suddivisi in colonne di marcia, gli ebrei lasciarono la città il 2 dicembre 1939 diretti al confine. A causa delle temperature polari e della mancanza di cibo, già per la strada crollarono a centinaia per la fame e lo sfinimento. Furono uccisi sul posto dalle guardie tedesche. I sopravvissuti marciarono per piú di settanta chilometri verso sud, fino a Sokal, una città di confine sulle sponde del Bug. Lí vennero divisi in due gruppi. Il primo dovette correre davanti alle mitragliatrici spianate dei tedeschi, gridando slogan propagandistici sovietici, verso il ponte che portava al territorio sovietico. Al secondo fu ordinato di guadare il fiume in un punto nel quale le acque erano basse. Tutti e due i gruppi furono fermati dalle guardie di confine dell'NKVD, e gli ebrei si trovarono intrappolati nella terra di nessuno, bersaglio degli uni e degli altri. Pochi sopravvissero al massacro e tornarono clandestinamente indietro per strade tortuose o riuscirono a entrare in Unione Sovietica.

Fra i tedeschi si sparse presto la voce di operazioni violente come quella di Sokal, tanto piú che contribuivano ad alimentare il conflitto politico nel Governatorato Generale e fra gli alleati. A fine dicembre, Brückner annotò nel suo diario:

> Sul ponte sopra il Bug nei pressi di Sokol [*sic!*] tre settimane fa bisognava espellere un trasporto di ebrei dal Governatorato Generale in Unione Sovietica. L'Unione Sovietica non ha lasciato passare gli ebrei. Quando hanno attraversato comunque il confine, sono partiti gli spari. Quando poi volevano tornare indietro verso la parte tedesca, sono partiti gli spari anche da lí. Alcuni ebrei sono saltati nel fiume Bug, per nuotare fino alla sponda sovietica, e uno è annegato. Due ore dopo e dopo richieste supplementari presso uffici superiori sovietici, sono stati autorizzati a passare. Gli ebrei sono stati respinti nel Bug in un altro punto. L'ufficiale sovietico in quel caso ha detto: «I tedeschi in Germania, i russi in Russia, gli ebrei nel Bug!» Ha fatto abbattere [*sic!*] il trasporto di ebrei a colpi di mitragliatrice. Ciò nonostante i paesi qui sono tutti stracolmi di ebrei[114].

Nel momento in cui Brückner scriveva questo appunto sul suo diario, Mosca aveva già presentato a Berlino le sue proteste contro le espulsioni organizzate dai tedeschi, che considerava intenzionali violazioni di confine. Il fatto che anche Ernst von Weizsächer fosse stato informato di episodi del genere già il 5 dicembre dal capo dell'OKW, il colonnello generale Wilhelm

Keitel, induce a ritenere che la «marcia della morte» di Hrubieszów non fosse un caso isolato, ma rientrasse in una prassi che anche nel Governatorato Generale suscitava critiche. Cosí Weizsäcker:

> Keitel mi ha telefonato oggi per comunicarmi quanto segue: negli ultimi tempi al confine fra la Russia e il Governatorato Generale si sono verificati ripetuti episodi sgradevoli [*sic!*], nei quali è coinvolta anche la Wehrmacht. L'espulsione di ebrei nel territorio sovietico non viene compiuta infatti, con la decisione [*sic!*] che a quanto pare ci si aspettava. In pratica la cosa si è svolta in modo che, per esempio, in un luogo tranquillo nel bosco mille ebrei sono stati spinti al di là del confine sovietico; 15 chilometri piú in là sono tornati indietro, e il comandante russo competente voleva obbligare i tedeschi a riprendersi indietro il gruppo. Trattandosi di una questione di politica estera, l'OKW non è in grado di dare indicazioni al Governatorato Generale in materia[115].

Prima ancora che il Ministero degli Esteri reagisse, quello stesso 5 dicembre il capo della Direzione generale per la sicurezza del Reich (RSHA) Reinhard Heydrich ordinò ai posti di polizia nel Governatorato Generale di interrompere operazioni di questo genere. Due settimane dopo, un colloquio fra il governatore generale Hans Frank e il rappresentante del Ministero degli Esteri presso l'Oberbefehlshaber Ost (comandante in capo per il fronte orientale) Johann von Wühlisch, confermò la fine della «cacciata degli ebrei nel territorio dell'Urss». Per il futuro si sarebbe dovuta evitare e le proteste dell'Unione Sovietica andavano prese sul serio. Frank diede a von Wühlisch la facoltà di comunicare una volta ancora «direttamente» al comandante superiore delle SS e della Polizia (nell'Est) Krüger che bisognava evitare a qualunque costo «che operazioni del genere guast[assero] il necessario rapporto di amicizia fra l'Unione Sovietica e la Germania»[116].

Le proteste a livello politico di Mosca non impedirono ai tedeschi di prendere in considerazione altre possibilità di espulsione. Dal momento che operazioni violente come le «marce della morte» non erano piú praticabili, all'interno della VoMi si pensò di registrare «ufficialmente» nel Governatorato Generale gli ebrei che provenivano dai territori del Reich ed erano disposti a trasferirsi, per consentire loro di essere inseriti nelle liste di reinsediamento. In questo senso il capo della sezione economica della VoMi, Lothar Heller, propose durante la riunione tenuta a Cracovia nel mese di gennaio di favorire «da parte tedesca» le domande di trasferimento dal territorio del Reich – «tanto piú che si tratta soprattutto di ebrei – in modo che costoro [quelli che hanno presentato domanda] possano essere portati prima nel Governatorato Generale e subito dopo definiti come lí residenti»[117]. Poiché non si era comunque soddisfatti di come il partner sovietico gestiva i trasferimenti, si fece in modo che gli ebrei cosí «rimpatriati» lasciassero il Governatorato Generale nel febbraio del 1940, nell'ambito di un trasferimento di circa dodicimila ucraini negoziato in un secondo tempo. I partner contrattarono i particolari dei trasferimenti di febbraio durante un incontro a Lublino il 12 di quel mese, al quale presero parte per i sovietici il rappresentante distrettuale principale di Cholm, Troizki, e quello locale di Lublino Pietrov. Per i tedeschi erano presenti fra gli altri il Brigadeführer delle SS Globočnik, in veste di primo vice del rappresentante governativo principale tedesco a Cholm, e il console generale von Walther come incaricato del Ministero degli Esteri[118]. Dal momento che l'accordo governativo originario era ancora in vigore fino al 1° marzo 1940, alla fine si trovò un'intesa sull'aumento del numero dei trasferimenti in Unione Sovietica, mentre i tedeschi, che avevano già ricondotto in patria la maggior parte dei tedeschi etnici, insistettero in particolare per riavere nel «Reich» i tedeschi etnici prigionieri, diecimila dei quali, sulla base di calcoli approssimativi, si trovavano nelle carceri dell'NKVD[119].

8. *La Commissione tedesco-sovietica per i profughi.*

Lo scambio di profughi realizzato nella primavera del 1940 rappresentava, dal punto di vista tedesco, un'altra opportunità di sbarazzarsi degli ebrei polacchi mandandoli in Unione Sovietica e al tempo stesso di fare un passo avanti nella questione dei tedeschi etnici incarcerati, della cui liberazione si occupava soprattutto l'ambasciata a Mosca. Un accordo governativo al riguardo era già stato raggiunto per iniziativa dei tedeschi il 31 dicembre 1939, per cui non si dubitava del fatto che «le persone intenzionate a trasferirsi respinte dai russi, e in ogni caso in particolare gli ebrei (...) potessero essere inserite fra i profughi che ci si doveva scambiare»[120]. L'Unione Sovietica, constatò Horst Hoffmeyer alla riunione di Cracovia del 27 gennaio 1940, grazie alle deportazioni aveva ottenuto nel proprio territorio vasti «spazi vuoti» che, previo un buon lavoro di collaborazione, i tedeschi avrebbero potuto utilizzare nel proprio interesse. Hoffmeyer, che ammirava e al tempo stesso osservava atterrito la spietata politica demografica dello stalinismo, propose effettivamente di sviluppare in questo senso la «collaborazione improntata a disponibilità». Con parole sibilline disse che

> ... la cooperazione fra i rappresentanti autorizzati principali tedeschi e i rappresentanti governativi principali sovietici (...) [può] essere valutata e misurata correttamente solo se si è a conoscenza – nelle sue dimensioni e nella mostruosità delle sue modalità di attuazione – di tutto quello che accade in territorio sovietico. (...) Descriverlo non è lo scopo di questo resoconto, ma attraverso la «nazionalizzazione» – espropri senza risarcimento, privazione di mezzi di pagamento – porterà a eliminare il consumo, a rendere disorganizzata la distribuzione dei beni, alla chiusura ermetica del territorio, in breve alla fame, alla miseria e alla fredda eliminazione di vasti strati di popolazione indesiderata. (...) *Gli spazi vuoti ottenuti con questi metodi possono contribuire, in modo diverso rispetto al reinsediamento tedesco, anche a ripulire i confini orientali della sfera di interesse del Reich.* È naturale chiedersi in quale modo e in che senso un trasferimento sovietico di parti di popolazione non riuscito, oppure uno riuscito, potrebbe avere effetto sul territorio della sfera di interesse tedesca (...) Rispondere a questa domanda è compito delle massime istanze. La risposta a tale domanda fino a questo momento non è ancora stata resa nota[121].

L'offerta di uno scambio di profughi non giungeva inopportuna per l'Unione Sovietica, nonostante fosse legata alla spiacevole condizione di tollerare una volta ancora la presenza di unità speciali tedesche nel proprio territorio. Durante i primi mesi di guerra, Mosca aveva potuto accettarlo piú facilmente che nella primavera del 1940, dopo il dilagare dell'autoritarismo. Era difficile tollerare truppe straniere. D'altro canto si salutava l'opportunità di sbarazzarsi una volta ancora di un gran numero di persone sgradite, mentre non c'era alcun interesse ad accogliere gli ebrei polacchi. Lo scambio di profughi doveva avvenire in fretta e, come stabilito nell'accordo governativo, concludersi entro il 1° luglio 1940. Il momento esatto del suo inizio non era stato invece fissato per due motivi diversi[122]. Innanzitutto organizzare la liberazione dei tedeschi etnici prigionieri, da trasferire nel contesto dello scambio, risultò piú difficile del previsto[123]. Fino a quel momento, tutte le indagini dell'ambasciata a Mosca non erano approdate a nulla e quindi l'intenzione era di dare avvio allo scambio quando finalmente ci fosse stata una prospettiva di successo. In secondo luogo, i tedeschi volevano iniziare solo dopo che i reinsediamenti degli ucraini in partenza dal Governatorato Generale nel mese di febbraio si fossero conclusi. Si temeva semplicemente che i racconti dei profughi che venivano dal territorio sovietico rendessero gli ucraini meno disponibili a trasferirsi. «Soprattutto è importante – venne detto al riguardo alla conferenza di gennaio a Cracovia – che l'operazione di trasferimento venga attuata prima di iniziare lo scambio dei profughi, perché senza dubbio i profughi provenienti dal territorio sovietico faranno la peggiore pubblicità a un reinsediamento in Unione Sovietica»[124]. Anche se si doveva fare di tutto per «non distogliere dal loro proposito quanti finora intendono trasferirsi», a febbraio si decisero per la nuova vita solo 3500 persone circa. Molti si tirarono indietro all'ultimo momento[125].

A inizio di gennaio furono negoziati i dettagli dello scambio, palesemente svantaggiosi per i tedeschi. Il governatore generale Hans Frank criticò le condizioni il 19 gennaio durante una riunione di capidipartimento a Cracovia, dove parlò di una «societas leonina», di un «accordo incredibilmente svantaggioso» che «ci [è stato] imposto nonostante una decisa resistenza e una lunga riluttanza». «Dovremo – informò Frank – prenderci 60 000 profughi dall'Unione Sovietica, ma siamo autorizzati a consegnarne dall'altra parte solo 14 000». Ed espresse la solita speranza,

> ... che il governatore Wächter (...) riesca, con l'applicazione rigorosa del diritto di trasferimento garantitoci dalla Russia, a trascinare la faccenda per le lunghe e a impedire che i sovietici ci riappioppino quegli ebrei tedeschi, zingari e polacchi che eravamo riusciti a buttar fuori con l'aiuto della fortuna e con furbizia[126].

Come riferisce Hans Frank, Otto Wächter, il potente governatore del distretto di Cracovia, era il presidente della commissione tedesca che portava il titolo ufficiale di Commissione di controllo e transito per i profughi dal territorio sovietico. Il suo vice ed esperto di reinsediamenti, Hans Flade, guidava la parte operativa. Il terzo fondamentale membro della Commissione era il diplomatico Gebhardt von Walther, dal 1929 in servizio al Ministero degli Esteri[127], il quale nella sua veste di console generale dell'ambasciata tedesca a Mosca era competente per l'importante questione dei tedeschi etnici in carcere. La loro liberazione e il loro trasferimento erano al centro della politica di scambio tedesca, come dimostra la richiesta rivolta a Mosca – tramite il vice di Berija Ivan Maslennikov, che Otto Wächter (figg. 15 e 16) conosceva già dall'epoca dei primi reinsediamenti e della visita sovietica a Cracovia e a Zakopane – di avere in commissione «un rappresentante sovietico molto autorevole». Il fatto che Mosca respingesse anche questa richiesta mostrava che il vento era cambiato e che da parte sovietica non c'era grande interesse né allo scambio né alla liberazione dei tedeschi etnici[128].

A parte le figure principali, il resto del personale – per esempio l'Obersturmführer delle SS Eduard Schmidt, che guidava la sottocommissione a Brest, o l'Untersturmführer delle SS Edgar Schultz, che presiedeva la sottocommissione di Przemyśl – veniva dalle file della Polizia di sicurezza, del Servizio di sicurezza e della Volksdeutsche Mittelstelle. Come gli autisti e le stenotipiste che viaggiavano con loro, dovettero tutti richiedere all'ambasciata di Mosca a Berlino passaporti e visto di ingresso; una procedura che si trascinò per settimane e ritardò ulteriormente l'avvio dell'operazione. Una volta concessi i permessi, alla metà di aprile la Commissione si recò ai posti di controllo di Przemyśl, Brest-Litovsk e Wladimir-Wolhynsk, oltre che a Kowel e a Leopoli: città che solo dopo faticose trattative i sovietici avevano autorizzato a divenire presidî, nonostante non si trovassero al confine ma all'interno del paese e il soggiorno dei tedeschi suscitasse notevole disagio. All'inizio i tedeschi avevano auspicato addirittura dieci presidî nell'entroterra. Solo il presidente della Commissione e i suoi stretti collaboratori – nove persone in tutto – erano autorizzati a spostarsi da un presidio all'altro. Tutti gli altri membri erano tenuti a rimanere sotto il costante controllo dell'NKVD nelle varie sedi di lavoro[129]. Nel territorio della Repubblica sovietica di Ucraina, gestiva l'«assistenza» prestata ai tedeschi il generale dell'NKVD Michail I. Proskurjakov, e nel territorio della Repubblica sovietica di Bielorussia un generale dell'NKVD di Minsk di nome Sergeev[130]. Il presidente

Figura 15. Documento che attesta la nomina di Otto Wächter a presidente della Commissione tedesca per i profughi.

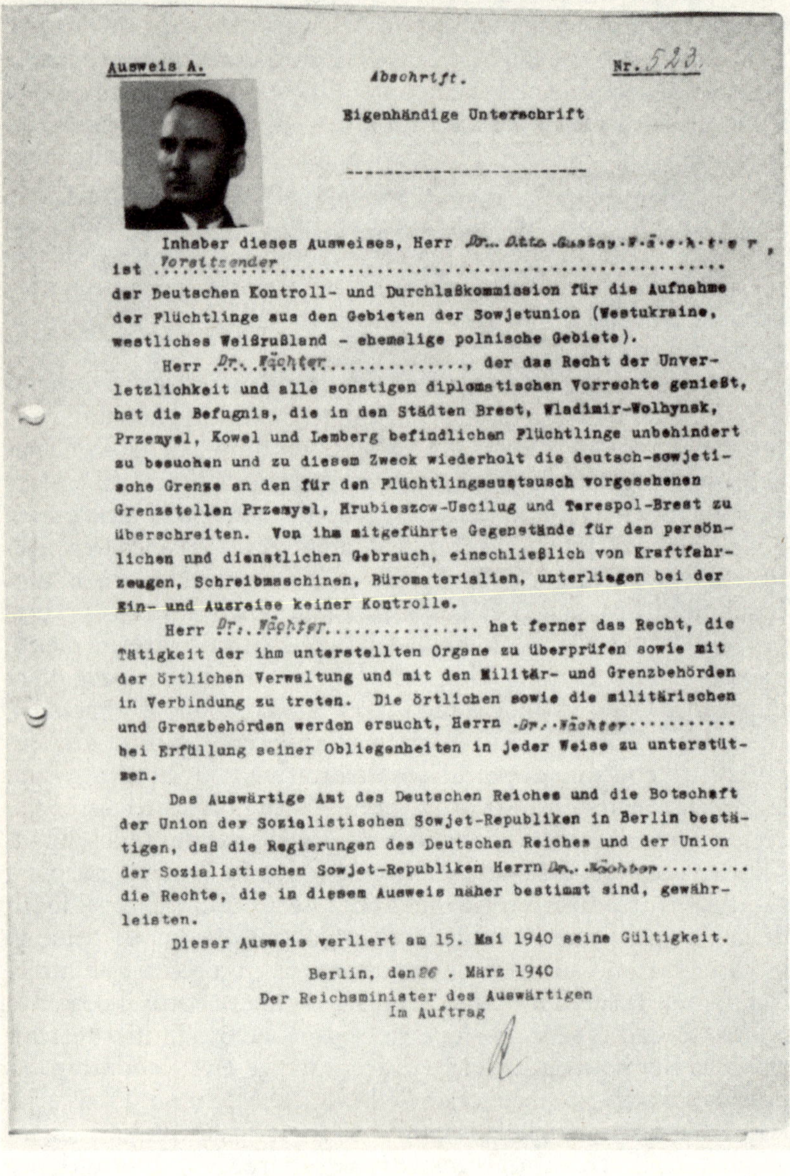

Ausweis A. Abschrift. Nr. 523.

Eigenhändige Unterschrift

Inhaber dieses Ausweises, Herr Dr. Otto Gustav Wächter, ist Vorsitzender der Deutschen Kontroll- und Durchlaßkommission für die Aufnahme der Flüchtlinge aus den Gebieten der Sowjetunion (Westukraine, westliches Weißrußland - ehemalige polnische Gebiete).

Herr Dr. Wächter ...., der das Recht der Unverletzlichkeit und alle sonstigen diplomatischen Vorrechte genießt, hat die Befugnis, die in den Städten Brest, Wladimir-Wolhynsk, Przemysl, Kowel und Lemberg befindlichen Flüchtlinge unbehindert zu besuchen und zu diesem Zweck wiederholt die deutsch-sowjetische Grenze an den für den Flüchtlingsaustausch vorgesehenen Grenzstellen Przemysl, Hrubieszow-Uscilug und Terespol-Brest zu überschreiten. Von ihm mitgeführte Gegenstände für den persönlichen und dienstlichen Gebrauch, einschließlich von Kraftfahrzeugen, Schreibmaschinen, Büromaterialien, unterliegen bei der Ein- und Ausreise keiner Kontrolle.

Herr Dr. Wächter .... hat ferner das Recht, die Tätigkeit der ihm unterstellten Organe zu überprüfen sowie mit der örtlichen Verwaltung und mit den Militär- und Grenzbehörden in Verbindung zu treten. Die örtlichen sowie die militärischen und Grenzbehörden werden ersucht, Herrn Dr. Wächter .... bei Erfüllung seiner Obliegenheiten in jeder Weise zu unterstützen.

Das Auswärtige Amt des Deutschen Reiches und die Botschaft der Union der Sozialistischen Sowjet-Republiken in Berlin bestätigen, daß die Regierungen des Deutschen Reiches und der Union der Sozialistischen Sowjet-Republiken Herrn Dr. Wächter .... die Rechte, die in diesem Ausweis näher bestimmt sind, gewährleisten.

Dieser Ausweis verliert am 15. Mai 1940 seine Gültigkeit.

Berlin, den 26. März 1940

Der Reichsminister des Auswärtigen
Im Auftrag

della Commissione sovietica per i rifugiati nel Governatorato Generale era V. S. Egnarov, che durante i trasferimenti faceva base a Jaroslau con la funzione di rappresentante autorizzato principale e sapeva per esperienza come relazionarsi con i tedeschi. Lo affiancavano nel presidio centrale (dove le registrazioni iniziarono il 14 aprile) e nelle altre sedi di Biala e Hrubieszów, fra gli altri, I. Nevski e V. S. Lesin, in servizio presso l'NKVD[131].

Prima che, alla metà di aprile, la Commissione tedesca con Otto Wächter e il maggiore Flade si mettesse in viaggio per Leopoli, dal 29 al 30 marzo si tenne a Cracovia un incontro tedesco-sovietico durante il quale si negoziò ancora un ultimo «protocollo su dettagli tecnici»[132]. Era stato probabilmente preceduto da un incontro intorno al 19 del mese, in cui furono stabiliti i criteri della presa in consegna dei profughi. A Leopoli i tedeschi disponevano «nella Tarnovski-Straße di una casa con quattro stanze» che fu possibile sistemare in modo da iniziare il lavoro il 17 aprile, dopo che Wächter aveva preso la via del ritorno[133]. I profughi, che già si trovavano sul posto o che vi si dirigevano, venivano bloccati dalle autorità sovietiche ancor prima della registrazione e messi per l'ultima volta davanti alla scelta se trasferirsi nel Governatorato Generale o prendere la cittadinanza sovietica. Coloro che si decidevano per il trasferimento, dovevano presentarsi nella casa della Commissione tedesca. Se venivano respinti, essendosi rifiutati in precedenza di prendere la cittadinanza sovietica, erano considerati dall'NKVD come sospetti e nemici del popolo. Nella maggior parte dei casi in seguito furono deportati[134]. A Brest-Litovsk, per esempio, Gebhardt von Walther osservò che «non pochi profughi che intendono emigrare vengono seguiti e, in particolare a quelli a cui le autorità sovietiche sono particolarmente interessate, viene impedito l'espatrio con l'arresto»[135]. I tedeschi avevano già rifiutato, come riferito sempre da von Walther, grosso modo la metà dei circa otto-novemila profughi che si erano fatti registrare lí, «perché si trattava di ebrei»[136]. Alla fine 1500 ebrei furono riconosciuti come profughi e autorizzati a rimpatriare[137]. Da Przemyśl, dove nell'aprile del 1940 si trovavano ancora piú di cinquantamila profughi, «molti polacchi che allo scoppio della guerra risiedevano nelle aree del paese che ora appartengono all'Unione Sovietica» cercarono, come von Walther riferí a

Figura 16. Autorizzazione dell'ambasciata sovietica a Berlino per Otto Wächter.

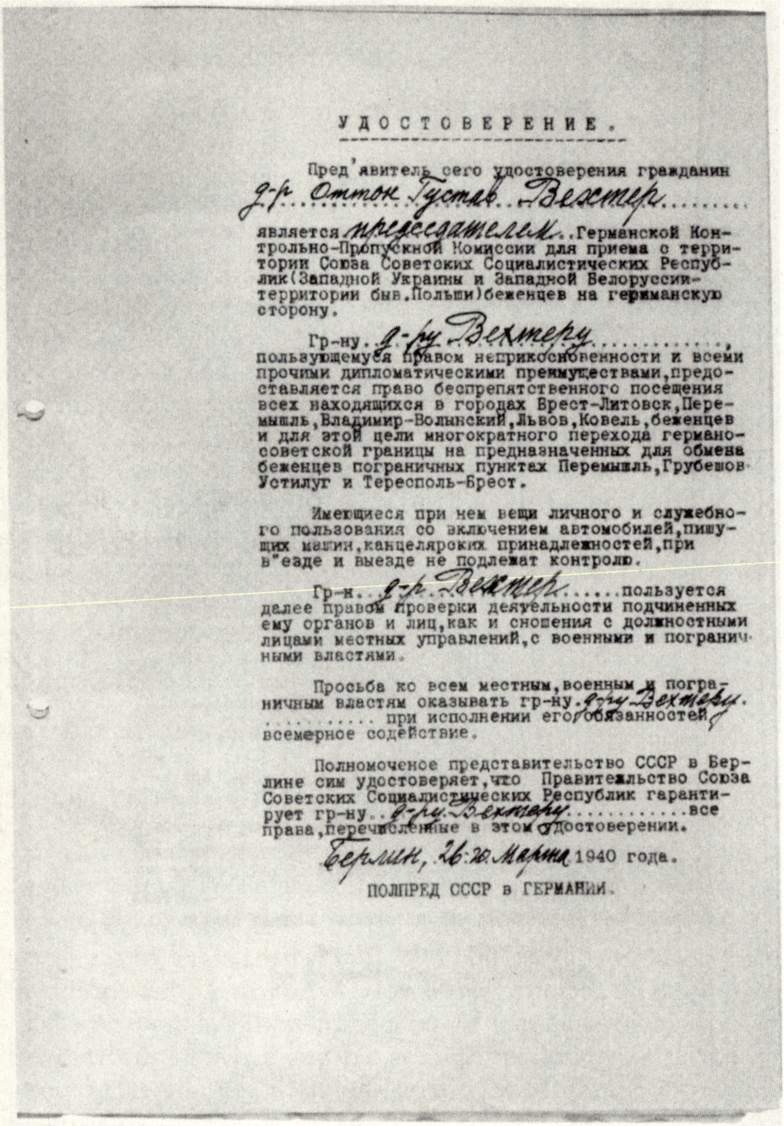

УДОСТОВЕРЕНИЕ.

Пред'явитель сего удостоверения гражданин д-р Оттон Густав Вехтер........ является председателем..Германской Контрольно-Пропускной Комиссии для приема с территории Союза Советских Социалистических Республик(Западной Украины и Западной Белоруссии-территории быв.Польши)беженцев на германскую сторону.

Гр-ну. д-ру Вехтеру............., пользующемуся правом неприкосновенности и всеми прочими дипломатическими преимуществами,предоставляется право беспрепятственного посещения всех находящихся в городах Брест-Литовск,Перемышль,Владимир-Волынский,Львов,Ковель,беженцев и для этой цели многократного перехода германо-советской границы на предназначенных для обмена беженцев пограничных пунктах Перемышль,Грубешов Устилуг и Тересполь-Брест.

Имеющиеся при нем вещи личного и служебного пользования со включением автомобилей,пишущих машин,канцелярских принадлежностей,при в"езде и выезде не подлежат контролю.

Гр-н. д-р Вехтер.....пользуется далее правом проверки деятельности подчиненных ему органов и лиц,как и сношения с должностными лицами местных управлений,с военными и пограничными властями.

Просьба ко всем местным,военным и пограничным властям оказывать гр-ну. д-ру Вехтеру. .... при исполнении его обязанностей всемерное содействие.

Полномоченое представительство СССР в Берлине сим удостоверяет,что Правительство Союза Советских Социалистических Республик гарантирует гр-ну. д-ру Вехтеру...........все права,перечисленные в этом удостоверении.

Берлин, 26:20 Марта 1940 года.

ПОЛПРЕД СССР в ГЕРМАНИИ.

Berlino, «di raggiungere il Governatorato Generale nel contesto di questa operazione».

> La calca – cosí von Walther – è grande, circa 2000 persone aspettano in lunghe spesse file davanti alla casa. In una stanza apposita i funzionari sovietici compilano liste sulla base delle quali il giorno successivo, nella stazione di Przemyśl, l'espatrio viene sottoposto a nuova verifica e sono effettuati i controlli doganali e valutari, motivo per cui il 18 di questo mese il primo gruppo che ha attraversato il confine sul ponte del San era costituito solo da 120 persone. (...) Contraddicendo le affermazioni dei rappresentanti sovietici, i polacchi sostengono che come profughi non avevano avuto alcuna possibilità di provvedere al proprio sostentamento lavorando e di avere vissuto soprattutto vendendo le loro [cose]. Fra di loro dovrebbero trovarsi a Przemyśl alcune centinaia di tedeschi etnici[138].

E, da Wladimir-Wolhynsk, Gebhardt von Walther si recò in tutti i presidî, inviò a Berlino dettagliati rapporti di quello che aveva visto e riferí:

> Al mattino sono state caricate sui treni circa 800 persone, partono a mezzogiorno per andare fino al ponte sul Bug, che dista circa 25 chilometri, da dove un treno tedesco trasporta i profughi per altri 60 chilometri, passando per Hrubieszów, fino al campo di Chełm. Dal 17 al 27 c.m. sono arrivate 7000 persone e 4548 sono state portate via. In totale si stima che il numero dei profughi nella zona si aggiri sui 25-30 000, di cui 6000 a Wladimir e altrettanti a Kowel; il numero degli ebrei non dovrebbe superare i 150. Circa il 90 per cento dei profughi è costituito da contadini ucraini. Prepararne per la partenza una quantità maggiore non è stato possibile solo perché il campo di Chełm non può accoglierne di piú, quindi si valuta di prolungare il tempo a disposizione della Commissione per svolgere la sua attività. La Commissione sovietica a Hrubieszów finora ha rimandato indietro 51 persone, fra cui 10 ebrei[139].

Mentre i tedeschi si limitavano a osservare il lavoro della Commissione sovietica nel Governatorato Generale, i tentativi fatti dall'NKVD per espellere sempre piú ebrei dall'Unione Sovietica in Occidente portò a seri conflitti. Contribuí a esasperare la situazione il ripresentarsi del ben noto squilibrio, vale a dire che nei territori sovietici erano stati registrati molti piú profughi che nel Governatorato Generale. In base alle informazioni fornite da Gebhardt von Walther, entro la fine di aprile erano arrivati nei tre campi tedeschi di confine piú di quindicimila profughi, poco piú di diecimila dei quali erano stati già trasportati nel Governatorato Generale. Von Walther stimava il numero totale delle persone intenzionate a trasferirsi a oltre

164 000; piú del doppio del numero citato da Hans Frank[140]. In direzione contraria solo 304 profughi avevano lasciato il Governatorato Generale[141].

Il clima fra gli alleati peggiorò al punto che alla fine di aprile la Commissione tedesca si recò a Leopoli da un lato per controllare le registrazioni sul posto, dall'altro perché si voleva migliorare la situazione generale e si cercava di risolvere sia il «problema» delle espulsioni degli ebrei sia quello dei tedeschi etnici incarcerati. Poiché nonostante tutti gli sforzi non fu possibile ottenere alcun risultato, l'ambasciata tedesca a Mosca inviò due rappresentanti – il consigliere d'ambasciata Schwimmer e il segretario di legazione Hans-Otto Meissner – sempre a Leopoli. Il 29 aprile 1940 Otto Wächter giunse da Cracovia, Michail Proskurjakov da Kiev e il rappresentante governativo Sergeev da Minsk[142]. «I rappresentanti sovietici – relazionò von Walther al Ministero degli Esteri – sollevarono per prima la *questione ebraica*» (corsivo nell'originale). «Insistettero – cosí von Walther – sulla legittimità della loro prassi di espulsione», poiché nel mese di marzo si era concordato che dovevano essere accettati «profughi senza considerare la loro nazionalità» e che solo la residenza era determinante[143]. I tedeschi obiettarono che «quella degli ebrei non era una nazionalità, ma che si trattava di una questione di razza e di religione». I rappresentanti sovietici non accettarono questa argomentazione, ma per il futuro riconobbero ai tedeschi almeno il diritto di scegliersi i profughi da soli, dopo di che Wächter e Flade dichiararono che desiderava emigrare nel Governatorato Generale un numero di profughi già doppio rispetto a quello concordato e che «solo in casi estremi» sarebbero stati «presi in considerazione gli ebrei»[144].

Formalmente Proskurjakov e Sergeev si dichiararono d'accordo, ma al tempo stesso cercavano – ricorrendo all'astuzia non meno dei tedeschi – di «scaricare» comunque gli ebrei all'Occidente. Durante le trattative proposero di non sbrigare piú le formalità nelle città sovraffollate di Leopoli e di Kowel, perché questo non avrebbe fatto altro che attirarvi ancora piú profughi. Non era difficile per Wächter e Flade intuire perché Proskurjakov proponeva invece di registrare tutti i profughi solo a Przemyśl, direttamente al confine. Una volta arrivati lí, sarebbe stato piú difficile respingerli, tanto piú che ci si sarebbe dovuti occupare di tutti e non solo di quelli che erano già stati autorizzati. La proposta fu respinta. Von Walther riferí:

> La Commissione tedesca non ha potuto riconoscere la validità dei motivi addotti. Trasportare tutti i profughi nelle località di confine sarebbe per la ferrovia un peso maggiore che se viaggiassero solo quelli che sono stati registrati. Dopo che Proskurjakov aveva spiegato che i profughi sono per lo piú ebrei va preso atto che i sovietici si preoccupano di far registrare principalmente gli ebrei. Se la maggior parte degli ebrei viene rifiutata o rimandata indietro, bisogna mettere in conto altri disagi, perché si sono presentati inutilmente a Przemyśl con i bagagli, pronti per partire, e dopo avere lasciato il loro alloggio a Leopoli e oltretutto ora devono essere riportati indietro e cercare una nuova esistenza. Verrebbe quindi esercitata una pressione sul lavoro della Commissione e compromesso il diritto di scelta[145].

Dopo essere tornato da Cracovia, il 3 maggio Otto Wächter riferí sui negoziati con i sovietici. In presenza del governatore generale Frank descrisse come «migliaia di persone» premessero per «attraversare i confini sovietici» e che su 18 000 profughi circa 16 500 erano ebrei: una notizia tragica per Frank. Nel suo diario di servizio Frank mise bene in chiaro il problema con il partner sovietico, che a suo parere desiderava che il Governatorato Generale fosse disponibile ad accogliere «ancora piú ebrei», mentre per parte sua il governo dell'Unione Sovietica non mostrava alcuna volontà di far uscire dalla Russia i tedeschi etnici che si trovavano in carcere[146]. Nel primo caso la politica tedesca continuò a perseguire l'obiettivo di accogliere meno persone possibile. Per la seconda questione, constatava Frank, era necessario che «il Ministero degli Esteri avviasse un negoziato con il governo di Mosca»[147]. Da qualche tempo questi negoziati venivano condotti a Mosca personalmente dall'ambasciatore von der Schulenburg, il quale piú volte sollecitò a Molotov la liberazione dei tedeschi etnici e gli aveva presentato fitti elenchi di prigionieri. Fino a quel momento, delle 340 persone contenute in una lista ne erano state liberate e «portate via» solo una dozzina. Per gli altri prigionieri il governo di Mosca si rifiutava di riconoscere lo *status* di tedeschi etnici e in uno degli ultimi colloqui il commissario per gli Affari esteri si era limitato a dire che la questione era in ogni caso di competenza dell'NKVD, la quale considerava a sua volta i prigionieri come cittadini sovietici e, dopo la fine dei reinsediamenti, non vedeva la necessità di scarcerarli[148]. Il 1° marzo del 1940 l'accordo tedesco-sovietico per i trasferimenti era giunto a scadenza e l'NKVD si rifiutò di fornire sui prigionieri qualunque informazione che chiarisse se nel frattempo erano stati trasferiti in altre carceri, deportati o uccisi.

Il conflitto sui tedeschi etnici in carcere portò a interrompere l'operazione dei profughi. All'inizio di maggio i tedeschi minacciarono di sospendere provvisoriamente la registrazione «fino a che non vengano fatti decisivi passi avanti per la liberazione dei tedeschi etnici prigionieri»[149]. La minaccia andò a vuoto, dopo che Berlino aveva deciso di aumentare la pressione ricorrendo solo al deliberato sabotaggio dello scambio di prigionieri. Non voleva mettere fine all'operazione e Hans Flade, che aveva precipitosamente spedito un telegramma di minaccia a Mosca, fu richiamato all'ordine. Il 6 maggio Otto Wächter, Johann von Wühlisch, incaricato del Ministero degli Esteri presso il Governatorato Generale, e Martin Schliep dell'*Osteuropa-Referat der Politischen Abteilung des AA* (Sezione Europa orientale - Dipartimento politico - Ministero degli Esteri), decisero di «*non* [corsivo nell'originale] sospendere i lavori della Commissione, ma di rallentare (sabotare) l'accoglimento [dei profughi] fino a quando il governo sovietico» non avrebbe assunto una «posizione piú conciliante»[150]. Per giustificare la scelta di procedere, anche se piú lentamente, dicevano che ci si era ormai impegnati ad accogliere sessantamila profughi e che bisognava evitare che l'Unione Sovietica accusasse Berlino di aver rotto gli accordi. Si pensava che un'accusa del genere avrebbe potuto solo indebolire la propria posizione in ulteriori trattative con Mosca sulla questione dei profughi e dei prigionieri[151].

Wächter, Schliep e von Wühlisch non si rendevano conto che Mosca a quel punto non era assolutamente piú interessata a ulteriori trattative. I sovietici, volendo che la Commissione tedesca se ne andasse il prima possibile, avevano sfruttato al massimo lo scambio di profughi, tanto da vedere nella sua interruzione una promessa piú che una minaccia. A metà maggio le Commissioni di Brest e di Wladimir-Wolhynsk avevano già lasciato il paese; solo Hans Flade si tratteneva ancora a Leopoli, e a Przemyśl la Commissione continuava a lavorare[152]. A mettere fine allo scambio dei profughi fu Mosca, non Berlino. Innervosito dall'insistenza sulla liberazione dei tedeschi etnici, il 17 maggio al Cremlino Molotov spiegò a von der Schulenburg che «la questione dei profughi non poteva essere legata a quella dei prigionieri» e che «dovevano essere avviate trattative su entrambe le questioni con il vice del commissario per gli Affari esteri Dekanozov»[153]. Prospettò l'inizio delle trattative per il 19 maggio. Subito dopo, Proskurjakov informò Otto Wächter, «adducendo un ordine di Mosca», che «l'operazione dei profughi non poteva piú essere proseguita»[154]. A Wächter non rimase altro che invitare Flade ad andarsene da Leopoli[155]. Come previsto dal Ministero degli Esteri, «subito dopo la partenza della Commissione», l'Unione Sovietica iniziò a deportare i profughi rimasti «in Siberia, e per la precisione, in base all'esperienza, nei dintorni di Archángel'sk»[156]. La preparazione di questo piano era iniziata molto tempo prima. A giugno del 1940 l'NKVD aveva già deportato nelle regioni interne circa settantamila ebrei che non era stato piú possibile inserire negli scambi[157]. Rientra nel cinismo della storia il fatto che proprio le deportazioni preservarono questi ebrei polacchi dalla Shoah. Chi superò gli strapazzi del viaggio e le difficili condizioni di vita negli sperduti insediamenti speciali ebbe una concreta opportunità di sopravvivere alla seconda guerra mondiale. Le deportazioni staliniste significarono la salvezza. Chi tornò nel Governatorato Generale non ebbe la stessa opportunità.

[1] BA, R 59/311, ff. 8-19, Rapporto sull'attività dei commando di trasferimento tedeschi nel territorio dell'Unione Sovietica e sulla collaborazione dei rappresentanti governativi sovietici all'evacuazione dei tedeschi etnici, 28 gennaio 1940.

[2] Sul numero nel dettaglio delle persone coinvolte vedi DÖRING 2001, pp. 144 sg.

[3] BA, R 59/311, f. 12.

[4] *Volksdeutscher*, secondo la definizione dell'*Einwandererzentralstelle* (EWZ), è «chi è di pura discendenza tedesca, padroneggia la lingua tedesca e si riconosce come appartenente al popolo tedesco. Persone con tre nonni tedeschi e uno solo di altra etnia sono considerati tedeschi»: cfr. DÖRING 2001, p. 13.

[5] DÖRING 2001, p. 15.

[6] Protocollo riservato del Trattato di delimitazione e amicizia del 28 settembre 1939: cfr. PÄTZOLD e ROSENFELD 1990, p. 261. Vedi anche qui *Appendice*.

[7] PÄTZOLD e ROSENFELD 1990.

[8] Dopo la seconda guerra mondiale, negli anni cinquanta Kamphoevener fu con-

sole presso il Consolato generale tedesco di Istanbul. Nel corso dell'interrogatorio da parte dell'esercito statunitense ammise di aver aderito alla NSDAP.

9 La Germania era uscita dalla Società delle Nazioni dopo la presa del potere da parte di Hitler nel 1933, mentre l'Unione Sovietica entrò a farne parte nel 1934.

10 *Interrogatorio di von Kamphoevener* 1945. La GPU (abbreviazione del nome della polizia segreta sovietica, che nel 1945 era però già da tempo obsoleto) era succeduta alla Čeka, per confluire all'inizio degli anni trenta nell'NKVD. «Moslenikov» sta probabilmente per il generale dell'NKVD e vice di Berija Ivan Maslennikov.

11 Vedi il documento dell'accordo in PÄTZOLD e ROSENFELD 1990, p. 274.

12 HECKER 1971, pp. 105-19.

13 «Vecchio Reich», il territorio tedesco prima dell'annessione dell'Austria e dei Sudeti (*N.d.T.*).

14 Per i dettagli cfr. DÖRING 2001, pp. 68 sg.

15 Citato in HECKER 1971, pp. 105-19 (corsivo dell'Autrice).

16 DÖRING 2001, pp. 109 sgg.

17 BA, R 59/309, f. 30, nota del 21 dicembre 1939.

18 DÖRING 2001, p. 88.

19 Vedi HECKER 1971, pp. 105-19.

20 HECKER 1971.

21 DÖRING 2001, p. 47.

22 LONGERICH 2008, p. 461.

23 Citato in DÖRING 2001, p. 57.

24 DÖRING 2001.

25 Discorso di Adolf Hitler al Großdeutschen Reichstag (denominazione assunta dal Reichstag nel 1938; *N.d.T.*) il 6 ottobre 1939, in PÄTZOLD e ROSENFELD 1990, p. 266.

26 Per una bibliografia specialistica sull'argomento, vedi WILDT 2006.

27 LONGERICH 2008, p. 449.

28 *Erlaß des Führers und Reichskanzlers* 1939.

29 KEMMLER 2017. L'EWZ era stato organizzato, sempre nell'ottobre del 1939, per incarico di Himmler da Reinhard Heydrich, il capo della Sipo e della SD. Cfr. DÖRING 2001, pp. 81 sg.

30 Citato in LONGERICH 2008, p. 453.

31 Per ulteriori dettagli al riguardo vedi DÖRING 2001, pp. 342 sg.

32 BA, R 59/311, f. 14.

33 Ivi.

34 Ivi.

35 Sull'attività dell'NKVD vedi YAKOVLEVA 2007, in particolare cap. II, pp. 33-73; GURJANOV 1997; GROSS 1988; SNYDER 2010.

36 Rapporto del commissario di Sanok al governatore del distretto di Cracovia, 29 febbraio 1940, in BA, R 59/311, f. 47.

37 Per la trattazione delle motivazioni sovietiche vedi anche DÖRING 2001, pp. 40 sg.

38 BA, R 59/311, f. 14.

39 Vedi il documento in PÄTZOLD e ROSENFELD 1990, p. 264.

40 BA, R 59/302, f. 45.

41 Sui preparativi a Berlino vedi anche DÖRING 2001, pp. 89 sgg.

42 SELTMANN 1941, p. 106.

43 LENIGER 2006, pp. 95-99.

44 BA, R 59/309, ff. 1-67.

[45] Ivi, f. 3.
[46] Ivi.
[47] Ivi, f. 6.
[48] DÖRING 2001, pp. 96 sgg.
[49] Al riguardo vedi DÖRING 2001, p. 90.
[50] BA, R 59/311, rapporto del 28 gennaio 1940, ff. 8-19, qui f. 11.
[51] Per ulteriori dettagli cfr. DÖRING 2001, p. 97.
[52] DÖRING 2001, p. 99.
[53] DÖRING 2001, p. 96.
[54] *Sowjetabordnung kommt nach Krakau*, in «Völkischer Beobachter» (edizione di Berlino, 6 dicembre 1939).
[55] Ivi.
[56] VERŠININ 1975, p. 162.
[57] «Völkischer Beobachter», 6 dicembre 1939, citato in PÄTZOLD e ROSENFELD 1990, p. 280.
[58] O'NEIL e WEBB 2007.
[59] Per gli studi sulle «conferenze Gestapo-NKVD» vedi anche WEBER 2015, pp. 52-65.
[60] Lo storico Norman Davies, per esempio, deduce da questa argomentazione che le azioni fossero state pianificate insieme: cfr. DAVIES 1984.
[61] SLOWES 1991.
[62] BA, R 59/309, f. 7.
[63] Ivi. Edward Rydz-Śmigły (1886-1941), uomo politico e maresciallo di Polonia. Nel 1920 aveva partecipato alla vittoriosa battaglia di Varsavia e nel 1939 organizzò la resistenza contro i tedeschi. Dopo l'invasione dell'Armata Rossa andò in Romania. Fece ritorno nel Governatorato Generale in incognito nell'ottobre del 1941 e poco tempo dopo morí a Varsavia.
[64] DÖRING 2001, p. 117.
[65] DÖRING 2001, pp. 113 sg.
[66] Diario del professor M. Koch, collaboratore presso lo staff di Leopoli, nota del 7 gennaio 1940, in BA, R 59/305, ff. 1-47, qui f. 30.
[67] Rapporto n. 17 di Wolfgang von Welck, rappresentante del Ministero degli Esteri presso la Commissione tedesca per i reinsediamenti, 18 gennaio 1940 (d'ora in poi Rapporto von Welck), in PAAA, R 104387.
[68] Ivi.
[69] DÖRING 2001, p. 13.
[70] DÖRING 2001, p. 105.
[71] Rapporto von Welck, in PAAA, R 104387.
[72] BA, R 59/309, f. 20.
[73] Rapporto von Welck, in PAAA, R 104387.
[74] Ivi.
[75] BA, R 59/309, ff. 38-39.
[76] Ivi.
[77] Diario del professor M. Koch, in BA, R 59/305, f. 11.
[78] Per ulteriori dettagli cfr. BILOUS e RADČENKO 2018.
[79] BA, R 59/309, f. 37.
[80] GRELKA 2005, p. 183. In totale il numero degli ucraini arruolati negli *Ost-Bataillon* o in quelli di volontari della Wehrmacht può essere stimato in circa 250 000 persone: RIEBER 2003, p. 147. Cfr. anche POTICHNYI 1986, p. 62; BIHL 1994, p. 141.

[81] BRUDER 2007, p. 114. Sugli ucraini come «allievi modello del potere occupante» a Cracovia, vedi GRELKA 2005, pp. 192-208.

[82] Sulla collaborazione fra gli ucraini e il Terzo Reich vedi GRELKA 2005; GOLCZEWSKI 2010; GOLCZEWSKI 2003; SABRIN 1991. Sulla storia dell'OUN (Organizzazione dei nazionalisti ucraini) cfr. BRUDER 2007. L'esempio piú noto di federazione nazionale di soccorso era l'*Ukrainischer Hauptausschuss* (Comitato centrale ucraino), chiamato anche *Ukrainisches Zentralkomitee* (Comitato nazionale ucraino), sotto l'egida del quale si raccolsero nel Governatorato Generale, a partire dall'aprile 1940, tutti i comitati di autosoccorso ucraini. Il Comitato nazionale ucraino era l'unica organizzazione politica dell'Ucraina autorizzata nel Governatorato Generale dai tedeschi.

[83] BA, R 59/309, ff. 37-39.

[84] Ivi, f. 39.

[85] BABEROWSKI 2012, p. 385.

[86] Sul trasporto con treni, convogli e colonne di automobili, vedi i particolari in DÖRING 2001, pp. 118-34.

[87] BA, R 59/309, f. 25.

[88] BA, R 59/311, f. 11.

[89] I particolari in DÖRING 2001, pp. 153 sgg.

[90] BA, R 59/309, ff. 47-48.

[91] Rapporto al governatore di Cracovia Otto von Wächter del 27 febbraio 1940, ivi, R 59/311, ff. 37-41, qui f. 38.

[92] Ivi.

[93] Ivi, f. 15.

[94] Ivi, f. 17.

[95] Ivi, f. 6. Rapporto dell'incaricato del Ministero degli Esteri per l'assistenza ai delegati sovietici per i trasferimenti, 19 gennaio 1940.

[96] Cito da NESSELRODT 2016, p. 49.

[97] Il destino dei profughi ebrei al confine tedesco-sovietico è oggi sempre piú spesso oggetto di interesse della ricerca storica. Pubblicazioni importanti sono EDELE, FITZPATRICK e GROSSMANN 2017; BILOUS e RADČENKO 2018; SAUERLAND 2004, e in particolare la tesi contenuta in NESSELRODT 2019.

[98] ADLER 2014, p. 13.

[99] ADLER 2014, p. 12.

[100] ADLER 2014, p. 8.

[101] Rapporto von Welck, in PAAA, R 104387.

[102] Diario dell'Untersturmführer Brückner, in BA, R 59/309, f. 20.

[103] Ivi, f. 35.

[104] Rapporto von Welck, in PAAA, R 104387.

[105] BA, R 59/309, ff. 37, 65.

[106] BA, R 59/311, f. 19.

[107] BA, R 59/309, f. 15.

[108] Rapporto del commissario della città di Sanok al governatore del distretto di Cracovia, 29 febbraio 1940, in BA, R 59/311, f. 47.

[109] Verbale delle consultazioni fra i capidipartimento nella RSHA dal 7 settembre al 14 ottobre 1939, in «SD-Hauptamt/Stabskanzlei», Institut für Zeitgeschichte München, MA 433, pp. 8498 sgg., citato in GOSHEN 1981, pp. 80 sgg., e in LONGERICH 2008, pp. 455 sgg.

[110] LONGERICH 2008, p. 457.

111 *Rapporto di Leopold Sonnenfeld* s.d. Resoconti analoghi in GOSHEN 1981, pp. 89 sg.

112 Citato in GOLDLUST 2012, p. 38.

113 Sugli avvenimenti della «marcia della morte» nel dettaglio vedi ADLER 2014.

114 Diario dell'Untersturmführer Brückner, nota del 28 dicembre 1939, in BA, R 59/309, f. 40.

115 Citato in PÄTZOLD e ROSENFELD 1990, pp. 279 sg.

116 Citato in PÄTZOLD e ROSENFELD 1990, p. 282.

117 BA, R 59/311, f. 19.

118 Ivi, ff. 30-34.

119 Telegramma dell'ambasciata tedesca, da Mosca al Ministero degli Affari esteri a Berlino, 31 gennaio 1940, in PAAA, R 104387.

120 BA, R 59/311, f. 19.

121 Ivi, f. 12 (corsivo dell'Autrice).

122 DÖRING 2001, p. 136.

123 DÖRING 2001.

124 BA, R 59/311, f. 19.

125 Lettera del consigliere governativo Hübschmann al governatore von Wächter, 27 febbraio 1940, ivi, ff. 37-41.

126 PRÄG e JACOBMEYER 1975, pp. 93 sg., con una dettagliata esposizione dei numerosi spostamenti di popolazione e del sovraccarico accusato dal Governatorato Generale. In base al «piano a lungo termine», nel Governatorato Generale avrebbero dovuto essere espulse circa seicentomila persone.

127 Gebhardt von Walther nel 1959 sarà nominato ambasciatore tedesco presso la Nato.

128 Al riguardo vedi l'informativa interna/trascrizione di un telegramma di Emil von Rintelen dall'ambasciata di Mosca, 2 aprile 1940; lettera dal Ministero degli Esteri - Berlino (Wilhelm Großkopf) a Hoffmeyer, 8 aprile 1849; lettera dell'ambasciata tedesca a Mosca al Ministero degli Esteri - Berlino (Wilhelm Großkopf), 18 maggio 1940, in PAAA, R 104387.

129 Telegramma dell'ambasciata tedesca al Ministero degli Esteri, 29 febbraio 1940, ivi.

130 Michail Ivanovič Proskurjakov era dal 1924 al servizio dell'NKVD e dopo il 1941 collaborò con il servizio segreto militare Smerš: vedi *Organy gosudarstvennoj bezopasnosti* 2007, p. 200.

131 Lettera dell'incaricato del Ministero degli Esteri presso la Commissione tedesca di controllo e transito per l'accoglienza dei rifugiati (Gebhardt von Walther) al Ministero degli Esteri, da Leopoli, 19 aprile 1940, in PAAA, R 104387.

132 Telegramma dal Ministero degli Esteri (Emil von Rintelen) all'ambasciata di Mosca, 2 aprile 1940, ivi.

133 Rapporto 1 dell'incaricato del Ministero degli Esteri presso la Commissione tedesca di controllo e transito per l'accoglienza dei rifugiati al Ministero degli Esteri, 19 aprile 1940 (d'ora in poi Rapporto 1), in PAAA, R 104387.

134 Rapporto 2 dell'incaricato del Ministero degli Esteri presso la commissione tedesca di controllo e transito per l'accoglienza dei rifugiati al Ministero degli Esteri, 28 aprile 1940 (d'ora in poi Rapporto 2), in PAAA, R 104387.

135 Ivi.

136 Ivi.

137 Ivi.

138 Rapporto 1, ivi.

139 Rapporto 2, ivi.

140 Ivi.

[141] Rapporto 3 dell'incaricato del Ministero degli Esteri presso la Commissione tedesca di controllo e transito per l'accoglienza dei rifugiati al Ministero degli Esteri, 1° maggio 1940, ivi.

[142] Ivi.

[143] Ivi.

[144] Ivi.

[145] Ivi.

[146] Vedi PRÄG e JACOBMEYER 1975, p. 192.

[147] PRÄG e JACOBMEYER 1975.

[148] Rapporto 1, in PAAA, R 104387. Lettera (Wilhelm Großkopf) all'Obersturmbannführer delle SS Hoffmeyer, 8 aprile 1940, ivi.

[149] Comunicazione di Otto Wächter al Ministero degli Affari esteri, 1° maggio 1940, ivi.

[150] Rapporto del Ministero degli Affari esteri (Wilhelm Großkopf), 15 maggio 1940, ivi.

[151] Ivi.

[152] Conversazioni telefoniche dell'ambasciata tedesca a Mosca con il Ministero degli Esteri a Berlino, 17-18 maggio 1940, ivi.

[153] Ivi.

[154] Comunicazione telefonica del governatore distrettuale Otto Wächter al Vortragenden Legationsrat (consigliere di legazione referente) Schliep presso il Ministero degli Affari esteri, 18 maggio 1940, ivi.

[155] Ivi.

[156] Rapporto del Ministero degli Affari esteri sulle questioni relative all'evacuazione residua nel contesto dell'operazione di scambio dei profughi provenienti dai territori della Polonia occupati dall'Unione Sovietica, 17 maggio 1940, ivi.

[157] NESSELRODT 2016, p. 49.

Capitolo quinto

«Era mio compito, da ministro degli Esteri, ampliare i confini della nostra madrepatria»

Vjačeslav Molotov, il leggendario commissario per gli Affari esteri di Stalin, è morto nel novembre del 1986, nel bel mezzo della Perestrojka, la riforma del socialismo di stato avviata dall'ultimo segretario generale del PcUS, Michail Gorbačëv. Molotov non ha fatto in tempo ad assistere al crollo dell'impero sovietico, alla secessione degli Stati baltici, alla fine delle Repubbliche popolari dell'Europa orientale e ai pericolosi conflitti nella regione del Caucaso e nell'Asia centrale. Anche se soffrí molto sotto il dominio di Stalin e piú volte il suo destino era stato appeso a un filo, non avrebbe piú capito il mondo che lo circondava. A dispetto di tutta la sua sofferenza personale, infatti, Molotov è rimasto per tutta la vita un leale seguace e custode dell'impero sovietico, al quale non gli sarebbe mai venuto in mente di rinunciare. Decenni dopo la morte di Stalin, Molotov ha dato allo scrittore Feliks Čuev l'opportunità, nel corso di molti anni, di farsi un'idea approfondita del suo pensiero e dell'atmosfera alla corte degli «zar rossi». Quando le registrazioni poterono finalmente essere pubblicate, dopo la fine dell'Unione Sovietica, con il titolo *Sto sorok besed s Molotovym* (Centoquaranta conversazioni con Molotov), esse iniziavano con il patto Hitler-Stalin e la seconda guerra mondiale. «Era mio compito da ministro degli Esteri – sintetizzava Molotov gli eventi di quegli anni – ampliare i confini della nostra madrepatria. E con il senno di poi pare proprio che io e Stalin abbiamo svolto questo compito molto bene»[1].

Nei mesi seguenti al patto Hitler-Stalin, l'Unione Sovietica e il Terzo Reich occuparono il continente europeo e se lo spartirono. Al termine delle campagne di conquista nell'Europa orientale, settentrionale e occidentale, Hitler aveva ampliato il suo dominio di 800 000 chilometri quadrati, mentre Stalin riuscí a estendere il suo impero verso ovest e sud-est di 422 000 chilometri quadrati[2]. Sull'Europa orientale si erano accordati nel famigerato Protocollo aggiuntivo segreto al Trattato di non aggressione tedesco-sovietico, di cui Molotov, nelle conversazioni con Čuev, negò con impeto l'esistenza e che è stato pubblicato solo a seguito della Perestrojka.

> Ovviamente non c'è nessun segreto – mentí Molotov. – Secondo me queste voci sono state create ad arte per rovinarci la reputazione. No, no, la faccenda è molto chiara. Un accordo segreto di questo genere non avrebbe potuto esserci. Io ho partecipato alla cosa molto da vicino, di fatto ero direttamente coinvolto, e le posso assicurare che si tratta senza dubbio di un falso[3].

Con l'occupazione della Polonia, il meccanismo di conquista era stato avviato. Dal settembre del 1939 al giugno del 1941 la storia della seconda guerra mondiale in Europa coincise con quella del patto Hitler-Stalin: a est come a nord e a ovest. Eppure l'importanza centrale che il patto riveste non solo per la Polonia, ma anche per le conquiste di Hitler a nord e a ovest, è stata tematizzata e riconosciuta molto meno di quanto è accaduto per i fatti dell'Europa orientale. La sua storia continua a essere spesso considerata una questione che riguarda gli europei dell'est, senza tenere conto che i cosiddetti Blitzkriege altrimenti non sarebbero stati possibili e che l'alleanza esercitò un considerevole influsso sull'evolversi del regime d'occupazione tedesco. Il Terzo Reich occupò la Francia, gli stati del Benelux e parte della Scandinavia nel periodo in cui il patto rimase in vigore e grazie a esso, mentre l'Unione Sovietica inglobò i paesi baltici, la Bessarabia e la Bucovina settentrionale. L'andamento della guerra, tanto vittorioso per entrambi i dittatori, condusse l'alleanza alla fine – nell'Europa sud-orientale, dove i due programmi da grande potenza si scontrarono – a un decisivo punto di svolta che mise in evidenza le linee di frattura e di conflitto. La parabola discendente del patto Hitler-Stalin iniziò durante la primavera del 1940, nel momento del suo massimo «successo»: la conquista dell'Europa.

1. *Castelli in aria: la cooperazione economica.*

Una delle premesse principali delle campagne vittoriose nell'Europa orientale, settentrionale e occidentale furono le relazioni economiche tedesco-sovietiche, che svolsero un ruolo centrale nella storia del patto. Colloqui di carattere economico gli avevano spianato la strada in un'epoca in cui Stalin e Hitler si mostravano ancora verso l'esterno come nemici irriducibili e il 19 agosto 1939, dunque prima della firma del Trattato di non aggressione, si arrivò a concludere un accordo commerciale. Per realizzare i loro progetti espansionistici i tedeschi avevano bisogno delle forniture sovietiche di materie prime, mentre Mosca era interessata al *know-how* tecnologico e all'industria militare tedesca. «Il governo dell'Urss ha intenzione di sviluppare con tutti i mezzi le relazioni economiche e di aumentare il giro d'affari fra la Germania e l'Unione Sovietica», garantí di conseguenza Molotov nel corso dei negoziati sul Trattato di delimitazione e amicizia, e aggiunse di voler sostenere un programma economico redatto «dalle due parti», «in base al quale l'Unione Sovietica fornirà alla Germania le materie prime, compensate dalla Germania con forniture industriali che dovranno estendersi per un tempo lungo»[4].

Poco dopo la firma del trattato, l'agenzia di stampa Tass diede notizia dell'arrivo di una delegazione d'affari tedesca che, guidata dall'ambasciatore utilizzato da Ribbentrop «per incarichi speciali» Karl Ritter e con l'esperto Karl Schnurre, aveva il compito di implementare rapidamente il programma annunciato. Ci vollero quattro interi mesi di discussioni ostinate e faticose – nel frattempo Ritter aveva lasciato Mosca esasperato – prima che le trattative si concludessero e l'accordo commerciale potesse essere firmato, l'11 febbraio 1940, da Ritter e Schnurre, nonché da Anastas Mikojan, commissario del popolo al Commercio estero, e da Evgenij Babarin, capo della rappresentanza commerciale dell'Urss in Germania[5]. L'Unione Sovietica si impegnava a fornire entro un anno materie prime – biada, petrolio, cotone, cromite e platino – per un valore di 500 milioni di Reichsmark, corrispondenti grosso modo al 52 per cento dell'export sovietico[6]. In cambio la Germania forniva beni industriali e attrezzature belliche. Il duro confronto per arrivare a un accordo commerciale vantaggioso per entrambe le parti rivelò quanto poco Mosca e Berlino si fidassero l'una dell'altra e, a dispetto di tutte le dichiarazioni d'amicizia, quanto in fondo si guardassero con sospetto. Entrambe le parti erano consapevoli che le forniture commerciali avevano come scopo il riarmo e la preparazione di una guerra che avrebbe potuto investire il proprio paese e per questo, anche sul piano commerciale, quando si incontrarono lo fecero con una diffidenza che, per esempio nel caso della politica aeronautica tedesca, non era del tutto infondata.

Nel settembre del 1939, Molotov aveva appena espresso l'interesse sovietico per relazioni commerciali piú strette che Martin Wronsky, direttore e fondatore di Lufthansa, si rivolse all'ambasciata di Mosca. Wronsky, «il genio tecnico» della compagnia aerea, che nel consiglio di sorveglianza figurava come «rappresentante esterno», sperava

> ... che [noi] grazie alla situazione determinata dagli attuali accordi tedesco-sovietici (...) avremo molto presto la possibilità di riprendere il nostro vecchio progetto di un collegamento aereo con l'Estremo Oriente (Cina e Giappone) passando per l'Unione Sovietica[7].

Nella sua lettera Wronsky si riferiva a un'iniziativa presa poco tempo prima dal direttore della Deutsche Bank, Kurt Weigelt, sempre nei confronti dell'Unione Sovietica. Nel periodo fra le due guerre il banchiere ed esperto di aviazione Weigelt era stato presidente della compagnia aerea russo-tedesca Deruluft, che aveva cessato l'attività solo nell'aprile del 1937, quindi molto tempo dopo la presa del potere da parte di Hitler. Weigelt scorgeva ora nell'annunciato programma economico la possibilità di riprendere la fruttuosa collaborazione – nel 1935 la Deruluft aveva un elevato traffico di passeggeri – e, piú ancora, di sfruttare Mosca come trampolino di lancio per l'orientamento strategico della Lufthansa verso l'Asia e l'Estremo Oriente[8]. Weigelt, che era anche presidente del Gruppo per le iniziative tedesche di economia coloniale[9] e una figura di primo piano della politica coloniale tedesca, progettava di eliminare la concorrenza della Gran Bretagna sul mercato asiatico passando per Mosca. In linea con Martin Wronsky, già negli anni venti aveva puntato sulla «linea eurasiatica» e su un'attiva politica cinese che entrambi, una volta arrivati a ricoprire le massime cariche, promossero con vigore nel Ministero dell'Aviazione diretto da Göring. Riattivare il collegamento aereo con Mosca era il primo passo in questa direzione[10].

Tramite l'ambasciatore von der Schulenburg, i piani elaborati dalla direzione della Lufthansa arrivarono a Molotov, il quale inserí l'argomento nell'agenda di una numerosa delegazione sovietica di alto livello che doveva recarsi in visita a Berlino alla fine di ottobre. Guidata da Ivan Tevosjan, «braccio destro» di Mikojan, la delegazione era formata da otto sottocommissioni competenti per singoli settori economici, solo cinque delle quali presero in carico le trattative con l'industria bellica e aeronautica tedesca. In un primo momento, piú che della ripresa di rotte civili si parlò dell'acquisto di aerei da combattimento e di bombardieri tedeschi, che i sovietici andarono a vedere in piú sedi, alla presenza del Generalluftzeugmeister[11] di Göring, il leggendario pilota di aerei da caccia della prima guerra mondiale Ernst Udet. Nella tarda serata del 16 ottobre, la delegazione venne accolta, alla stazione ferroviaria di Friedrichstraße di Berlino, da alti funzionari economici del Ministero degli Esteri, e nei giorni successivi visitò una serie di stabilimenti industriali presso l'aeroporto di Johannisthal vicino a Berlino, a Dessau, Augusta, Rostock e Brema. I collaboratori di Udet, che avevano organizzato il viaggio, cercarono, per quanto possibile, di non mostrare i modelli piú recenti, ma quelli un po' superati, che potevano essere venduti tranquillamente a Mosca. La linea di produzione di un nuovo bombardiere a lungo raggio, cosí come, durante una visita a Brema, il nuovo aereo da caccia Focke-Wulf 190 rimasero celati ai sovietici. Tuttavia le consultazioni economiche, comprese quelle sulla ripresa del traffico aereo civile, andarono bene, anche perché Hermann Göring si preoccupò di creare un clima positivo e promise in regalo al commissario per la Difesa di Stalin, Vorošilov, un monomotore Fieseler *Cicogna*.

Due settimane dopo il viaggio in Germania della delegazione d'affari sovietica, Martin Wronsky si recò a Mosca, dove fra le altre cose condusse negoziati concreti con la Aeroflot per creare la linea «Eurasia» diretta in Cina. Ottenne la ripresa del servizio aereo di linea congiunto a partire dal 1° gennaio e la bozza di un accordo intergovernativo, che però venne bocciata dai tedeschi dopo il suo ritorno. Berlino non voleva alcun accordo tra governi; preferiva una semplice cooperazione che si potesse regolare tramite un contratto di partenariato fra Aeroflot e Lufthansa. Anche se a Mosca questo declassamento non piacque, Molotov diede luce verde e il 23 dicembre Wronsky firmò il contratto con Aeroflot, al quale seguirono altri accordi per la realizzazione di infrastrutture. Oltre al contratto riguardante l'aviazione, un accordo di navigazione regolò il servizio di trasporto marittimo Amburgo-Leningrado e Leningrado-Stettino (Szczecin), e con un altro accordo per il trasporto ferroviario si gestirono il traffico delle merci ai valichi di frontiera, come Brest-Litovsk e Przemyśl, e i treni diretti in Romania in transito nel territorio sovietico. Quando, nel gennaio del 1940, i primi aerei passeggeri atterrarono a Mosca e a Berlino – all'aeroporto di Tempelhof – la cooperazione economica aveva raggiunto il suo apice.

I russi non ignoravano che esperti dell'aviazione tedeschi come Wronsky e Weigelt vedevano Mosca solo come una tappa necessaria sulla strada per la realizzazione di una rotta aerea dall'Europa attraverso l'Asia diretta in Cina. Molotov aveva autorizzato la ripresa delle relazioni bilaterali, ma ciò non significava che fosse disposto a sostenere i piani di espansione economica su larga scala, ed eventualmente anche politici, della Germania. Molotov e Stalin non si fecero imbrigliare dai progetti espansivi e coloniali tedeschi.

Molotov vietò dunque risolutamente che le rotte della Lufthansa si estendessero in territorio sovietico fino a Vladivostok, e non riconobbe agli aerei tedeschi diretti nel Manciukuo – lo stato fantoccio della Manciuria soggetta all'egemonia del Giappone – i diritti di sorvolo. Quando cominciarono a girare le prime voci di un attacco tedesco all'Unione Sovietica, Mosca rivide persino gli accordi in vigore, guardando con sempre maggiore sospetto i voli di linea gestiti in collaborazione. È vero che rappresentanti dell'industria aeronautica tedesca e membri dello staff di Ernst Udet visitarono stabilimenti di aerei e istituti di ricerca ancora nel marzo del 1941. Lo scopo di Mosca era però, in quel momento, non tanto quello di intensificare le relazioni commerciali ma di «mostrare che cosa abbiamo e cosa possiamo fare per poter annientare chiunque ci attacchi»[12]. Anche lo scambio di merci concordato nel mese di febbraio si rivelò sempre piú difficile rispetto a quanto l'iniziale euforia avesse fatto pensare, e ci si rinfacciava a vicenda numerosi ritardi e difetti di qualità. Karl Schnurre, per esempio, giustificava l'operato del Reich:

> Le forniture tedesche continuano a essere molto in ritardo rispetto a quelle sovietiche. La colpa è da attribuire in larga misura al metodo estremamente complicato di condurre le trattative e alla flemma dei mediatori russi[13].

Anche se probabilmente la valutazione di Schnurre non era sbagliata – le trattative con Mosca erano sempre complicate – le difficoltà non erano dovute solo al partner sovietico ma anche ai tedeschi i quali, a causa della situazione in cui si trovava la propria economia bellica, erano poco propensi a spedire a est gli impianti industriali. Per protesta, già due mesi dopo la firma dell'accordo di febbraio, nell'aprile del 1940, Mosca interruppe temporaneamente le forniture di petrolio e di cereali e ritirò autorizzazioni concesse in precedenza, come quella per una base navale tedesca presso Murmansk[14].

2. *«Base Nord»*.

L'inevitabile tensione – che una collaborazione pervasa di diffidenza generò nell'alleanza tedesco-sovietica – segnò anche la cooperazione militare (come quella economica), che non riuscí neanche lontanamente ad avvicinarsi a quella, leggendaria, dell'epoca fra le due guerre. Certo, i propagandisti dei due regimi avevano organizzato con grande cura l'incontro dell'Armata Rossa e della Wehrmacht in Polonia e attribuito profondo valore simbolico alle fotografie della parata della vittoria a Brest-Litovsk. Eppure Goebbels non volle che fossero pubblicate dalla stampa nazionale neppure le immagini in cui i soldati russi e tedeschi si scambiavano le sigarette o si davano amichevoli pacche sulle spalle. La foto di un arco di benvenuto ornato di fiori, su cui gli abitanti di un villaggio polacco, nell'incertezza, avevano messo sia la svastica sia la falce e il martello (fig. 17), fu censurata da Goebbels seduta stante[15]. Nelle prime settimane di guerra, la Wehrmacht e l'Armata Rossa non si consultarono neppure sulle possibilità di una cooperazione a lungo termine, ma su questioni urgenti, quali la ripartizione dei territori, il ritiro della Wehrmacht dalla sfera di interesse sovietica, il tracciato delle linee di confine e la soppressione congiunta della Resistenza polacca, su cui il dissenso era minimo.

Il Trattato di delimitazione e amicizia del 28 settembre pose fine alla fase di transizione, suscitando fra l'altro nell'addet-

Figura 17.
Arco di benvenuto decorato dagli abitanti di un villaggio polacco, in via precauzionale, sia con la svastica sia con falce e martello.

to militare tedesco a Mosca, il tenente generale Ernst-August Köstring, addirittura speranze di una collaborazione a lungo termine[16]. Köstring, che aveva negoziato con Vorošilov il ritiro della Wehrmacht e il passaggio di consegne a Białystok, incrementò il suo personale d'ambasciata e caldeggiò l'istituzione, avvenuta all'inizio di novembre, del «reparto di collegamento Russia dell'OKH nell'Ober Ost»[17], che con sede a Litzmannstadt era guidato dal tenente colonnello Karl Spalcke, un veterano dei tempi in cui tra l'esercito della Repubblica di Weimar e l'Armata Rossa le cose funzionavano bene[18]. Con Spalcke il «reparto di collegamento Russia» si occupò principalmente di scaramucce di confine e di problemi legati allo scambio di prigionieri, riguardo ai quali, di concerto con Köstring e con l'ambasciata, si spese per il rilascio dei tedeschi etnici portati in Russia come prigionieri di guerra perché arruolati nell'esercito polacco e che ora, si sperava, sarebbero rientrati nel territorio d'occupazione tedesca nell'ambito degli accordi di reinsediamento e dello scambio di popolazione[19]. Né Köstring né il «reparto di collegamento Russia» riuscirono però a sviluppare piani di cooperazione militare a lunga scadenza di piú ampio respiro, anche perché fra i generali della Wehrmacht prevalevano l'antibolscevismo, la diffidenza e il rancore per aver servito quasi su un piatto d'argento la Polonia orientale all'Armata Rossa. Nell'Armata Rossa, per altro verso, la propaganda stalinista degli anni trenta e l'esperienza delle epurazioni nelle proprie file avevano sortito i loro effetti e creato un clima di ostile riserbo. I generali dell'esercito tedesco di rango piú elevato espressero il proprio scetticismo nei confronti dell'alleanza in numerosi memorandum, nei quali si legge per esempio che ora Hitler si trovava con la Russia stalinista in una «dynamische Lebensgemeinschaft» (comunità di vita dinamica) e che di conseguenza la Germania rischiava di diventare «uno spalto europeo del grande impero asiatico (...) un gruppo marginale bolscevizzato dell'Asia in Europa»[20]. Non si poteva assolutamente parlare di una fratellanza d'armi. Si temeva piuttosto la brama espansionistica russa, dalla quale mise in guardia, per fare un esempio, l'ex capo di stato maggiore dell'esercito e avversario di Hitler Ludwig Beck. Nel corso delle trattative sul confine del 1939, Beck spiegava: «Di conseguenza si può benissimo essere dell'opinione che se in futuro ci sarà un confine tedesco-sovietico, saremo caduti dalla padella nella brace»[21].

Tentativi di collaborazione militare d'un certo peso si registrarono solo nella Marina, benché anche qui i piani per utilizzare il porto di Murmansk da parte dei tedeschi finissero per arenarsi. Nel settembre del 1939 sei navi tedesche, fra cui la nave passeggeri *Bremen*, che dopo la dichiarazione di guerra delle potenze occidentali si trovavano su rotte transatlantiche, si erano rifugiate nel porto di Murmansk. Alla metà di settembre erano all'ancora già 18 piroscafi mercantili e passeggeri tedeschi, per cui la Marina militare tedesca cominciò a pensare di non utilizzare Murmansk solo come rifugio per le navi commerciali ma come base militare segreta[22]. È vero che Hitler vietò l'acquisto di sottomarini sovietici, ma autorizzò progetti come questo. Mosca li respinse sostenendo che Murmansk era troppo grande per poter garantire la segretezza. Oltretutto l'idea che, con i tedeschi, una potenza straniera si trasferisse nel porto di Murmansk, storicamente carico di valori simbolici e importante dal punto di vista strategico, suscitava scarso entusiasmo al Cremlino. Per non offendere apertamente gli alleati, Molotov propose in alternativa l'insenatura di Zapadnaja Lica, situata a ovest di Murmansk. Ribattezzata «Base Nord» e ben protetta da sguardi nemici, rendeva possibile trasformare le navi mercantili e passeggeri tedesche in incrociatori della Marina militare.

Tuttavia anche questi progetti non vennero mai realizzati, da un lato perché neanche questo sito garantiva la segretezza e, in secondo luogo, perché i cantieri navali sovietici non disponevano della necessaria attrezzatura tecnica. I lavori di riparazione rimasero numericamente limitati e la «Base Nord» fu utilizzata poco, prevalentemente come punto di ancoraggio per le navi di rifornimento dei cacciatorpedinieri tedeschi durante l'invasione della Norvegia. Con l'espandersi del teatro di guerra era comunque divenuta superfluo. Il 22 agosto 1940 la *Kriegsmarine* (Marina militare) pose fine all'increscioso capitolo e la *Seekriegsleitung*, il suo comando operativo, sciolse la «Base Nord», non piú necessaria dopo l'occupazione della costa norvegese.

3. *Le guerre lampo di Hitler.*

Mentre economisti e militari soppesavano ancora le possibilità aperte dall'alleanza con Mosca, Hitler aveva da tempo rivolto lo sguardo a nord e a ovest. Il 9 aprile 1940, con l'*Unternehmen Weserübung* (Operazione 'esercitazione del Weser'), ebbe inizio l'invasione tedesca della Norvegia e della Danimarca, che perseguiva soprattutto l'obiettivo militare strategico di fornire un sostegno logistico ed economico all'attacco alla Gran Bretagna. Per questa ragione bisognava garantire le importazioni nel Reich di minerale di ferro dalla neutrale Svezia e quelle del nichel finlandese, oltre che l'accesso ai porti norvegesi, scongiurando un blocco navale da parte dei britannici. Un mese dopo, il 10 maggio 1940, la Wehrmacht lanciò l'offensiva (*Fall Gelb*: Caso giallo) contro Belgio, Lussemburgo e Paesi Bassi, la cui famiglia reale fuggí con tutto il governo a Londra, dove costituí un governo in esilio. Dopo la capitolazione dell'esercito olandese, Arthur Seyß-Inquart, per qualche mese cancelliere d'Austria, assunse la carica di commissario del Reich nei Paesi Bassi.

Il 28 maggio del 1940 seguí la capitolazione del Belgio, il cui governo fuggí a sua volta a Londra, mentre re Leopoldo III rimase in patria confinato nella sua residenza, il castello di Laeken. Il Granducato del Lussemburgo, al quale Ribbentrop in un primo momento aveva garantito l'indipendenza politica e territoriale, ad agosto fu posto sotto amministrazione militare tedesca.

La rapidità con cui la Wehrmacht occupò un paese europeo dopo l'altro, avvicinandosi cosí minacciosamente sia alla Francia sia alla Gran Bretagna – il vero e proprio obiettivo della politica bellica tedesca – provocò il cambio del premier, da tempo atteso a Londra; Chamberlain, gravemente malato, fu sostituito da Winston Churchill, il veemente avversario della politica di *appeasement*. Intanto l'esercito britannico occupò in via precauzionale l'Islanda con circa 25 000 soldati. In carica da soli tre giorni, il 13 maggio 1940, lunedí di Pentecoste, Churchill tenne alla Camera dei comuni uno dei suoi discorsi piú famosi, con il quale preparò il paese a un'aspra lotta: «sangue, fatica, lacrime e sudore».

> Non ho altro da offrire che sangue, fatica, lacrime e sudore. Davanti a noi abbiamo la piú terribile delle ordalie. Abbiamo davanti a noi molti, molti lunghi mesi di lotta e sofferenza. (...) Bisogna fare la guerra, per mare, per terra e nell'aria, con tutta la nostra potenza e con la forza che Dio ci può dare, e bisogna fare la guerra contro una mostruosa tirannia, insuperata nella lista oscura, deplorevole dei crimini umani. Questa è la nostra politica. Mi chiedete qual è il nostro obiettivo? Posso rispondere con una parola: è la vittoria – vittoria a ogni costo – vittoria nonostante tutti gli orrori, vittoria, per quanto lunga e dura la strada possa essere, perché senza una vittoria non c'è sopravvivenza. Intendetemi bene, non c'è sopravvivenza per l'Impero britannico, non c'è sopravvivenza per tutto quello che l'Impero britannico ha rappresentato, non c'è sopravvivenza per l'impegno e lo sforzo della nostra epoca, che l'umanità progredisca e raggiunga il suo traguardo[23].

La sfida a Hitler, che proseguiva imperterrito le sue conquiste lampo, non avrebbe potuto essere piú eloquente.

Il 10 giugno l'esercito norvegese si arrese. Re Haakon VII e il governo andarono a loro volta in esilio in Gran Bretagna, da dove, di concerto con gli altri governi europei in esilio e con Churchill, iniziarono a lottare contro il Terzo Reich e le potenze dell'Asse. Quello stesso giorno Benito Mussolini che, ormai convinto dal rapido trionfo dei tedeschi, si era schierato a fianco di Hitler, dichiarò con ampio sfoggio di retorica davanti a migliaia di persone riunite in Piazza Venezia a Roma l'entrata in guerra dell'Italia contro la Francia e la Gran Bretagna. Dopo una lunga esitazione che non aveva mancato di irritare a piú riprese i tedeschi, Mussolini prese intenzionalmente la sua decisione nell'ultima fase della campagna di Francia, che accresceva la prospettiva di conquiste territoriali e persino di libero accesso all'oceano per l'Italia. Il 14 giugno la Wehrmacht occupò la capitale francese, in precedenza parzialmente evacuata. Molti abitanti fuggirono verso sud in una situazione dominata dal caos piú assoluto. Tre giorni dopo, il maresciallo Philippe Pétain, primo ministro del nuovo governo francese, dichiarò la resa della Francia, dopo di che il generale Charles de Gaulle, dall'esilio londinese, esortò i francesi alla resistenza e riuní gli esiliati nel movimento *France libre*. L'armistizio di Compiègne, che la Francia e la Germania firmarono il 22 giugno, segnò la vittoria di Hitler e del nazionalsocialismo sull'Europa.

4. *Un dilemma per la sinistra.*

L'occupazione tedesca dell'Europa occidentale fece precipitare i comunisti e i sostenitori della sinistra, che non si erano ancora ripresi del tutto dalla notizia del patto Hitler-Stalin, in un dilemma insopportabile. Cominciavano ora a sentire gli effetti pratici delle distorsioni ideologiche imposte loro dai dirigenti del Comintern. In linea teorica la Gran Bretagna e la Francia, potenze imperialiste, erano considerate nemiche giurate e le vere istigatrici della guerra. Ancora nel mese di febbraio Walter Ulbricht, da Mosca, aveva confermato la dottrina del patto dicendo che «chi ordi[va] intrighi ai danni dell'amicizia tra i tedeschi e il popolo sovietico [era] un nemico del popolo tedesco e [sarebbe stato] bollato come complice dell'imperialismo inglese»[24]. Nella pratica questo voleva dire niente di meno che i partiti comunisti occidentali non solo dovevano giustificare le guerre lampo di Hitler, ma persino accoglierle con favore. In quel momento per Ulbricht sarebbe stato possibile addirittura, sul piano della politica interna, un'alleanza di convenienza con Hitler, perché si trattava pur sempre di un alleato di Stalin e dell'Unione Sovietica[25]. Mentre la Wehrmacht occupava la Danimarca, il Belgio, i Paesi Bassi, la Francia e la Norvegia, i partiti comunisti di quei paesi pubblicarono dichiarazioni che in seguito avrebbero preteso di non ricordare. Istigati dal Comitato esecutivo del Comintern, per esempio, i comunisti danesi definirono l'invasione tedesca come la «risposta alla grave violazione della neutralità dei paesi scandinavi da parte dell'Inghilterra e della Francia»[26]. Nei Paesi Bassi il partito, guidato dal segretario generale Paul de Groot, dopo l'invasione della Wehrmacht esortò a combattere la Gran Bretagna; la resistenza all'invasore tedesco venne ricusata[27]. In Norvegia, il 15 maggio 1940, i comunisti pubblicarono un appello a un'intesa con l'occupante che raccomandava un nuovo ordine europeo sotto egida tedesca e con la Germania al centro. Era, vi si diceva, «nell'interesse dei lavoratori» cessare le ostilità e favorire un avvicinamento economico fra la Norvegia e il Terzo Reich[28]. E in Italia l'attacco di Mussolini alla Grecia, nell'ottobre del 1940, non suscitò alcuna protesta né da parte del Partito comunista né del Comintern.

Particolarmente sconcertante era però la situazione per il Partito comunista francese, che era stato esortato direttamente da Mosca a sfruttare l'occupazione per uscire dall'illegalità e ad avviare trattative con i tedeschi a tal fine. Dietro la legalizzazione del Partito comunista si nascondeva l'obiettivo politico di soppiantare la concorrenza dei socialdemocratici e delle forze borghesi di sinistra acquisendo una posizione di potere che negli anni precedenti non era stato possibile raggiungere. In tale contesto, già nel mese di giugno iniziarono trattative durate un paio di mesi, seguite per i tedeschi dall'ambasciatore nominato da Ribbentrop nella Francia occupata, Otto Abetz, e dal capo della propaganda del Partito nazionalsocialista a Parigi. L'amministrazione militare guardava tuttavia con scetticismo le consultazioni che si andavano delineando. Era disposta a considerare l'idea di una legalizzazione solo nel caso che il Partito comunista si fosse prestato a esortare la popolazione a collaborare attivamente; una condizione posta del resto anche da Otto Abetz, nel contesto del suo «approccio globale della partecipazione del Partito comunista nel quadro della politica d'occupazione tedesca»[29], caldeggiato da Hitler e da Ribbentrop. In un primo momento i negoziatori del partito raccolto intorno a Maurice Tréand e all'avvocato Robert Foissin si piegarono completamente alle idee di Abetz. Il 4 luglio uscí cosí sul giornale del Partito, «L'Humanité», con il titolo *Lavoratori francesi e soldati tedeschi*, un editoriale che invitava la popolazione di Parigi a trattare amichevolmente gli occupanti. Vi si leggeva:

> In questi tempi difficili è particolarmente incoraggiante vedere come molti lavoratori parigini chiacchierino amichevolmente con i soldati tedeschi, sia per la strada che al bistrot dell'angolo. Bravi, compagni, avanti cosí, anche se questo non piace a certi borghesi tanto stupidi quanto cattivi. La fratellanza fra i popoli non rimarrà sempre una speranza, ma è destinata a diventare una realtà vissuta[30].

Poi però, per ordine di Mosca, la tattica cambiò. Mentre le trattative proseguivano, il partito doveva evitare in ogni modo, nella vita quotidiana, di dare l'impressione che la cooperazione con i tedeschi fosse troppo stretta. Un telegramma del Comintern diceva: «Nei casi in cui membri, politici locali, responsabili di sindacati o di comitati di soccorso siano legalmente o semilegalmente attivi, evitare tutto quanto possa dare l'impressione di essere solidali con gli invasori»[31].

Allarmato dall'avanzata trionfante di Hitler, nell'estate del 1940 Stalin prese le distanze e pretese dai comunisti francesi un'acrobazia politica che essi non riuscirono a reggere a lungo. Già nel mese di agosto le trattative a Parigi procedevano faticosamente, perché anche Otto Abetz aveva modificato il suo programma e lasciato intendere che i comunisti come collaboratori certo non erano da escludere nell'immediato, ma che in futuro avrebbero potuto esserlo in qualunque momento. Poco tempo dopo, di collaborazione non si parlava proprio piú; al contrario, furono intensificati i gesti di repressione contro il Partito comunista e le forze borghesi di sinistra. Gli occupanti emanarono una legge che inaspriva la repressione dei comunisti in Francia e ne consentiva l'«internamento amministrativo», scatenando un'ondata di arresti ai danni dei rappresentanti politici comunisti e dei sindacalisti nella regione di Parigi[32].

Stalin non aveva messo in conto la rapida capitolazione della Francia, che nel settembre del 1939 aveva rotto il fragile equilibrio delle forze e degli interessi. La politica sovietica reagí in due modi: anzitutto riprese ad argomentare in maniera sempre piú ideologica; certo, con l'avvento del patto l'influsso dell'ideologia non era venuto meno, ma da allora era stato sempre soffocato. In seguito, all'inizio in modo quasi impercettibile e parallelamente alle trattative di Parigi, Stalin diede nuovamente al Comintern la funzione di fulcro europeo dell'opposizione di sinistra a Hitler. Nel frattempo vennero moltiplicati nei paesi occupati gli appelli alla lotta nazionale contro l'occupante tedesco, anche da parte del Partito comunista tedesco, che aveva già stigmatizzato l'armistizio di Compiègne come parte del piano di Hitler per «istituire in tutta Europa la supremazia dell'imperialismo tedesco [e] imporre governi totalitari nemici del popolo ai popoli sottomessi e dipendenti»[33]. Prevedendo il fallimento dei negoziati con Abetz, anche il Partito comunista francese infine cambiò la propria posizione e diffuse un appello al popolo francese preparato in precedenza e già approvato nel mese di luglio dal segretario generale Maurice Thorez, nel frattempo fuggito a Mosca. Mistificato come «appello del 10 luglio», in seguito sarebbe servito per provare la precoce opposizione comunista, soprattutto in concorrenza con la *Résistance* del generale De Gaulle[34]. Nell'autunno del 1940, però, rappresentava solamente la strategia con cui Stalin intendeva ostacolare l'inquietante avanzata vittoriosa di Hitler nell'Europa occidentale. Si può quindi parlare di una opposizione comunista davvero efficace solo dal periodo successivo alla fine dell'alleanza tedesco-sovietica.

5. *Il patto di Stalin.*

La seconda reazione di Stalin al successo nazista consistette nell'immediata occupazione dei territori dell'Europa orientale e meridionale da lui rivendicati. In questo contesto, Molotov fece immediatamente seguire alle «piú calorose congratulazioni per il brillante successo della Wehrmacht» in Francia l'annuncio che nel Baltico si passava all'azione[35]. Il fatto che l'Unione Sovietica considerasse l'area del Baltico come propria peculiare sfera di interesse e che l'avrebbe inglobata era, per cosí dire, quasi fissato per iscritto nel Protocollo aggiuntivo segreto e solo una questione di tempo. «Non avevano alcuna possibilità», riconobbe Molotov ancora decenni dopo, conversando con Feliks Čuev:

> Un paese si deve preoccupare della propria sicurezza. Quando formulammo le nostre richieste – si deve agire, prima che sia troppo tardi – esitarono ancora. (...) Alla fine però hanno dovuto prendere una decisione. E noi avevamo bisogno degli Stati baltici[36].

Nel giugno del 1940 Stalin colse l'opportunità al volo, dopo aver portato nel mese di maggio la consistenza delle truppe ai confini a piú di 435 000 soldati e aver aumentato nella prima metà di giugno le truppe dell'Armata Rossa di stanza nei paesi baltici[37]. Il 15 giugno ebbe inizio l'occupazione sovietica della Lituania. Il governo esautorato si diede alla fuga, fra l'altro anche verso la Germania, dove organizzò la resistenza antisovietica ottenendo sostegno politico. Mosca insediò un governo fantoccio il cui ministro degli Esteri, lo scrittore lituano Vincas Krėvė-Mickevičius, ricevette da Molotov le seguenti istruzioni:

> Lei deve essere sufficientemente realista da capire che nel futuro i piccoli popoli scompariranno. Voi lituani verrete accolti insieme con gli altri popoli baltici, Finlandia compresa, nella gloriosa famiglia dei popo-

> li sovietici. Per questo dovrebbe fare in modo che il Suo popolo cominci a prendere confidenza con il sistema sovietico, che in futuro dominerà l'Europa intera[38].

Stalin attuò questo piano con coerenza. Dopo l'annessione del paese baltico di maggiori dimensioni, la Lituania, il 17 giugno 1940 seguirono la Lettonia e l'Estonia. Anche lí vennero istituiti quelli che venivano chiamati «governi del fronte popolare» e, sotto la supervisione dei governatori Andrej Ždanov e Andrej Vyšinskij, si tennero elezioni farsa per nuovi parlamenti, i cui deputati votarono docilmente, all'inizio di agosto, a favore dell'annessione all'Unione Sovietica sotto forma di Repubbliche dell'Unione. Quanti erano contrari alla sovietizzazione forzata e la vecchia élite nazionale, come già era accaduto nel caso della Polonia, caddero vittima del terrore dell'NKVD, nei cui campi erano stati «ricavati» per l'occasione posti per accogliere circa settantamila nuovi prigionieri. Le proprietà fondiarie furono espropriate, i contadini che possedevano la terra stigmatizzati come *kulaki*, uccisi o deportati in Siberia con le loro famiglie.

Le conquiste di Stalin nella regione baltica e di Hitler nell'Europa settentrionale e orientale logorarono l'alleanza tedesco-sovietica, che entrò in crisi nel momento in cui gli interessi territoriali si scontrarono. Una volta portate a termine le occupazioni, l'agenzia di stampa sovietica Tass si sentí in dovere di smentire per la prima volta ufficialmente le voci sempre piú insistenti di un «deterioramento delle relazioni tedesco-sovietiche»[39]. Come l'ambasciatore von der Schulenburg riferí, a scrivere la dichiarazione era stato lo stesso Stalin, a suo parere con lo scopo non solo di confutare le voci ma soprattutto per garantirsi la solidarietà tedesca cosí invocata «per la soluzione della questione della Bessarabia»[40]. Con l'occupazione sovietica di questa regione, Stalin pianificava di compiere un passo che, come sapeva bene, avrebbe provocato un conflitto con i tedeschi e che effettivamente, con la pretesa sovietica ulteriore sulla Bucovina (settentrionale), avrebbe messo a dura prova la tenuta politica dell'alleanza. Stalin – assicurò Molotov parlando con Čuev – non aveva mai riconosciuto la Bessarabia come parte della Romania[41]. Neanche la Germania, però, era del tutto indifferente alla Bessarabia, poiché la realizzazione dei piani economici nazionalsocialisti nell'Europa sud-orientale implicava il favore della Romania, per poter usufruire dei suoi giacimenti di petrolio e delle sue risorse agricole.

La Bessarabia aveva inoltre una forte minoranza tedesca, che rispondeva agli interessi della politica nazionalsocialista del *Volkstum* e fu utilizzata come argomento a sostegno delle proprie rivendicazioni territoriali. Per non far diventare la Romania un teatro di guerra, il Terzo Reich doveva evitare un conflitto con i sovietici per la Bessarabia e la Bucovina, e dunque si trovava in una situazione che Stalin seppe sfruttare. Il 26 giugno del 1940 l'Unione Sovietica intimò alla Romania di cedere la Bessarabia e la Bucovina come «modesta compensazione per le enormi perdite che l'Unione Sovietica e la popolazione della Bessarabia hanno subito per i ventidue anni di dominio della Romania in Bessarabia». A Berlino fu percepita come una sfrontatezza soprattutto la pretesa sulla Bucovina settentrionale, tanto piú che non era stata oggetto delle trattative di agosto. Von der Schulenburg formulò cosí l'obiezione del governo tedesco:

> La rivendicazione della Bucovina da parte dell'Unione Sovietica è una novità. La Bucovina era in passato «terra della corona» austriaca ed è densamente popolata. Di conseguenza anche la Germania è particolarmente interessata al destino di questi tedeschi etnici[42].

Se si considera la pressione che Stalin esercitò sulla Romania e sulla Germania, la fretta con cui nel mese di agosto era stata negoziata l'alleanza fu pagata cara. Per guadagnare il favore di Mosca, Ribbentrop aveva dichiarato al Cremlino «il piú assoluto disinteresse politico» della Germania per la Bessarabia, e questa dichiarazione era stata esplicitamente riportata nel Protocollo aggiuntivo. Adesso Hitler rimproverava al suo ministro degli Esteri di avere agito frettolosamente. Ribbentrop assicurò che all'epoca aveva inteso riferirsi «solo» al disinteresse politico, ma di avere «esplicitamente sottolineato» l'interesse economico[43]. Nell'estate del 1940 serviva a poco. A Stalin non importava nulla di quel che Ribbentrop aveva o non aveva detto ad agosto dell'anno precedente, ma pretese che i tedeschi tenessero fede al loro dichiarato disinteresse per questi territori. Se la Germania ne avesse contestato l'occupazione – Molotov minacciò von der Schulenburg – l'Unione Sovietica avrebbe potuto rivendicare anche la Bucovina meridionale, e pure in quel caso si sarebbe aspettata il sostegno dei tedeschi. Alla fine Hitler cedette e consigliò alla Romania di accogliere l'ultimatum sovietico se, questa l'esile condizione, almeno tutti i tedeschi etnici della Bessarabia, «come quelli della Volinia», potevano essere trasferiti, cosa che in effetti avvenne[44]. Il 27 giugno 1940 la Romania accettò la richiesta della «restituzione» della Bessarabia e della Bucovina settentrionale avanzata dall'Unione Sovietica.

Dopo la crisi della Bessarabia, non ci furono piú giuramenti di amicizia in grado di mascherare le crepe dell'alleanza tedesco-sovietica. «La Russia si prepara all'attacco della Rumania [*sic!*]», cosí Galeazzo Ciano, ministro degli Esteri italiano e genero di Mussolini.

> Cosí ha detto Molotof [*sic!*] a Schulenburg. La Germania non può fare altro che incassare, ma è chiaro che la politica russa è sempre piú marcatamente antitedesca. La Capitale nella quale piú si congiura contro la vittoria germanica è Mosca. Le prospettive erano apparse ben diverse quando in agosto e in settembre i bolscevichi firmarono i patti col nazismo. Allora non si credeva al trionfo tedesco: si voleva spingere la Germania al conflitto e l'Europa alla crisi, poiché si pensava ad una estenuante e lunga lotta tra le democrazie e Hitler. Le cose hanno precipitato [*sic!*] ed ora Mosca cerca di intorbidare le acque[45].

Lo faceva però con cautela.

Nell'agosto del 1940 Stalin e Molotov ricevettero al Cremlino il nuovo ambasciatore britannico, Richard Stafford Cripps. Quando si era trattato di scegliere a chi affidare questo importante incarico diplomatico, Churchill si era deciso di proposito per questo politico laburista della sinistra liberale, che mostrava una certa benevolenza nei confronti di Mosca e poteva porre le basi per un avvicinamento che, considerate le tensioni fra tedeschi e sovietici, le circostanze sembravano favorire.

Per mettere alla prova la disponibilità di Stalin, Cripps presentò le seguenti proposte. Innanzitutto la ripresa dei rapporti commerciali, che Stalin non rifiutò, ma a condizione che «l'Inghilterra non si [intromettesse] nelle relazioni commerciali tedesco-sovietiche» che Mosca, come segnalò esplicitamente, «avrebbe ottemperato pienamente»[46]. Cripps cercò, in seconda battuta, di delineare la minaccia rappresentata dalla «supremazia in Europa della Germania di Hitler», che «per la Gran Bretagna è pericolosa tanto quanto può divenirlo per l'Unione Sovietica», e propose di elaborare una «strategia di difesa comune per ripristinare l'equilibrio in Europa»[47]. L'ambasciatore ovviamente non scese nei dettagli di questa «strategia di difesa comune», ma gettò un'altra esca molto allettante, offrendo a Stalin il controllo dei paesi balcanici a nome del governo britannico. In concreto, Cripps intendeva niente meno che l'accesso allo stretto dei Dardanelli e il controllo del mar Nero, ben sapendo di citare l'obiettivo storico – sempre irrealizzato – che la politica da grande potenza degli zar si era posta fin dalla caduta dell'Impero ottomano, nel XIX secolo. Tuttavia neppure questa esca riuscí a indurre Stalin e Molotov a cambiare precipitosamente campo, o per lo meno a prenderne in considerazione la possibilità. Nessuno dei due scoprí le proprie carte. Anzi, Stalin rimproverò Cripps facendo notare che «nessuna potenza» era autorizzata a «rivendicare un ruolo esclusivo nell'unificazione e nel controllo dei Balcani», neppure l'Unione Sovietica, che di conseguenza non ammetteva «che la Turchia assumesse da sola la sovranità sugli Stretti»[48]. Al tempo stesso sottolineò che «il governo sovietico non [riesce] a vedere alcun pericolo nell'egemonia di un solo stato sull'Europa, soprattutto non nell'ambizione dei tedeschi di incorporare altri popoli», dimostrando in questo modo che rimaneva saldamente al fianco di Hitler.

Mentre per Cripps, che non riuscí a cogliere alcuna volontà di avvicinamento, i colloqui al Cremlino si risolsero in un insuccesso, per Stalin furono sotto molti punti di vista tatticamente utili. Da un lato sapeva ora quale prezzo Londra fosse disposta a pagare perché Mosca si allontanasse da Hitler, e per Stalin quello poteva essere solo il prezzo base. Non per questo la sua diffidenza nei confronti della Gran Bretagna era scomparsa, perché riteneva che Londra fosse piú capace di stipulare una pace separata con Hitler e di spingere Mosca alla guerra che di aspirare a una vera alleanza. Per altro verso le voci su un incontro con l'ambasciatore di Londra lanciarono un segnale a Berlino, da cui Hitler capí che Mosca non era alla mercé del patto, ma che aveva delle alternative rappresentate appunto dalla Gran Bretagna.

I festeggiamenti per il primo anniversario del Trattato di non aggressione tedesco-sovietico, nell'agosto del 1940, furono contenuti. È vero che la stampa di Goebbels continuò a lodare il patto e, dopo l'incontro con Cripps, soprattutto il suo orientamento antibritannico, ma sembravano omaggi piú dovuti che convinti. Eppure le due parti, come la reazione di Stalin alle offerte dell'ambasciatore britannico aveva dimostrato, seguitavano ad attenervisi. Comunisti fedeli a Mosca come Herbert Wehner continuarono a descrivere il patto come un atto di «liberazione di 23 milioni di lavoratori», con i quali intendeva davvero quei «popoli della Bielorussia occidentale, dell'Ucraina occidentale, dei paesi baltici, della Bessarabia e della Bucovina settentrionale» che – sono parole di Wehner – ora come Repubbliche sovietiche avevano preso «in mano il [loro] destino» e percorrevano «la strada verso la libertà, verso il socialismo»[49]. Per Stalin il patto recava ancora piú vantaggi che svantaggi e non c'era motivo di rinunciarvi. Nonostante tutte le incomprensioni, che in passato era stato sempre possibile risolvere in favore di Mosca, l'alleanza garantiva una crescita territoriale e politica del potere che era toccata in sorte a Stalin quasi senza far nulla, senza essere trascinato in una guerra contro le grandi potenze europee. Finché l'Unione Sovietica rispettava il patto sembrava oltretutto scongiurato anche il pericolo di una guerra con la Germania, e cosí il 1° agosto 1940 Molotov confermò davanti al Soviet supremo la fedeltà all'alleanza, non senza far notare i vantaggi che la Germania ne ricavava.

> Questa alleanza – fece notare Molotov – alla quale il nostro governo si attiene rigorosamente – ha rimosso la possibilità di attriti nei rapporti tedesco-sovietici durante l'attuazione delle misure sovietiche al nostro confine occidentale e garantito al tempo stesso alla Germania una tranquilla certezza a est[50].

Anche se Hitler, due settimane prima di Molotov, aveva sottolineato al Reichstag che «il rapporto russo-tedesco era stato definitivamente stabilito» e vana era «ogni speranza della Gran Bretagna di poter alleviare la propria situazione provocando una qualche nuova crisi europea»[51], nell'autunno del 1940 la politica estera tedesca lavorava alle sue alleanze. La Luftwaffe di Göring aveva appena effettuato i primi attacchi aerei sulla Gran Bretagna che la Germania, l'Italia e il Giappone, il 27 settembre, firmarono nella Cancelleria del Reich il Patto tripartito, l'atto di nascita dell'Asse Roma-Berlino-Tokyo. Per Stalin era particolarmente pericolosa l'alleanza della Germania con il Giappone, perché nel caso di un attacco tedesco avrebbe potuto trovarsi coinvolto in una guerra su due fronti, mentre Londra, subendo i bombardamenti aerei, non poteva piú essere considerata una potente alleata.

In quel momento Berlino, dove Ribbentrop era di nuovo impegnato a costruire un blocco continentale antibritannico, offrí a Mosca di entrare nel Patto tripartito e promise un ulteriore accordo segreto, analogo a quello dell'agosto 1939, per la spartizione delle sfere di interesse. Dopo le crisi e le incomprensioni dell'estate, in autunno sembrava arrivato il momento di dare un nuovo inizio alle relazioni tedesco-sovietiche, tanto piú che anche il commercio, che a parere di Karl Schnurre si era «sviluppato nel complesso in modo abbastanza soddisfacente», necessitava di una nuova tornata di trattative[52]. A prendere l'iniziativa, alla metà di ottobre, fu Ribbentrop che, guidato dalla vecchia idea del blocco continentale, invitò Molotov nella capitale del Reich.

[1] ČUEV 1993, p. 8, riporta una conversazione del 1974.

[2] Dati tratti da MOORHOUSE 2014, p. 95.

[3] ČUEV 1993, p. 13.

[4] Citato in PÄTZOLD e ROSENFELD 1990, p. 263.

[5] Sui dettagli delle trattative vedi ERICSON 1999, pp. 80 sgg.; WEINBERG 1954, pp. 65-75; SCHWENDEMANN 1993, pp. 120-49.

[6] SLUTSCH 2000, p. 239.

[7] Al riguardo e in modo diffuso GROEHLER 1992, pp. 161 sgg.

[8] HEEKE 1999, p. 144.

[9] La *Reichsgruppe deutscher kolonialwirtschaftlicher Unternehmungen*, conosciuta anche come Deko-Gruppe, era stata fondata nel 1936 per organizzare l'economia coloniale tedesca nell'ambito del piano quadriennale voluto da Hitler e preparare concretamente il recupero dei possedimenti coloniali tedeschi (*N.d.T.*).

[10] BUDRASS 2016.

[11] *Generalluftzeugmeister*, carica del Ministero dell'Aviazione istituita nel febbraio del 1939 con il compito, tra l'altro, di sviluppare, collaudare e procurare il materiale utilizzato dalla Luftwaffe (*N.d.T.*).

[12] Citato in GROEHLER 1992, p. 173.

[13] Citato in PÄTZOLD e ROSENFELD 1990, p. 302.

[14] Lettera di von der Schulenburg a Weizsäcker, 11 aprile 1940, in PÄTZOLD e ROSENFELD 1990, p. 295.

[15] GROEHLER 1992, p. 123.

[16] GROEHLER 1992.

[17] *Ober Ost*, abbreviazione di *Oberbefehlshaber der gesamten deutschen Streitkräfte im Osten* (Comando supremo di tutte le forze tedesche dell'Est), amministrazione attiva durante la prima guerra mondiale; il nome fu ripreso da Hitler con la direttiva segreta del 7 ottobre 1939 per riferirsi ai territori polacchi occupati (*N.d.T.*).

[18] ZEIDLER 1993, p. 254.

[19] ZEIDLER 1993.
[20] Citato in GROEHLER 1992, p. 142.
[21] Citato in GROEHLER 1992, p. 142.
[22] Il *Bremen* poté tornare a Bremerhaven il 13 dicembre 1939.
[23] CHURCHILL 1942 (qui e di seguito traduzione nostra; *N.d.T.*).
[24] Citato in BAYERLEIN 2008, p. 50.
[25] BAYERLEIN 2008, p. 85
[26] Citato in BAYERLEIN 2008, p. 51.
[27] BAYERLEIN 2008, p. 73.
[28] Citato in BAYERLEIN 2008, p. 269.
[29] Citato in BAYERLEIN 2008, p. 291.
[30] Citato in BAYERLEIN 2008, p. 279.
[31] Citato in BAYERLEIN 2008.
[32] BAYERLEIN 2008, p. 295.
[33] Citato in BAYERLEIN 2008, p. 281.
[34] BAYERLEIN 2008, p. 286.
[35] PÄTZOLD e ROSENFELD 1990, p. 297.
[36] ČUEV 1993, p. 9.
[37] GRÄFE 2010.
[38] Citato in O'SULLIVAN 2003, p. 102.
[39] PÄTZOLD e ROSENFELD 1990, pp. 297 sgg.
[40] PÄTZOLD e ROSENFELD 1990, p. 298.
[41] ČUEV 1993, p. 10.
[42] Telegramma di Ribbentrop a von der Schulenburg, 25 giugno 1940, citato in PÄTZOLD e ROSENFELD 1990, p. 299.
[43] PÄTZOLD e ROSENFELD 1990.
[44] PÄTZOLD e ROSENFELD 1990.
[45] CIANO 1945, p. 446, nota del 24 giugno 1940.
[46] Telegramma di von der Schulenberg al Ministero degli Esteri sui colloqui tra Cripps e Stalin, 13 luglio 1940, in PÄTZOLD e ROSENFELD 1990, p. 301.
[47] PÄTZOLD e ROSENFELD 1990.
[48] PÄTZOLD e ROSENFELD 1990.
[49] Citato in PÄTZOLD e ROSENFELD 1990, p. 307.
[50] Rapporto sulla politica estera di Molotov, 1° agosto 1949, in PÄTZOLD e ROSENFELD 1990, p. 304.
[51] Citato in PÄTZOLD e ROSENFELD 1990, p. 302.
[52] PÄTZOLD e ROSENFELD 1990, pp. 302-9. Nel novembre 1940 le forniture tedesche accusarono tuttavia un disavanzo pari a 82 milioni di R.M. L'11 novembre cominciarono le trattative economiche a Mosca, mentre Molotov si recava a Berlino.

Capitolo sesto

«Un gioco, un gioco, e anche primitivo»

La sera del 10 novembre 1940, alla stazione Beloruskij di Mosca, Molotov salí sul treno diretto a Berlino. Il treno varcò la frontiera russo-tedesca a Eydtkuhnen (oggi Černyševskoe, nell'*oblast'* di Kaliningrad), la storica stazione ferroviaria sul confine della vecchia Prussia orientale. Il commissario per gli Affari esteri sovietico era accompagnato da un folto seguito, di cui facevano parte illustri personaggi. Piú di sessanta persone, fra cui medici, cuochi e agenti, oltre che una dozzina di funzionari della sicurezza lo scortavano nel viaggio che avrebbe deciso le sorti dell'alleanza tedesco-sovietica. Era della partita anche il conte von der Schulenburg, che si era speso con entusiasmo a favore della visita a Berlino e aveva preparato diligentemente molti temi di discussione, cosí come l'abile mediatore Karl Schnurre, che fin dall'inizio era stato uno dei principali protagonisti dell'alleanza e senza il quale non era possibile condurre colloqui di carattere economico. Questa volta Schnurre ebbe la possibilità di prendere già in treno accordi preliminari con il vice di Mikojan e commissario del popolo alla Siderurgia, Ivan Tevosjan, a sua volta coinvolto nelle trattative economiche.

Meritano particolare attenzione, tuttavia, gli accompagnatori di Molotov che provenivano dalle alte sfere dell'NKVD ed erano tra gli uomini piú fidati di Lavrentij Berija. Si recò a Berlino nientemeno che il vice di Berija, Vsevolod Merkulov, che in Piazza Lubjanka, a Mosca, guidava il GUGB (la polizia segreta sovietica). Merkulov, che per parte di madre discendeva da una nobile famiglia georgiana mentre il padre, nobile a sua volta, era stato un ufficiale zarista, prestava servizio nella Čeka dal 1921 e, fra i piú fedeli seguaci di Berija, aveva attuato le purghe staliniane in Georgia e, ancora nella primavera, aveva supervisionato l'operazione speciale consistente nelle esecuzioni di massa di Katyń.

Con Merkulov c'era Vladimir Dekanozov, distaccato da Berija al Commissariato agli Affari esteri durante le epurazioni del 1939. Dekanozov, che in precedenza aveva diretto la sezione Spionaggio internazionale dell'NKVD, conosceva la politica estera degli agenti segreti e adesso, che le relazioni con la Germania erano in fase di stallo, a Berlino c'era urgente bisogno di lui. Era previsto che sostituisse l'ambasciatore Alexander Škvarcev, il quale agiva in maniera inopportuna e dimostrava di non essere all'altezza della situazione. Come Dekanozov, anche Škvarcev era arrivato al Commissariato agli Affari esteri nel 1939, ma era un tecnico qualificato dell'industria tessile che non faceva parte dell'ambiente dell'NKVD e apparteneva a quella generazione di giovani funzionari staliniani che, senza esperienza politico-rivoluzionaria, per non parlare dell'esperienza diplomatica, avevano occupato i posti lasciati vuoti a seguito delle epurazioni. Škvarcev era leale e sottomesso, ma non piú utile, come aveva dimostrato lo «scandalo» durante le trattative sul confine e la visita di Ribbentrop a Mosca nel settembre del 1939. Dopo essere caduto in disgrazia presso Stalin, la sua sostituzione era solo questione di tempo e nel novembre del 1940, quando a Berlino c'era bisogno di un ambasciatore di spessore, quel momento era arrivato. La scelta di Berija cadde su Dekanozov, che nella capitale del Reich ritrovò una vecchia conoscenza, il georgiano Amayak Kobulov, insieme con il quale riuscí a garantire il controllo del servizio segreto sulla politica sovietica con Berlino. Dalla sede dell'ambasciata, sullo splendido viale Unter den Linden, Kobulov da un anno era a capo dell'NKVD e aveva costruito una rete di spionaggio e di agenti estremamente efficiente e di altissimo livello, che contribuí non poco a irritare i tedeschi. Fu pur sempre a questa rete che la nota diplomatica di Hitler all'Unione Sovietica del giugno 1941 faceva riferimento, prendendola a pretesto per la rottura dell'alleanza e per l'invasione tedesca, oltre che indicarla come prova della minaccia sovietico-bolscevica per l'Europa[1].

Con Kobulov e Dekanozov da un lato e von der Schulenburg e Tevosjan dall'altro, il gruppo che accompagnava Molotov era costituito da persone che andavano a Berlino con propositi contrastanti e perseguivano obiettivi diversi. Mentre l'ambasciatore e il commissario per l'Economia vedevano nel viaggio un'ultima possibilità per tornare a intendersi e rilanciare il patto, per gli uomini di Berija era quasi assodato che la questione riguardava quello che sarebbe avvenuto dopo l'alleanza con Hitler.

Quando Molotov, la mattina del 12 novembre, arrivò alla stazione di Berlino Anhalt, il cupo e piovoso clima autunnale della capitale tedesca prefigurava lo stato d'animo degli alleati. Ciò nonostante, Ribbentrop e il capo dell'Alto comando della Wehrmacht, il feldmaresciallo Wilhelm Keitel, ricevettero la delegazione sovietica con tutti gli onori civili e militari. Nei cinegiornali i tedeschi videro le immagini di una stazione ferroviaria adorna di fiori, con la folla e un plotone d'onore che, nel cuore del Terzo Reich, intonava l'*Internazionale*, l'inno dell'Unione Sovietica. (Nella capitale molti si erano chiesti, non senza ironia, se i nazisti avrebbero davvero eseguito l'*Internazionale*). Dopo una breve colazione di benvenuto allo Schloss Bellevue, dove il governo riceveva gli ospiti di riguardo (fig. 18),

Figura 18.
Molotov a Berlino, novembre 1939.

Molotov e la sua delegazione si prepararono al primo incontro con Hitler. Nel loro bagaglio avevano una direttiva che Stalin aveva dettato nella sua dacia di Kuncevo al commissario degli Esteri prima che partisse. Molotov si attenne rigorosamente alle istruzioni ricevute.

1. *Molotov, Hitler e l'Europa.*

Se gli ospiti sovietici, la maggior parte dei quali di casa al Cremlino, siano rimasti impressionati dalla Cancelleria del Reich di Hitler, dall'enorme ufficio con i pesanti arazzi Gobelin, gli spessi tappeti, il mappamondo e lo scrittoio lucidato a specchio, non è dato sapere[2]. Non pare che Hitler abbia fatto una grande impressione a Molotov, che anni dopo, parlando con Čuev, si espresse cosí:

> Non c'era niente di straordinario, nel suo aspetto. Però era molto compiaciuto e, se mi è concesso dirlo, una persona vanitosa. Non era affatto come viene ritratto nei film e nei libri che si occupano solo della sua immagine e lo rappresentano come un pazzo e un folle. È un errore. Era abile, ma allo stesso tempo limitato e ottuso per via del suo egoismo e dell'assurdità della sua idea primordiale, da cui era ossessionato. Ma con me non si è comportato come un pazzo. Nel nostro primo colloquio tenne un monologo, mentre io cercavo di costringerlo a scendere nei dettagli[3].

Per piú di un'ora Hitler si sforzò di persuadere Molotov che la vittoria tedesca sulla Gran Bretagna era imminente; una vittoria che avrebbe fornito l'occasione per accordarsi sulla nuova divisione del mondo. Mentre tentava di convincere il commissario per gli Affari esteri sovietico della validità dei propri piani, ebbro di sé e delle campagne del suo esercito, probabilmente Hitler credeva alla maggior parte delle proprie parole. Paul Schmidt, l'interprete di Ribbentrop al Ministero degli Esteri, mise a verbale il memorabile discorso: «Descrisse le azioni militari che si stavano eseguendo contro l'Inghilterra e sottolineò l'influenza delle condizioni atmosferiche su queste operazioni». Il momento della vittoria dipendeva dunque dal clima e le «reazioni inglesi» – i violentissimi raid aerei della Royal Air Force – per Hitler erano solo «ridicole». «Quanto alla fantasia delle presunte distruzioni a Berlino – garantí – lorsignori possono convincersi direttamente guardandosi intorno». Appena il tempo fosse migliorato, la Germania avrebbe levato il braccio per «assestare il grande colpo finale all'Inghilterra»[4].

Molotov attese stoicamente che il Führer concludesse il suo monologo. Ricordava:

> Non si trattava di una conversazione da prendere sul serio, ma Hitler continuò a illustrare con parole ampollose la liquidazione dell'Inghilterra (...) Capiva cosí poco della politica sovietica – una mente limitata, che voleva trascinarci in una politica avventurosa[5].

Molotov non ci aveva messo molto a capirlo: non poteva sfuggirgli che Hitler proponeva una nuova divisione del mondo utile alla Germania, ma che avrebbe trascinato l'Unione Sovietica in conflitti e crisi.

> Per lui sarebbe stato vantaggioso se fossimo rimasti bloccati nel Sud. Se l'Inghilterra ci avesse dichiarato guerra lí, saremmo dipesi da lui. Bisognava essere molto ingenui per non notarlo.

Hitler propose a Stalin l'Asia e l'India, colonia della corona britannica, dove, come asseriva, «il Terzo Reich, se si esclude il normale commercio, non ha interessi coloniali», ma dove un conflitto britannico-sovietico sarebbe stato inevitabile. Davvero non c'era bisogno di una grande immaginazione per intuirne la goffa tattica: deve aver sottovalutato e irritato Molotov. Era evidente che Hitler aveva intenzione di spingere Mosca fuori dall'Europa e via dai Balcani, in una guerra con Londra che avrebbe indebolito entrambi gli imperi, impedito qualunque avvicinamento, lasciando tutti i vantaggi alla Germania. A Hitler, ricordava ancora Molotov decenni dopo, nel novembre del 1940 importava solo questo: «Dobbiamo parlare dell'Inghilterra, mi disse», cosí Molotov. «Certo che lo faremo, replicai io. Cosa desidera? Cosa propone? Dividiamoci il mondo intero, fece lui, lei ha bisogno del Sud, di un caldo accesso al mare»[6]. L'idea non era nuova né particolarmente astuta, ciò nonostante Molotov lasciò che il Führer dicesse tutto quel che aveva da dire. In fondo sapeva bene qual era il suo compito:

> ... esplorare le reali intenzioni della Germania e degli stati del Patto tripartito nell'attuare il piano per una «nuova Europa» e un «nuovo ordine dell'Asia orientale», nonché il posto dell'Unione Sovietica nell'ambito di questi piani al momento attuale e in seguito[7].

E il discorso di Hitler fu oltremodo rivelatore. Questo il modo in cui illustrò la sua proposta:

> In Europa c'è tutta una serie di punti di contatto tra la Germania, la Russia e l'Italia. Ciascuno di questi tre paesi ha la comprensibile aspirazione ad accedere al mare aperto. La Germania vuole uscire dal mare del Nord, l'Italia vuole eliminare la barriera di Gibilterra e anche la Russia tende verso l'oceano. La domanda è ora fino a che punto sia possibile che questi tre grandi stati ottengano davvero libero accesso all'oceano senza entrare di nuovo in conflitto l'uno con l'altro per questo[8].

Facendo finta di voler evitare crisi future, Hitler intendeva spingere l'Unione Sovietica fuori dall'Europa e liberare in questo modo il continente dalla minaccia «ebraico-bolscevica». Era indubbio che la sua strategia fosse motivata e giustificata da ragioni ideologiche, anche se durante l'alleanza tale ostilità passò in secondo piano. Hitler non aveva mai rinunciato alla convinzione che l'Unione Sovietica bolscevica non facesse parte dell'Europa altamente civilizzata, ma dell'Asia barbara e inferiore dal punto di vista razziale. Adesso la faceva passare per un'offerta generosa che Molotov ascoltava senza reagire, ma con interesse. Alla domanda diretta se nel 1940 i tedeschi avessero avuto qualche motivo per volere la sua visita a Berlino, Molotov rispose:

> Volevano prenderci in giro e trascinarci in una guerra con l'Inghilterra al loro fianco. Hitler voleva vedere se riusciva a spingerci in questa avventura. Loro sarebbero rimasti fascisti hitleriani e noi dovevamo aiutarli. (...) Era chiaro che volevano solo trascinarci in questa avventura[9].

Come osservò Ernst von Weizsäcker, «Molotov non era uomo con cui [fosse possibile] spuntarla ventilando vaghe speranze future nell'eredità britannica»[10]. Istruito in questo senso da Stalin, ignorò le offerte di Hitler e, riguardo alle sfere di influenza dell'Unione Sovietica «in Europa, nel Vicino e nel Medio Oriente (...) a questo stadio delle trattative non prese nessun accordo con la Germania e con l'Italia», e ciò «in quanto – com'era detto significativamente nella direttiva di Kuncevo – i negoziati devono essere portati avanti a Mosca, dove Ribbentrop si recherà prossimamente»[11]. Già prima della visita si era ipotizzato un terzo viaggio del ministro degli Esteri a Mosca, soprattutto nell'interesse di Stalin, che conduceva negoziati importanti solo nella sua sfera di potere, viaggiava malvolentieri e per il quale Ribbentrop era stato sempre una «preda facile». Dopo l'incontro di Berlino, però, piani del genere furono accantonati. A Berlino Molotov non disponeva di alcun potere decisionale; aveva solo il compito di portare la conversazione sui conflitti che gravavano sull'alleanza, i quali con la Finlandia e la Romania ormai si trovavano in Europa. Mosca era irritata dagli sviluppi in quei paesi. La garanzia dell'integrità territoriale e dell'incolumità, che la Germania e l'Italia avevano dato il 30 agosto 1940 al Regno di Romania con il Secondo arbitrato di Vienna, escludeva implicitamente le rivendicazioni sovietiche, in particolare quella sulla Bucovina meridionale, che Stalin aveva già annunciato di voler occupare. Quanto alla Finlandia, che nel Protocollo segreto Hitler aveva lasciato all'Unione Sovietica, era motivo di irritazione l'accordo di transito tedesco-finlandese firmato di recente, che concedeva di installare delle basi nel paese – temporaneamente, assicurò Hitler, risultando assai poco credibile – per le truppe della Wehrmacht. L'Unione Sovietica considerava entrambi i fatti come gravi violazioni degli accordi originari, e nel caso della Finlandia aveva assolutamente ragione, tanto piú che erano state concordate in anticipo consultazioni sulle decisioni importanti che riguardassero i rispettivi interessi. Il fatto che Hitler non se ne fosse curato affatto ricordava il comportamento da grande potenza tenuto a Monaco e dimostrava che lo scopo dell'alleanza, per i tedeschi, era stato gradualmente raggiunto.

Non cosí per Stalin, che aveva affidato a Molotov il compito di mettere in chiaro a Berlino che «nella sfera di interesse dell'Unione Sovietica rientravano ancora: la Finlandia, il Danubio, soprattutto il delta del Danubio» e di mostrare irritazione perché anche «nella questione delle garanzie e dell'ingresso delle truppe in Romania» la Germania non aveva consultato Mosca[12]. Il patto – fece presente Molotov a Hitler, conformemente a quanto gli era stato detto di dire – era stato «vantaggioso per entrambi, con una sola eccezione, la Finlandia appunto». Dal momento che la questione finlandese non era ancora risolta, Molotov chiese «se l'accordo russo-tedesco, per quanto concerne la Finlandia» fosse «ancora in vigore». Da parte dell'Unione Sovietica, sottolineò, non era «intervenuta alcuna modifica», era invece arrivato il momento di sentire la posizione tedesca[13]. Dopo le conquiste nel Nord Europa e con l'Asse Roma-Berlino alle spalle – un Asse che aveva molti simpatizzanti e sostenitori politici in tutta Europa – essa era molto cambiata. Hitler aveva già da tempo spiegato ai suoi generali impegnati nella guerra che «far entrare i russi in Europa [era] la fine della Mitteleuropa» e anche i Balcani e la Finlandia rappresentavano «fianchi pericolosi» per i barbari asiatici che avessero tentato un'invasione da Oriente[14]. Naturalmente in presenza di Molotov minimizzò. Disse che le truppe stavano solo attraversando la Finlandia per raggiungere la Norvegia e che non c'era ragione di preoccuparsi. Poi interruppe una conversazione che stava prendendo una piega tanto fastidiosa facendo riferimento a un imminente attacco aereo, un pretesto imbarazzante, considerati i toni trionfali con cui aveva dipinto la sconfitta dell'Inghilterra come cosa già fatta[15]. Rimase tempo a sufficienza perché i giornalisti della capitale, che avevano atteso pazientemente in anticamera, scattassero numerose fotografie per la stampa (fig. 19). «I partecipanti presero di nuovo posto al tavolo» e furono scattate foto da «tutte le prospettive»[16]. Solo dopo, Molotov lasciò la Cancelleria del Reich «attraverso una fuga di saloni», deciso a «far parlare ancora» Hitler[17].

La sera, durante il ricevimento nel grande salone di marmo dell'ambasciata sovietica sull'Unter der Linden, Molotov fece effettivamente conoscenza dei bunker antiaerei di Berlino. Durante la sua visita, l'aviazione britannica effettuò attacchi continui sulla capitale del Reich, per partecipare almeno in questo modo all'incontro, come Churchill rese noto nelle sue memorie. Irritato per l'andamento dei colloqui, Hitler aveva annullato l'impegno, mentre vi presero parte il suo vice Rudof Heß, che pochi mesi dopo avrebbe intrapreso uno spettacolare volo (fuga) in Gran Bretagna, il capo dell'aviazione militare Hermann Göring e il ministro degli Esteri Ribbentrop. Già dopo i primi brindisi – Molotov si stava lamentando con Göring per le consegne commerciali tedesche in ritardo, che Göring giustificava con l'aumento del fabbisogno interno dovuto alla guerra – le sirene presero a urlare e gli ospiti intenti a rifocillarsi al ricco buffet si diedero a una precipitosa fuga[18]. Tornato allo Schloss Bellevue, Molotov telegrafò a Stalin illustrandogli le impressioni e gli avvenimenti del primo giorno e chiedendo ulteriori istruzioni.

Il giorno seguente, di nuovo intorno alle dodici, quando iniziò il secondo incontro con Hitler, la risposta di Stalin era arrivata da tempo. Rifiutava qualunque discussione sulla divisione dell'«eredità britannica» e sollecitava invece Molotov a insistere sulla «questione finlandese» per ottenere una risposta[19]. Per Mosca la nuova divisione del mondo proposta da Hitler era fuori questione, e in questo senso Molotov impostò un colloquio che, come comunicato in seguito a Stalin, «non [sortí] i risultati sperati»[20]. Hitler e Molotov litigarono per tre ore e mezzo, finché risultò chiaro che la Germania non si atteneva piú all'accordo del Protocollo aggiuntivo segreto. «Per lo meno – fece sapere Molotov a Mosca – conosciamo la posizione attuale di Hitler, con la quale dobbiamo fare i conti»[21]. Hitler, il cui unico interesse era di estromettere l'Unione Sovietica dall'Europa, negò di violare gli accordi del Protocollo aggiuntivo, perché in fondo «la Germania non aveva occupato nessun territorio che [si trovasse] nella sfera di interesse dell'Unione Sovietica»[22]. Non

Figura 19.
Molotov e Hitler nella Cancelleria del Reich.

teneva conto delle unità tedesche di stanza in Finlandia e faceva piuttosto riferimento alle concessioni che aveva fatto e che – Hitler citò la Bucovina settentrionale – effettivamente non rientravano negli accordi di agosto. Disse che non voleva alcuna guerra in Finlandia, perché la popolazione tedesca non aveva accolto sempre con favore il comportamento tenuto dal Terzo Reich durante la guerra d'inverno. La Germania, mentí Hitler, accettava in tutto e per tutto il dato di fatto che la Finlandia faceva parte della sfera di interesse russa[23]. Al tempo stesso, sottolineò l'interesse economico del Terzo Reich, con riferimento alla Finlandia come alla Romania, e continuò a insistere sulle forniture di nichel e di legno. Si aspettava che Mosca tenesse conto degli interessi economici tedeschi cosí come Berlino aveva mostrato comprensione nelle questioni relative alla Lituania e alla Bucovina.

Stalin non giocava secondo queste regole. Che Hitler nell'agosto del 1939, messosi sotto pressione da solo, avesse fatto ampie concessioni gli importava poco, cosí come del modo in cui Hitler si atteneva agli accordi sulla Finlandia. Il Trattato di non aggressione, mise in chiaro Molotov, era «riferito a una ben precisa fase (…) conclusasi con la fine della guerra di Polonia, mentre la seconda fase era terminata con la sconfitta della Francia e ora ci si trovava nella terza fase». Si trattava di portare a termine i compiti ancora in sospeso e al riguardo gli premeva sottolineare che il confine comune russo-tedesco sussisteva e che le questioni relative agli Stati baltici adiacenti, alla Romania, alla Finlandia e alla Polonia, erano state regolate. Non c'era piú da stabilire se Stalin avesse diritto o meno alla Finlandia, ma soltanto quando e in che modo avrebbe avuto luogo l'occupazione. E dovendo tracciare un «bilancio della situazione a seguito della sconfitta della Francia», aggiunse Molotov, era costretto ormai a constatare che «l'accordo russo-tedesco non aveva mancato di esercitare un influsso sulle grandi vittorie tedesche»[24]. Dal punto di vista di Stalin, l'Unione Sovietica aveva già aiutato i tedeschi a conseguire successi tali che ulteriori aspettative, pretese o addirittura concessioni erano fuori discussione.

Se si presta fede al verbale dell'interprete Paul Schmidt, fra Hitler e Molotov iniziò una disputa su chi nel passato fosse venuto piú incontro all'altro. «Sulla questione della correzione dell'accordo originale relativo alla Lituania e al voivodato di Lublino», che aveva creato a Hitler «il problema polacco», Molotov osservò che non si sarebbe «insistito» su questa correzione «se la Germania non lo avesse voluto». Ribbentrop replicò che la Russia certo non aveva fatto di questa correzione una condizione assoluta, ma si era spesa molto per ottenerla. Il ministro degli Esteri, infatti, ricordava bene le trattative caparbie del settembre 1939, quando Stalin alquanto inaspettatamente se n'era uscito con l'offerta di scambio e poi – consapevole di trovarsi in una posizione negoziale piú vantaggiosa – non l'aveva piú lasciata cadere. In cambio di questa «disponibilità», come Molotov definiva il cedimento dei tedeschi, Berlino aveva ottenuto un risarcimento e cosí si era pari.

Solo a proposito della Bucovina era disposto ad ammettere che si trattava di «un territorio in piú, non citato nel Protocollo segreto», ma che la Russia aveva limitato le sue rivendicazioni in un primo tempo alla Bucovina settentrionale, anche se non poteva esimersi dal sottolineare l'interesse della Russia per quella meridionale e si attendeva semplicemente che i tedeschi mostrassero comprensione. Hitler, che era fuori di sé per la faccia tosta del commissario sovietico, riuscí solo a ribattere che da parte tedesca era già una grande concessione permettere che venisse occupata da Mosca anche solo una parte della Bucovina, perché in fondo quei territori un tempo austriaci appartenevano quasi per loro natura alla Germania. Inoltre i contraenti avevano sempre «chiamato per nome i territori che facevano parte della zona russa» e sulla Bucovina non c'era nemmeno una parola negli accordi, cosí come non era stato assolutamente mai definito il significato dell'espressione «sfera di influenza». Nel gigantesco ufficio di Hitler l'atmosfera era diventata cosí tesa che neppure Ribbentrop fu piú in grado di alleggerirla con una risata. Le posizioni delle due parti si erano irrigidite: Hitler voleva l'Europa e Stalin non se ne lasciava cacciare. All'obiezione di Molotov che le correzioni relative alla punta lituana e alla Bucovina erano insignificanti rispetto a quello che la Germania altrove – il riferimento era alla campagna occidentale – aveva ottenuto con le armi, Hitler si limitò a bisbigliare che «le correzioni ottenute con le armi» non erano state affatto oggetto dell'accordo[25].

La disputa verbale fra Molotov e Hitler rivelò quanto fossero diventate fragili le basi su cui poggiava questa già di per sé debole alleanza. Dopo le campagne dell'estate 1940 esse rischiavano di cedere sotto il peso della volontà di espansione che da parte di entrambi era altrettanto sconfinata. Già durante il colloquio Hitler pose la «domanda decisiva» per lui: se la Russia aveva intenzione di fare una guerra contro la Finlandia; una domanda che Molotov, al quale importava solo di chiarire l'ultimo accordo ancora in sospeso, fece finta di non capire. Rispose salomonicamente che «le parole non corrispondevano sempre ai fatti» e che «la pace nell'area del Baltico» però «poteva essere assolutamente garantita» se «fra la Germania e la Russia si fosse raggiunta piena chiarezza sulla questione finlandese». Non vedeva «per quale motivo la Russia [dovesse] posticipare la realizzazione dei propri desiderata di sei mesi o di un intero anno», quando l'accordo russo-tedesco non prevedeva «nessuna scadenza» e nella propria sfera di interesse nessuno aveva «le mani legate»[26]. Quando Stalin, nell'inverno del 1940, pianificò davvero l'occupazione della Finlandia, non la considerava una guerra, perché in fondo non faceva che prendersi «quello che gli spettava»[27]. Sembrò tanto piú degno di nota a Molotov il fatto che Hitler mettesse l'Unione Sovietica in guardia da «questa avventura»: un «conflitto sul Baltico» avrebbe rappresentato un «pesante fardello per le relazioni tedesco-russe e per l'importante collaborazione futura». Per Molotov non si trattava, come comunicò a Hitler, di una «guerra nel mar Baltico», ma «della questione finlandese e della sua soluzione nel contesto dell'accordo stretto l'anno precedente», che Mosca si figurava dovesse avvenire «nella stessa misura che in Bessarabia e negli stati limitrofi»[28].

Dopo di che, come il giorno precedente, Hitler interruppe la conversazione accennando a un allarme aereo, e Molotov capí che tutto quello che si era detto sulla Finlandia come parte della sfera di interesse sovietica non aveva nessun valore[29]. Se l'Armata Rossa avesse varcato il confine finlandese, Stalin avrebbe corso il rischio della guerra che intendeva evitare.

Il 14 novembre Molotov lasciò Berlino. Alla stazione suonò un'altra volta un plotone d'onore, ma fra i nazionalsocialisti in posizione di comando si fece vedere solo Ribbentrop. La visita non era stata un successo per nessuno dei due capi della diplomazia. Certo, ora Mosca conosceva l'«attuale posizione di Hitler», che era però tutt'altro che tranquillizzante. Ribbentrop, che si era speso molto presso Hitler a favore dell'invito, vedeva invece dissolversi le prospettive di un blocco antibritannico[30]. Da tempo Hitler non era piú convinto della strategia del suo ministro, soprattutto dell'idea di estendere a Mosca l'Asse Roma-Berlino-Tokyo. Molotov diffidava comunque delle offerte. Quando Čuev gli domandò se Hitler a Berlino lo avesse voluto convincere a aderire, rispose: «Sí, il farabutto. Ma era solo una finta. Un gioco, un gioco, e anche primitivo»[31].

2. *Le direttive di Hitler.*

È noto e documentato che Hitler era deciso a portare la guerra a est già prima della visita del commissario per gli Affari esteri sovietico. I preparativi militari avevano avuto inizio; generali e ufficiali della Wehrmacht erano stati informati e già durante l'estate si era provveduto a spostare varie unità militari da occidente verso est e in Finlandia, dove ovviamente rappresentavano per l'Unione Sovietica un motivo di preoccupazione, anche se, parlando con Molotov, Hitler negò, risultando assai poco credibile[32]. Quanto poco i colloqui di Berlino potessero modificare questa decisione è dimostrato dalla nota direttiva del Führer numero 18 del 12 novembre, che Hitler emanò prima ancora dell'arrivo di Molotov e nella quale spiegava senza giri di parole:

> ... [sono state] avviate consultazioni politiche allo scopo di chiarire la posizione della Russia nel prossimo futuro. Indipendentemente dal risultato di queste consultazioni, tutti i preparativi già disposti per l'Est devono essere portati avanti. Seguiranno istruzioni al riguardo, non appena le linee fondamentali del piano operativo dell'esercito mi saranno state presentate e saranno state da me approvate[33].

Se l'intenzione di Hitler era di garantire la supremazia tedesca in Europa a ogni costo e, di conseguenza, per riuscire a ottenerla, un attacco all'Unione Sovietica era dato ormai per scontato, perché mai autorizzò l'invito a Molotov? C'era una minima opportunità di ribaltare la situazione, se solo Stalin avesse accettato i piani tedeschi? È molto improbabile. Hitler non poteva credere davvero che Stalin avrebbe accettato la proposta di rinunciare alle ambizioni sovietiche in Europa e che si sarebbe accontentato dell'Asia o dell'India, lasciandosi coinvolgere in nuovi conflitti. La decisione a favore della «battaglia ideologica finale» contro il bolscevismo era fuori discussione. Già dopo il primo colloquio con Molotov, Hitler sapeva benissimo che avrebbe potuto «tenere fuori dall'Europa» l'Unione Sovietica solo ricorrendo alla forza militare e che la campagna dell'Est incombeva prima che si fossero conclusi gli attacchi alla Gran Bretagna. «Lui [il Führer] – secondo l'aiutante di campo di Hitler, Gerhard Engel – non si era comunque aspettato nulla. I coll[oqui] avrebbero mostrato che piani avessero i russi. Diceva che M[olotov] aveva vuotato il sacco»[34]. L'insistenza di Stalin sulla Finlandia e su parti dell'Europa meridionale non fece che confermare Hitler nell'antibolscevismo ideologico che non aveva mai archiviato, se non pro forma, anche mentre l'alleanza era in corso. Considerare l'Unione Sovietica un partner alla pari – come aveva sollecitato Molotov – e non come un aiutante di livello inferiore, per Hitler non era concepibile.

Dopo che la visita di Molotov si era rivelata un fiasco, l'unico a preoccuparsi ancora di calmare le acque fu il ministro degli Esteri Ribbentrop. L'alleanza con Stalin era stato il suo progetto politico, si era speso con Hitler, fosse anche solo per portare avanti l'idea fissa del patto continentale antibritannico. Per questa ragione, e per affermarsi nei confronti dei numerosi critici, nemici e concorrenti all'interno delle proprie stesse file, Ribbentrop rimase fedele al patto. Nel suo ufficio al Ministero degli Esteri – Molotov tenne i colloqui su temi economici con Göring – annunciò ancora una volta un patto a quattro che per Molotov era interessante solo a condizione che, come aveva già chiarito parlando con Hitler, «la Russia partecipi come partner e non come oggetto»[35]. Promise comunque di illustrare il piano a Stalin al suo ritorno e di comunicare immediatamente all'interlocutore tedesco le condizioni poste da Mosca per aderirvi.

Il 25 novembre 1940 Molotov consegnò all'ambasciatore von der Schulenburg la risposta del governo sovietico all'offerta di Ribbentrop. Vi si leggeva:

> L'Unione Sovietica è disposta ad accettare la bozza del patto a quattro tracciata dal signor ministro degli Esteri del Reich (...) alle seguenti

> condizioni: 1. Se le truppe tedesche vengono immediatamente ritirate dalla Finlandia, che in base all'accordo del 1939 fa parte della sfera di influenza dell'Unione Sovietica. L'Unione Sovietica si impegna a garantire relazioni pacifiche con la Finlandia e a rispettare gli interessi economici tedeschi in Finlandia: esportazione di legno e nichel. 2. Se nei prossimi mesi viene garantita la sicurezza dell'Unione Sovietica negli Stretti con la conclusione di un patto di mutua assistenza tra l'Unione Sovietica e la Bulgaria – che per la sua posizione geografica si trova nella zona di sicurezza dei confini dell'Unione Sovietica sul mar Nero – nonché con la costituzione di una base per le sue forze terrestri e navali nell'area del Bosforo e dei Dardanelli (...) tramite un affitto a lungo termine.

Stalin pretendeva inoltre che «l'area a sud di Batum e di Baku in linea generale fino al Golfo Persico ven[isse] riconosciuta come fulcro delle aspirazioni dell'Unione Sovietica» e che «il Giappone rinunci[asse] ai suoi diritti di concessione relativi al carbone e alla nafta nella parte settentrionale dell'isola di Sachalin». Su tutti questi punti Stalin sollecitava approvazione scritta in forma di protocolli segreti aggiuntivi, tra cui

> ... un quinto protocollo segreto fra la Germania, l'Unione Sovietica e l'Italia con il riconoscimento del fatto che la Bulgaria, in considerazione della sua posizione geografica, si trova nella zona di sicurezza del confine dell'Unione Sovietica sul mar Nero e che di conseguenza viene considerato politicamente necessario concludere un patto di mutua assistenza fra l'Unione Sovietica e la Bulgaria che non intacchi in alcun modo il regime interno della Bulgaria, la sua sovranità e indipendenza[36].

Con la rivendicazione sulla Bulgaria da parte dell'Unione Sovietica – che nel 1944 Stalin riuscí a far accettare da Churchill nel famigerato e segreto *Percentages Agreement* – quello che veniva presentato era un programma che, andando molto al di là delle precedenti intese, Hitler non avrebbe assolutamente potuto approvare. Presumibilmente il governo sovietico ne era consapevole, e Stalin metteva solo Berlino alla prova. Non dispiacque che Hitler semplicemente ignorasse la proposta sovietica, perché ciò permise a Stalin di riferirsi alla propria «buona volontà» e di scaricare su Berlino la responsabilità della fine manifesta dell'alleanza. Per dirla con Talleyrand, il «tradimento» era effettivamente ormai solo una questione di data[37].

«La Wehrmacht deve essere pronta a sconfiggere l'Unione Sovietica con una campagna militare lampo (operazione Barbarossa) anche prima della conclusione della guerra contro l'Inghilterra». Con queste parole, contenute nella direttiva numero 21 del 18 dicembre 1940, Hitler dettò l'attacco all'Unione Sovietica. Vi si diceva:

> Ordinerò probabilmente lo spiegamento delle forze contro l'Unione Sovietica otto settimane prima del previsto inizio dell'operazione. I preparativi che richiedono tempi piú lunghi – nel caso non siano stati ancora attuati – vanno intrapresi già adesso e conclusi entro il 16.5.1941.

In base alla direttiva, l'invasione doveva essere attuata fra la metà e la fine di giugno, anche se Hitler non indicò una data precisa. Tuttavia ammoní: «Fondamentale non far trapelare l'intenzione di attaccare»[38]. Mascherare l'aggressione era però un'impresa impossibile, considerato il grado di informazione della politica europea e del proprio stesso esercito, al quale già da tempo non si poteva piú far credere che si trattasse di «misure precauzionali nel caso la Russia dovesse cambiare l'atteggiamento tenuto finora nei nostri confronti». In caso contrario si sarebbe corso il pericolo, «se si venisse a conoscenza dei nostri preparativi, *che ancora non è stato stabilito per quando vengono fatti* (corsivo dell'Autrice)», di provocare «gravissimi danni politici e militari». I generali non avevano ancora finito di leggere il monito che la direttiva era già sulla strada per Mosca[39]. La direttiva numero 21, basata sull'assurda strategia della guerra lampo, dava informazioni relativamente concrete sui compiti operativi dell'Esercito, dell'Aviazione e della Marina e per di piú precisava il ruolo della Finlandia e della Romania, che nel colloquio con Molotov era stato ancora negato. Al punto «probabili alleati e loro compiti» si diceva:

> Il compito della Romania sarà di sostenere l'attacco dell'ala sud tedesca (...), di bloccare il nemico là dove non sono impegnate forze tedesche e in generale di fornire sostegno nelle retrovie. La Finlandia coprirà lo spiegamento del gruppo tedesco distaccato a Nord proveniente dalla Norvegia e dovrà operare insieme con esso. Inoltre toccherà alla Finlandia rendere inoffensiva Hangö [Hanko][40].

3. *Una corsa contro la guerra.*

Stalin conosceva i progetti di Hitler, che non lo sorpresero ma indicavano una particolare urgenza. «Sapevamo che la guerra sarebbe arrivata presto – ricordava Molotov – e sapevamo di essere piú deboli dei tedeschi (...) Facemmo di tutto per rimandare il conflitto»[41]. Nella sua corsa contro la guerra, il governo sovietico prese soprattutto tre precauzioni: trattative commerciali, piccole concessioni ai tedeschi e negoziati separati con terze parti.

Fin dalla sua visita a Berlino, Molotov intendeva intensificare le relazioni commerciali, che nel 1939 avevano già spianato la strada al patto e costituivano un pilastro importante dell'alleanza. «Dovevamo ritardare l'aggressione tedesca e allora abbiamo cercato di fare affari con loro: import-export»[42]. Il 25 dicembre 1940 un nuovo accordo economico tedesco-sovietico era pronto per essere firmato. Era il piú grande – sono parole di Karl Schnurre – che la Germania abbia mai concluso» e andava molto oltre «il primo accordo con i russi». L'Unione Sovietica si impegnò a fornire enormi quantità di materie prime: 2,5 milioni di tonnellate di cereali, un milione di tonnellate di prodotti petroliferi, 100 000 tonnellate di cotone, metalli e manganese. Stalin riforní la Germania, come Schnurre ammise, «nei settori in cui siamo carenti e che non potremmo coprire in altro modo»[43]. L'accordo, che di fatto era solo la seconda parte del precedente, quello dell'11 febbraio 1940, venne infine firmato il 10 gennaio 1941.

Come seconda misura, nel quadro dei negoziati commerciali Mosca garantí al Terzo Reich il saldo forfettario delle rivendicazioni patrimoniali avanzate dai tedeschi della regione baltica che si erano trasferiti, cosa che aveva fino a quel momento sempre rifiutato. Preoccupato di creare un clima positivo, il governo sovietico mise pur sempre a disposizione l'equivalente di 150 milioni di Reichsmark a titolo di risarcimento del patrimonio e dei beni mobili e immobili che i tedeschi etnici avevano dovuto abbandonare trasferendosi. Con un terzo passo portò infine a compimento, sempre nel gennaio del 1941, l'acquisto del territorio lituano intorno alla città di Mariampol, il cosiddetto «lembo lituano», che la Germania aveva rivendicato in uno dei protocolli aggiuntivi segreti del Trattato di delimitazione e amicizia del settembre 1939.

Per il territorio occupato dall'Armata Rossa, Stalin pagò la somma di 7,5 milioni di dollari d'oro, da compensare con forniture sovietiche di metalli non ferrosi. Era l'equivalente della somma che lo zar aveva incassato nel 1867 per la vendita dell'Alaska[44]. Nello stesso tempo le due parti concordarono una nuova operazione per il reinsediamento di quei tedeschi etnici che vivevano ancora in territorio lituano. L'acquisto di Mariampol e il trasferimento dei tedeschi non erano solamente concessioni ma erano utili, come Molotov ammise – «avevamo bisogno di piú territorio possibile»[45] – alla preparazione della guerra. Per compiacere Hitler, Stalin prese persino in considerazione l'idea di sciogliere l'Internazionale comunista (Comintern), cosa che realizzò solo due anni dopo, nel maggio del 1943, facendola passare per una concessione agli alleati occidentali, a loro volta non entusiasti di un'espansione globale dell'ideologia comunista[46].

Nel preparare la guerra, Stalin non si limitò a trattare e a fare concessioni ai tedeschi, ma cercò contemporaneamente di stringere alleanze e accordi alternativi che, nel migliore dei casi, ostacolassero al tempo stesso i piani di espansione di Hitler. Con questo obiettivo forzò l'intesa con l'Impero giapponese e corteggiò il Regno di Bulgaria, che non doveva in nessun modo cedere alla Germania. Subito dopo essere tornato da Berlino, Molotov offrí all'ambasciatore bulgaro un patto di mutua assistenza le cui garanzie andavano ben oltre quelle italo-tedesche. Il Regno bulgaro, che anche Hitler stava corteggiando, rifiutò e il 1° marzo 1940 aderí al Patto tripartito. Poco piú di un mese dopo, il 5 aprile, Mosca firmò un Patto di amicizia e non aggressione con il nuovo governo jugoslavo, arrivato al potere dopo un colpo di stato militare ai danni del premier Cvetković. Con la sua firma – il 25 marzo 1941 – anche la Jugoslavia era entrata dopo la Bulgaria nel Patto tripartito, ma quella scelta aveva provocato violente proteste e opposizione in tutto il paese. Il giorno successivo all'adesione del nuovo governo al Patto di mutua assistenza con l'Unione Sovietica, Hitler invase la Jugoslavia (e la Grecia) impantanando la Wehrmacht in una lotta partigiana infinita che non poteva che far comodo a Stalin. I continui conflitti nei Balcani, che inizialmente Hitler prevedeva di conquistare con un'altra guerra lampo ancora prima dell'invasione dell'Unione Sovietica, costarono attenzione, risorse e forze militari. Intanto Stalin si occupava, sempre nel mese di aprile, della potenza orientale dell'Asse, il Giappone, e qui gli riuscí il colpo grosso contro Hitler. Il 13 aprile 1941 il ministro degli

Esteri Matsuoka e il commissario per gli Affari esteri Molotov firmarono a Mosca il Patto di neutralità nippo-sovietico, che lasciò Stalin con le spalle coperte in Estremo Oriente. Anche senza aderire al Patto tripartito gli era riuscita un'alleanza per lui di importanza strategica con un alleato di Hitler. Dimostra quanto fosse importante per lui questo accordo la leggendaria scena di commiato alla stazione Jaroslavskij di Mosca, dove uno Stalin ubriaco prese congedo da un altrettanto ubriaco Matsuoka sulla banchina ferroviaria e lo mise sul treno. «Nessuno – disse Molotov – se lo era aspettato; Stalin non riceveva e non congedava mai nessuno alla stazione. I giapponesi e i tedeschi [che presenziavano in quanto alleati] erano sconcertati»[47]. Stalin aveva riportato un'importante vittoria ai punti. Rimaneva ancora da preparare la popolazione e l'esercito alla guerra.

[1] Quando Berija cadde, trascinò con sé Amayak Kobulov, Vladimir Dekanozov e Vsevolod Merkulov. Nel dicembre 1953 furono tutti arrestati, condannati a morte con procedimenti speciali e giustiziati.

[2] BEREŽKOV 1972.

[3] ČUEV 1993, p. 15.

[4] *Memorandum Schmidt* 1940.

[5] ČUEV 1993, p. 15.

[6] ČUEV 1993, p. 18.

[7] BEZYMENSKIJ 2006, p. 315.

[8] BEZYMENSKIJ 2006.

[9] ČUEV 1993, p. 19.

[10] Citato in PÄTZOLD e ROSENFELD 1990, p. 318.

[11] Citato in BEZYMENSKIJ 2006, p. 315.

[12] Citato in BEZYMENSKIJ 2006, p. 316. Nell'ottobre 1940 la Germania aveva inviato una prima missione militare in Romania e intensificato le relazioni, nel mese di settembre, dopo la nomina a primo ministro del generale Ion Antonescu. Il 22 novembre la Romania aderí al Patto tripartito.

[13] SEIDL 1949, documento n. 184, pp. 254-63, a pp. 262 sg.

[14] Memorandum di Gerhard Engel, aiutante di campo di Hitler, citato in SLUTSCH 2008, p. 274.

[15] Quando l'aviazione inglese, durante un colloquio fra Ribbentrop e Molotov, effettuò un attacco aereo su Berlino, nel rifugio antiaereo della Wilhelmstraße si verificò un episodio che viene citato spesso. Durante il bombardamento, Molotov si informò presso il suo omologo perché si dovesse rimanere a sedere nel rifugio antiaereo e di chi fossero mai le bombe che stavano cadendo in quel preciso momento se, come Hitler aveva proclamato, la Gran Bretagna era quasi sconfitta. Cfr. BEREŽKOV 1972.

[16] BEREŽKOV 1972. Altri partecipanti al primo incontro furono il ministro degli

Esteri Ribbentrop, l'ambasciatore von der Schulenburg, l'interprete Paul Otto Schmidt, che compilò il verbale, il consigliere d'ambasciata Gustav Hilger, che tradusse per i tedeschi, mentre per i russi questa funzione fu assolta dall'interprete di Stalin Pavlov e da Valentin Berežkov. Questi, che lavorava da poco al Ministero degli Esteri, in precedenza aveva svolto la sua attività presso la rappresentanza commerciale sovietica a Berlino e aveva assistito il commissario del popolo Mikojan in occasione delle trattative economiche con la Germania. Era presente anche Vladimir Dekanozov.

17 BEREŽKOV 1972; BEZYMENSKIJ 2006, p. 327.

18 HILGER 1964, p. 301; BEREŽKOV 1972.

19 BEREŽKOV 1972.

20 Per il rapporto di Molotov a Stalin vedi BEZYMENSKIJ 2006, p. 328.

21 BEZYMENSKIJ 2006, p. 329.

22 *Memorandum Schmidt* 1940; vedi anche SEIDL 1949, documento n. 185, pp. 264-78, a p. 264.

23 SEIDL 1949, p. 266.

24 SEIDL 1949.

25 SEIDL 1949, pp. 267 sg.

26 SEIDL 1949.

27 Su questa discussione cfr. SLUTSCH 2008, p. 275; anche BEZYMENSKIJ 2006, p. 328. Bezymenskij parte dal presupposto che Stalin pianificasse una nuova guerra contro la Finlandia, mentre Sergej Slutsch la considerava solo come «da non escludersi».

28 Citato in BEZYMENSKIJ 2006.

29 SEIDL 1949, p. 277.

30 BEREŽKOV 1972.

31 ČUEV 1993, p. 13.

32 Sulle singole misure cfr. SLUTSCH 2008, pp. 261 sg.

33 HUBATSCH 1965, pp. 77-82, a p. 81.

34 Citato in SLUTSCH 2008, p. 274.

35 Citato in PÄTZOLD e ROSENFELD 1990, p. 312.

36 SEIDL 1949, documento n. 192.

37 Il brano di Talleyrand da cui si cita è il seguente: «Al che dovetti ribattere: "Sire, è una questione di data", e dopo una pausa aggiunsi: "E un effetto dei guai nei quali ci si potrebbe trovare a causa delle circostanze"», in *Talleyrand's Briefwechsel* 1881, p. 20.

38 *Der Führer und Oberste Befehlshaber der Wehrmacht* 1940.

39 Sulle attività dei servizi segreti nel dettaglio, vedi BEZYMENSKIJ 2006, p. 341.

40 PÄTZOLD e ROSENFELD 1990, pp. 322 sgg. Dopo la guerra d'inverno la penisola meridionale di Hanko, concessa in affitto per trent'anni all'Unione Sovietica, è stata la base navale della flotta del Baltico.

41 ČUEV 1993, p. 22.

42 ČUEV 1993, p. 23.

43 Citato in PÄTZOLD e ROSENFELD 1990, p. 325.

44 Cfr. SCHÖLLGEN 2013, p. 220.

45 ČUEV 1993, p. 22.

46 BAYERLEIN 2008, p. 77.

47 ČUEV 1993, p. 21.

Capitolo settimo

«Con i tedeschi saremmo stati invincibili»

Sette settimane prima dell'attacco di Hitler all'Unione Sovietica, Stalin tenne un discorso alla cerimonia di consegna dei diplomi di tutte le sedici accademie militari dell'Armata Rossa, che si svolse come sempre nel Gran Palazzo del Cremlino. Nei sei anni precedenti non vi aveva preso parte, per cui vederlo comparire fu una sorpresa che non solo mise in agitazione i giovani quadri militari, ma tutti gli oltre duemila partecipanti. Nei mesi precedenti Stalin si era fatto desiderare, non era piú apparso in pubblico dall'inizio dell'anno, con la sola eccezione della parata del 1° maggio sulla Piazza Rossa. Il suo ultimo discorso importante, il «discorso delle castagne», risaliva a due anni prima. Pronunciandolo, il 10 marzo 1939, aveva dato il via alla competizione internazionale per un'alleanza di sicurezza e, al tempo stesso, prospettato l'avvicinamento al Terzo Reich. Due anni dopo, l'alleanza con Hitler era alle battute finali e Stalin annunciava un altro discorso. Nella sala del Cremlino gremita di gente regnava un silenzio carico di tensione quando, dopo il saluto del buon Michail Kalinin, presidente del Soviet supremo, Stalin prese la parola. Per quaranta minuti parlò con calma, in modo chiaro e – a differenza del suo antagonista a Berlino – senza alcun pathos.

1. *Il discorso di Stalin del 5 maggio 1941.*

Fino a oggi non sappiamo di una copia stenografica del discorso del 5 maggio 1941, né sono stati trovati manoscritti o appunti di Stalin, il quale per altro non ha lasciato quasi nulla di scritto. Sulla «Pravda» uscí il giorno dopo solo una notizia, secondo cui Stalin aveva parlato della riorganizzazione dell'Armata Rossa sulla «base della moderna strategia militare» e le sue parole erano state ascoltate con la «massima attenzione»[1]. Numerose furono di conseguenza le voci, le speculazioni e le informazioni false intenzionalmente diffuse dai servizi segreti, che circolavano a Mosca e in Europa e dalle quali persino un diplomatico esperto come l'ambasciatore von der Schulenburg si lasciò ingannare. Il Ministero degli Esteri di Berlino, dove la curiosità per eventuali dichiarazioni di Stalin sulle relazioni bilaterali era grande, aveva affidato a von der Schulenburg il compito di scoprire quanto prima possibile i contenuti del discorso. Dopo quattro settimane l'ambasciatore inviò finalmente il resoconto del corrispondente da Mosca del Deutsches Nachrichten-Büro (l'agenzia di stampa tedesca), Ernst Schüle, che tramite una «fonte» sovietica era entrato in possesso di quello che spacciò come il rapporto di una persona che aveva assistito all'evento. Stando a Schüle, Stalin aveva effettivamente parlato delle relazioni con la Germania, e quello che disse poteva far tirare a Berlino un sospiro di sollievo. A causa della superiorità militare della Wehrmacht, Stalin non era interessato a un conflitto con la Germania e, dopo aver messo a «confronto il potenziale militare tedesco con quello sovietico», si sarebbe addirittura espresso a favore di un miglioramento delle relazioni bilaterali[2]. «Tra gli ascoltatori – riferí Schüle – sarebbe (cosí ha raccontato la mia fonte) prevalsa l'impressione che a Stalin interessasse preparare i suoi seguaci a un "nuovo compromesso" con la Germania»[3].

Le informazioni che Schüle aveva ricevuto dalla sua «fonte», o che le aveva attribuito, erano del tutto in linea con quelle fornite dal governo sovietico e dall'NKVD, che a quanto pare seminò diverse versioni. Stalin aveva certo confrontato la forza militare dei due stati, ma di un nuovo compromesso o di ulteriori concessioni, in base all'unica fonte finora riconosciuta, non aveva fatto parola[4]. Piuttosto, la versione destinata a orecchie tedesche aveva l'obiettivo di convincere Berlino che Stalin non era interessato ad aumentare le tensioni. Se mai fosse stato possibile, lo scopo era di evitare qualunque impressione di provocazioni da parte sovietica.

A uso delle potenze occidentali e del governo britannico

Mosca favoriva un'altra interpretazione, diffusa anch'essa tramite giornalisti, nel caso specifico il corrispondente britannico da Mosca che aveva piú contatti di tutti, Alexander Werth. Gli erano stati passati – come Werth scrisse tuttavia solo dopo l'invasione tedesca e senza citare la sua fonte – resoconti dettagliati del discorso di Stalin simili alla «versione di Schüle», ma che la contraddicevano su un punto essenziale. Stalin avrebbe detto che l'«attacco tedesco era imminente», ma che l'Unione Sovietica non era forte abbastanza per battere la Germania. Di conseguenza bisognava ritardare lo scoppio della guerra per vie diplomatiche almeno fino all'autunno, dopo di che le condizioni meteorologiche non avrebbero piú consentito un attacco. Fino a questo punto la «versione britannica» corrispondeva al resoconto di Schüle. Dopo però, citando Stalin, Werth gli faceva dire che

> … a seconda della situazione internazionale (…) l'Armata Rossa avrebbe atteso un attacco tedesco *o avrebbe preso essa stessa l'iniziativa*, perché un durevole predominio della Germania nazista in Europa «non [era] normale»[5].

Della possibilità di prendere «essa stessa l'iniziativa» e di non accettare il «predominio della Germania nazista in Europa» non si parlava nel rapporto di Ernst Schüle, per cui la versione di Werth suggerisce un diverso orientamento della politica sovietica che è sempre stato oggetto di acceso dibattito fra gli storici. Il «resoconto Werth» ventilava la possibilità di un intervento militare sovietico.

2. *L'Armata Rossa e la guerra.*

Di che cosa parlò Stalin di fronte alla giovane élite militare, ai capi dell'esercito e ai membri del Politbjuro, anch'essi presenti? Quale significato aveva il discorso – sul contenuto del quale esistono varie versioni – poco prima dell'invasione tedesca? In base a un riassunto dattiloscritto a disposizione degli studiosi dal 1990 e considerato autentico, era articolato in due ampie parti. Nella prima Stalin parlò della modernizzazione dell'Armata Rossa, che a suo dire non era «piú quella che era anni fa»[6]. Lodò il progresso tecnologico in tutti i tipi di armamenti, invitando al tempo stesso a non idealizzare la situazione e, a fronte dei successi militari in Estremo Oriente – in particolare della vittoria sul Giappone del generale Žukov due anni prima, nella battaglia del Khalkhin Gol –, a evitare la spavalderia. La tattica dell'elogio immediatamente smussato dalla critica era tipica di Stalin e ricordava il leggendario articolo della «Pravda» intitolato *Golovokruženie ot uspechov* (Vertigine del successo) con cui nel 1930 aveva criticato il ritmo della collettivizzazione anche per togliere di mezzo concorrenti sgraditi. Nella primavera del 1941 la situazione era chiaramente un'altra. In vista della guerra, epurazioni politiche erano inopportune, anche se Stalin non mancò di criticare aspramente il percorso di formazione che i giovani diplomati avevano appena concluso. «Le nostre scuole e accademie – denunciò – arrancano ancora dietro all'esercito moderno».

Stalin deplorò le condizioni tecniche in cui versavano le accademie militari ma soprattutto attaccò i loro istruttori e ufficiali, nei quali scorgeva una mancanza di volontà di cambiamento e una chiusura mentale cui attribuiva la responsabilità dell'arretratezza, e non solo di quella delle accademie militari. Il fatale conflitto fra persistente rigidità e imperativo al cambiamento, fra velocità, flessibilità e indolenza fu il tema conduttore del discorso del maggio 1941, con il quale Stalin preparò l'Armata Rossa alla guerra e – tutto il resto era fuori discussione – alla vittoria sulla Wehrmacht di Hitler. Osservazioni sulle concessioni agli (ancora) alleati tedeschi o a una possibile «iniziativa» erano questioni di politica estera di secondo piano; non insignificanti per mantenere il controllo nel gioco politico ma, anche nel caso fossero effettivamente state fatte, non erano il vero obiettivo del discorso rivolto ai giovani ufficiali.

Nella seconda parte Stalin descrisse la condizione della Wehrmacht ed elencò i motivi del suo successo. Di nuovo parlò di atteggiamenti mentali, di stati d'animo collettivi, di pericolo della vittoria e del potere del perdente. Prese come esempio la condizione della Germania e della Francia dopo la prima guerra mondiale, dalla quale la Germania era uscita sottomessa e umiliata, mentre la Francia orgogliosa e trionfante. Citando Lenin, Stalin si ricollegò al motivo conduttore del discorso e preparò psicologicamente l'Armata Rossa alla guerra mettendola in guardia soprattutto dall'arroganza del vincitore. A suo dire essa rendeva cosí pigri e induceva il sonno al punto da trasformare i vincitori in perdenti e i perdenti, come le guerre lampo vittoriose di Hitler stavano a dimostrare, alla fine in vincitori. Perché, chiese Stalin, nel giugno del 1940 la Francia aveva subito una sconfitta contro i tedeschi? Perché Hitler vinse, e il trionfo era una prova della sua invincibilità?

> Lenin ha detto una volta che gli eserciti sconfitti hanno grandi capacità di apprendimento (...) I tedeschi hanno analizzato criticamente le cause della loro sconfitta e trovato il modo per organizzare, formare e armare meglio il loro esercito[7].

Stalin – facendo di nuovo riferimento a Lenin – fece ricadere la responsabilità dello smacco subito dai francesi nel giugno del 1940 sull'insufficiente capacità di imparare, dovuta al compiacimento prodotto dalle vittorie del passato:

> Lenin ci ha detto: i partiti e gli stati sono destinati a decadere se chiudono gli occhi davanti ai difetti, si inebriano delle loro vittorie, dormono sugli allori e permettono che i successi facciano girare loro la testa.

Il compiacimento dei francesi dopo il 1918 avrebbe portato dritti alla sconfitta, la modernizzazione militare sarebbe stata trascurata e dal punto di vista politico la Francia non avrebbe costruito, esattamente come la Gran Bretagna, un sistema di alleanze efficace. Ancora una volta Stalin regolava i conti con le potenze occidentali e attribuiva loro la colpa delle fallite trattative della primavera del 1939 e della guerra in Europa, che ora avrebbe colpito anche l'Unione Sovietica.

> Che cosa significa preparare politicamente la guerra? Significa avere un numero sufficiente di alleati fidati, e, inoltre, stati neutrali. Quando la Germania ha iniziato questa guerra ha assolto tale compito, l'Inghilterra e la Francia no[8].

Agli occhi di Stalin Hitler, imparando dalle sconfitte, aveva «fatto tutto giusto», mentre le democrazie occidentali si avviavano barcollando verso la sconfitta, arroganti ed ebbre di vittoria. Questo significava però, chiedeva, che la Germania era invincibile? «No – era la risposta tranquillizzante – non c'è e non c'è mai stato al mondo un esercito invincibile», e spiegava perché e come la Wehrmacht di Hitler poteva essere sconfitta.

Citò innanzitutto il mutato motivo del conflitto, dopo che la Germania era passata dal «legittimo revisionismo del Trattato di Versailles» alla guerra di conquista. Il profondo desiderio di «liberarsi dal giogo del Trattato di Versailles» aveva a suo parere trascinato la Wehrmacht di vittoria in vittoria, «ma gli slogan di una guerra di rapina non porteranno l'esercito al successo», tanto piú che si sono diffusi «spacconeria, autocompiacimento e arroganza» e «una gran parte dell'esercito tedesco sta [perdendo] lo slancio che aveva all'inizio del conflitto»[9]. Il circolo vizioso che trasforma i vincitori arroganti in perdenti capaci di imparare, e questi ultimi di nuovo in vincitori, si sarebbe chiuso anche nel caso della Wehrmacht. Per i generali di Stalin e i giovani diplomati dell'accademia militare, il cerchio rappresentava al tempo stesso un monito e un incitamento; incitamento a lottare contro un esercito tedesco che poteva essere battuto e monito contro la falsa presunzione di essere invincibili. Il 5 maggio 1941 Stalin preparava l'esercito e il suo governo alla guerra.

3. *I preparativi della guerra e la tesi della guerra preventiva.*

Nelle settimane successive il governo sovietico avviò una serie di preparativi sia sul piano militare che politico, sempre con l'obiettivo prioritario di ritardare l'attacco tedesco il piú possibile, nel migliore dei casi fino al 1942. Se queste misure comprendessero anche un attacco sovietico è stata una tesi a lungo dibattuta e addirittura confermata da storici come Bogdam Musiał e Vladimir Nevežin sulla base del discorso di Stalin del 5 maggio[10]. Venivano considerate prove della cosiddetta «tesi della guerra preventiva» – vale a dire che il 22 giugno la Wehrmacht avesse solo anticipato un attacco sovietico –, oltre al resoconto di Alexander Werth, soprattutto i brindisi che Stalin aveva pronunciato al ricevimento tenuto immediatamente dopo il suo discorso. I brindisi furono poi riportati nel corso di interrogatori da prigionieri sovietici a Gustav Hilger, il quale in un secondo momento li mise per iscritto. Pare che Stalin vi avesse annunciato la fine dell'«era della politica di pace» e l'inizio dell'«era dell'espansione violenta del fronte socialista», caratterizzata da un «approccio offensivo»[11].

Adesso però, – disse Stalin, – che il nostro esercito è stato ricostruito ed è sufficientemente equipaggiato di tecnologia per la battaglia moderna, dal momento che siamo diventati forti, dobbiamo passare dalla difesa all'attacco. (...) L'Armata Rossa è un esercito moderno, un esercito moderno è però un esercito che attacca[12].

Nella primavera del 1941 Stalin pianificava dunque di prevenire l'attacco tedesco? Probabilmente no, e insieme a molte altre buone ragioni che contraddicono questa tesi, decisiva era soprattutto la riluttanza di Stalin a rompere il patto prima di Hitler e a presentarsi come aggressore, o a poter essere definito tale. Aveva rigorosamente evitato di assumere questo ruolo già nel settembre del 1939, quando Hitler aveva dovuto aspettare piú di due settimane prima che i sovietici invadessero la Polonia. Da allora il suo atteggiamento non era cambiato e, se proprio la guerra era inevitabile, allora doveva cominciare su suolo sovietico. A differenza di Stalin, a Hitler sottigliezze del genere importavano meno, anche se un attacco sovietico nel giugno del 1941 gli avrebbe risparmiato alcune bugie della propaganda. Il fatto che Stalin non volesse attaccare non significava però che, nei piú elevati circoli militari e governativi, non si fossero svolte simulazioni e riflessioni in questo senso.

Al contrario, erano al centro degli scambi di opinione sulla strategia militare che alla vigilia della guerra Stalin teneva con i suoi ufficiali e, in una situazione tesa come quella, comportarsi altrimenti sarebbe stato segno di negligenza. In quel momento «simulare» tutte le opzioni, compresa quella di un attacco militare, era assolutamente necessario. Boris Šapošnikov, vicecommissario per la Difesa, aveva già presentato la dettagliata elaborazione di un possibile piano di invasione tedesco che si sarebbe rivelato molto simile a quello che la Wehrmacht mise effettivamente in atto nel giugno del 1941[13]. Stalin deve aver pensato anche a un proprio attacco e forse vi accennò al ricevimento. Non la si può tuttavia considerare una prova della tesi della guerra preventiva o, come si è tentato in varie occasioni, addirittura come la giustificazione dell'attacco di Hitler all'Unione Sovietica.

In vista della guerra imminente, i preparativi furono ulteriormente intensificati. Il giorno successivo al discorso, il 6 maggio, con un rimpasto di governo Stalin assunse la carica di presidente del Consiglio dei commissari del popolo che era stata di Vjačeslav Molotov. In questo modo si trovava formalmente alla testa del partito e del governo e decideva su tutti i preparativi strategici militari, come per esempio sull'assai discusso piano offensivo del generale Žukov. Le «Considerazioni sul progetto di uno spiegamento strategico delle forze dell'Urss nel caso di una guerra contro la Germania e i suoi alleati», presentate il 15 maggio del 1941, erano rivolte personalmente a Stalin e contenevano la proposta di lanciare un attacco contro le truppe tedesche prima che si fossero definitivamente schierate per aggredire l'Unione Sovietica[14]. Il piano di Žukov è stato un argomento di peso per i sostenitori della tesi della guerra preventiva, eppure sembra trattarsi piuttosto di una di quelle riflessioni che il governo sovietico non poteva non fare. L'esistenza di piani del genere, la mobilitazione parziale, la concentrazione delle truppe e anche le violazioni di confine, che lungo la frontiera tedesco-sovietica erano all'ordine del giorno dall'autunno del 1939, non significavano però che Stalin coltivasse seriamente l'idea di una guerra offensiva. Si trattava piuttosto di misure tese a segnalare alla Germania che si metteva in conto la guerra e ci si preparava a questa evenienza. Stalin stesso non poteva pensare che Hitler se ne lasciasse intimorire.

Accanto alle simulazioni militari, nella primavera del 1941 la dirigenza sovietica attuò una svolta nella propaganda, passando dalle attestazioni di antica amicizia a rappresentazioni della storia in cui i tedeschi comparivano nel ruolo di nemici e minaccia secolare. Nel mese di marzo Sergej Ėjzenštejn, il leggendario regista dei primordi dell'Unione Sovietica, fu tra i primi a ricevere il premio Stalin per la sua grandiosa epopea sul mitico eroe Aleksandr Nevskij, che nel 1242 aveva sconfitto i Cavalieri teutonici nella battaglia del lago ghiacciato. Ėjzenštejn aveva girato il film già nel 1938, ma non era stato autorizzato a mostrarlo in tempi propizi all'alleanza tedesco-sovietica. Ancora nel novembre del 1940, subito dopo la visita di Molotov a Berlino, aveva messo in scena al teatro Bol'šoj di Mosca il dramma musicale di Richard Wagner *La Valchiria*, profanandolo «con trucchetti ebraici», come rilevarono con scherno gli ospiti tedeschi che assistettero alla prima[15]. Il fatto che ora, per il suo significativo lavoro cinematografico su Nevskij, ricevesse il piú alto riconoscimento civile dello Stato era un segnale del mutato clima e del fatto che atteggiamenti antitedeschi erano di nuovo consentiti.

Nel corso dell'assegnazione a Ėjzenštejn del premio, Stalin autorizzò anche la pubblicazione della prima parte del romanzo di Il'ja Ėrenburg *La caduta di Parigi*, in cui l'autore descrive l'ingresso della Wehrmacht nella capitale francese senza neppure citare il patto Hitler-Stalin[16]. Nella seconda metà di maggio i preparativi propagandistici in vista dell'attacco cominciarono a farsi concreti. Guidati dal capo ideologo di Stalin, Andrej Ždanov, i membri del Dipartimento per l'Agitazione e la propaganda del Comitato centrale elaborarono, di concerto con la direzione generale per la Propaganda politica dell'Armata Rossa, direttive, piani di intervento e slogan pensati per mobilitare la popolazione civile e l'Armata Rossa in caso di emergenza.

4. *«Il tradimento è una questione di data».*

Mentre i preparativi procedevano dietro le quinte, sul proscenio Stalin non solo evitava qualsiasi provocazione ma, per ritardare il piú possibile la guerra, era persino disposto a ulteriori concessioni. Per esempio Mosca chiuse tutte le ambasciate e le legazioni dei paesi occupati dalla Germania, tra cui quelle di Belgio, Grecia e Jugoslavia, il che equivaleva a riconoscere l'occupazione tedesca[17]. Nel mese di maggio del 1941 riconobbe addirittura il governo filotedesco e antibritannico dell'Iraq, formato dai putschisti vicini a Rashīd 'Ālī al-Kaylānī, anche se l'Unione Sovietica non intratteneva rapporti diplomatici con l'Iraq e alla fine del mese il governo di al-Kaylānī era già stato messo in fuga dagli inglesi. Stalin si spinse a un punto tale per compiacere Hitler che Alexander Werth lo accusò di «atteggiamento ansioso-opportunistico»[18]. Le forniture commerciali vennero di nuovo accelerate – petrolio e materie prime di importanza strategica furono persino recapitati in Germania «per espresso» –, senza insistere per ottenere una contropartita. Che Stalin con queste ultime concessioni sperasse in qualche modo di scongiurare l'attacco tedesco è altamente improbabile. Si proponeva piuttosto di provvedere ai tempi e alla narrazione successivi all'attacco e a mettere in risalto lo sforzo vano compiuto da Mosca a favore della pace. Inoltre non voleva dare a Hitler – a qualunque costo – neanche la minima ragione per giustificare e legittimare l'aggressione. Se doveva tradire, doveva farlo da assalitore senza scrupoli. A tale scopo Stalin interruppe le provocazioni militari al confine e ordinò alle milizie dell'NKVD e alle truppe dell'Armata Rossa che vi erano concentrate di ignorare gli attacchi tedeschi. Era tuttavia consapevole del fatto che già la presenza di queste truppe e le esercitazioni fatte passare come regolari manovre estive erano una provocazione e che potevano fornire a Hitler una comoda scusa. Non bisognava però arrivare all'incidente aperto e neppure ad ammettere il fallimento dell'alleanza. Questo è il senso del comunicato della Tass, uscito il 14 giugno, che smentí il deteriorarsi dei rapporti tedesco-sovietici, definendo «quanto meno assurdo (...) far passare come ostili ai tedeschi» la mobilitazione parziale sovietica e le manovre ai confini[19]. Con questo comunicato, spesso criticato come atto di sottomissione al Reich, Stalin – senza la cui autorizzazione non sarebbe mai uscito – mirava a porre in evidenza che l'Unione Sovietica era disponibile a mantenere l'alleanza. È sbagliato sostenere che lo fece per scongiurare l'attacco tedesco. Nel migliore dei casi ritardò la guerra di un paio di giorni; il comunicato della Tass era in realtà funzionale alla narrazione sovietica della guerra, secondo cui Stalin, sperando nella pace fino all'ultimo momento, respinse persino la Gran Bretagna.

Il comunicato non si limitava a smentire dicerie qualsiasi, ma implicitamente le voci britanniche che alludevano a una prossima guerra fra Germania e Unione Sovietica. Confermava, smentendole, che «la Germania (...) [si attiene] rigorosamente agli accordi del patto tedesco-sovietico quanto l'Unione Sovietica» e che «i movimenti delle truppe tedesche (...) al confine orientale tedesco [devono] avere ragioni che non hanno nulla a che fare con le relazioni tedesco-sovietiche»[20]. In effetti Mosca aveva ricevuto dalla stretta cerchia del premier Churchill informazioni affidabili sui piani di aggressione tedesca, che vennero liquidate come «goffa propaganda delle forze ostili alla Germania e all'Urss»; forze che sarebbero state interessate «all'espandersi della guerra»[21]. Il fatto che verso l'esterno Mosca minimizzasse non significava che non prendesse sul serio gli avvertimenti, ma solo che andavano smentiti in un momento in cui la diffidenza nei confronti di Londra era particolarmente grande. Dietro la spettacolare notizia della presunta fuga del vice di Hitler Rudolf

Heß in Gran Bretagna, il 10 maggio, Stalin sospettava l'avvio segreto di una pace separata tedesco-britannica. In simile contesto respingere pubblicamente le informazioni degli inglesi da un lato e sottolineare dall'altro l'armoniosa pace dell'alleanza erano segnali della particolare vigilanza politica dell'Unione Sovietica, che non si fidava di nessuno.

Quando né Hitler né Ribbentrop reagirono al comunicato della Tass, e tacque anche la stampa tedesca, il patto Hitler-Stalin era arrivato al capolinea. Poco dopo von der Schulenburg e il suo consigliere d'ambasciata Gustav Hilger vennero informati nel dettaglio del piano di attacco direttamente da Walter Schellenberg, che dirigeva il controspionaggio militare alla Direzione generale per la sicurezza del Reich ed era l'uomo di Heydrich «per le situazioni difficili». Schellenberg si era recato apposta nella capitale sovietica, sotto una copertura approssimativa, nei panni di un rappresentante d'azienda chimica, per organizzare l'evacuazione del personale dell'ambasciata e delle relative famiglie, oltre che per sovrintendere alla «messa in sicurezza» dei documenti segreti[22]. Lavrentij Berija, l'NKVD, il governo sovietico e Stalin erano informati di quello che succedeva nell'ambasciata tedesca, cosí come conoscevano il piano di spiegamento dell'esercito di Hitler e la data dell'attacco. Ma proprio perché era cosí, ci continuiamo a chiedere se – e a discutere soprattutto sul perché – Stalin non prese sul serio le numerose indicazioni e gli avvertimenti delle grandi potenze occidentali, dei propri servizi segreti, dei ricognitori stranieri, delle spie e dei disertori, al punto da essere completamente sopraffatto dall'avanzata tedesca. Piú gli storici vengono a conoscenza di una sempre maggior quantità di informazioni relative al 22 giugno 1941, piú il comportamento di Stalin appare enigmatico. Avrebbe sperato fino all'ultimo – questa una delle spiegazioni piú diffuse – di evitare ancora la guerra e sarebbe stato perfidamente ingannato da Hitler[23]. La narrazione del sorprendente tradimento potrebbe far parte del mito storico sovietico della «grande guerra patriottica», che lo stesso Stalin lanciò in quello stesso mese.

Guardato infatti dalla prospettiva storica dell'alleanza, il quadro risulta molto diverso: Stalin non fu sorpreso né dall'inizio della guerra, né rimase scioccato dal «tradimento» di Hitler. Questa opzione era scritta nel patto Hitler-Stalin fin dall'inizio e Stalin non fu mai politicamente tanto ingenuo da escluderla. L'inizio della guerra, il momento tanto atteso in cui la Wehrmacht varcò effettivamente il confine e l'aviazione di Göring bombardò città sovietiche, quando arrivò fu terribile, anche se Stalin aveva messo in conto il «tradimento» di Hitler, aveva visto avvicinarsi la guerra e conosceva la data. Konstantin Simonov descrive questo momento nel suo epico romanzo sulla guerra patriottica, *I vivi e i morti*: «Tutti si erano aspettati la guerra, eppure quando scoppiò fu come un fulmine a ciel sereno»[24]. E anche Molotov era dell'idea che «la guerra non [potesse] cominciare in altro modo (...) Abbiamo cercato di procrastinarla, e alla fine ci ha sorpresi nel sonno; giunse inaspettata»[25]. Nulla riuscirono a cambiare al riguardo neppure le numerose informazioni e i rapporti dei servizi segreti, ai quali Stalin (come gli è stato imputato) comunque non credeva. Eppure per quale ragione – questa la legittima obiezione – avrebbe dovuto prestar fede a notizie che contenevano ovunque informazioni false e proponevano piste sbagliate? Nelle sue conversazioni con Čuev, decenni dopo, Molotov difese questo atteggiamento:

> Penso che non potessimo fidarci dei nostri servizi segreti, bisogna ascoltarli, ma bisogna anche verificare le loro informazioni. Gli agenti dei servizi segreti ti possono mettere in una posizione cosí pericolosa da non poterne piú venir fuori. Ci sono ovunque moltissimi agenti provocatori. Quindi non ci si può fidare dei servizi segreti senza verificare e controllare costantemente. Persone ingenue, filistei, hanno scritto nelle loro memorie: gli agenti segreti lo hanno preannunciato, disertori hanno attraversato i confini (...) Ma non ci si può fidare di resoconti del genere. Altrimenti si può cadere nell'eccesso opposto, se non si è sufficientemente diffidenti[26].

Stalin era troppo diffidente ed era caduto nell'eccesso «opposto», non solo a partire dal patto con Hitler. La diffidenza paranoica, sospetti ovunque, pensiero complottista e accuse infondate erano le basi dello stalinismo, che permeavano tutte le relazioni gerarchiche e plasmavano i rapporti di potere[27]. Se Stalin aveva deciso di considerare gli avvertimenti come disinformazione, neanche Berija osava contraddirlo: ancora il giorno prima dell'attacco tedesco, richiese che Dekanozov venisse rimosso proprio perché ne aveva comunicato la data.

> Torno a insistere – scriveva Berija a Stalin – affinché il nostro ambasciatore a Berlino, Dekanozov, venga sostituito e punito, perché non fa

che bombardarmi di notizie false. Hitler preparerebbe a suo dire un attacco all'Unione Sovietica. Adesso mi ha comunicato che l'attacco avrà inizio domani[28].

Con il senno di poi la lettera di Berija può sembrare folle, ma nella situazione del momento non lo era. Subito prima dell'invasione tedesca circolava effettivamente una gran quantità di voci e di depistaggi pilotati dai servizi segreti tedeschi e di altre nazioni, propagati da personaggi come il doppiogiochista Orest Berlings. Costui, un lettone reclutato nell'agosto del 1940 da Amayak Kobulov per la residenza dell'NKVD a Berlino, era perfettamente inserito negli ambienti nazisti. Sotto il nome di copertura di *Lyzeumsschüler* (studente di liceo), Berlings era al tempo stesso al servizio dei tedeschi come agente provocatore. Su di lui Ribbentrop scrisse: «Con questi agenti possiamo pompare tutte le informazioni che vogliamo»[29]. A parte la diffidenza che un sistema simile era destinato a generare, Stalin aveva buoni motivi per trattare con grande cautela i rapporti dei servizi segreti.

Inoltre si deve tenere conto delle opzioni che gli si aprivano nel caso avesse prestato fede ai rapporti. Nonostante tutte le critiche piú che giustificate al suo modo di procedere, resta da chiedersi quali alternative avesse, poiché era escluso un attacco che lo avrebbe reso un aggressore. Stalin non poteva dare alle truppe concentrate al confine, sulla base dei rapporti dei servizi segreti, l'ordine di violare la frontiera tedesco-sovietica prima della Wehrmacht e regalare cosí a Hitler la legittimazione politica e storica del contrattacco, che sarebbe stata poi una difesa. Per questa ragione il governo sovietico prese sí atto degli avvertimenti e accelerò tutti i preparativi militari, una faccenda piuttosto complicata in considerazione della difficile situazione dell'Armata Rossa. Ma Stalin doveva aspettare l'attacco tedesco, e aspettò. Molotov aveva ragione, la guerra non sarebbe potuta cominciare in altro modo: «Aspettavamo l'attacco e il nostro obiettivo principale era di non fornire a Hitler alcuna scusa»[30].

5. *Il 22 giugno 1941.*

La sera del 21 giugno, intorno alle nove e mezzo, l'ambasciatore Friedrich-Werner Graf von der Schulenburg e Gustav

Hilger si recarono al Cremlino. Dopo la visita di Schellenberg, Molotov pretese chiarimenti sui fatti anomali che si verificavano all'ambasciata, le notizie che suscitavano irritazione, e protestò contro le violazioni di confine, che «negli ultimi tempi» avevano assunto a suo dire «carattere di sistematicità»[31]. Poche ore dopo von der Schulenburg, che nel frattempo era tornato all'ambasciata, ricevette un telegramma dal governo del Reich. Conteneva un chiarimento che andava consegnato immediatamente a Molotov, e cosí von der Schulenburg e Hilger si misero per la seconda volta in movimento nel corso di quella notte. Alle quattro del mattino entrarono nuovamente nell'ufficio di Molotov e l'ambasciatore lesse il telegramma: «In considerazione dell'insopportabile minaccia al confine tedesco orientale nata a seguito della massiccia concentrazione e dei preparativi di tutte le forze dell'Armata Rossa», il governo tedesco aveva preso «adeguate contromisure»[32].

Nello stesso momento, Vladimir Dekanozov, ambasciatore di Berija a Berlino, riceveva nell'ufficio di Ribbentrop nella Wilhelmstraße il testo della «Nota del Ministero degli Esteri al governo sovietico», che accusava l'Unione Sovietica di «tentativi di disgregazione diretti contro la Germania e l'Europa», di una politica estera ostile e di «forze armate pronte all'attacco schierate al confine». Fu declamata da un ministro degli Esteri consapevole dell'importanza storica del momento. Come esempio delle «attività di disgregazione» in Europa, Ribbentrop citò la rete spionistica di Amayak Kobulov a Berlino; fustigò la politica ostile ai tedeschi condotta da Mosca nei Balcani e citò rapporti della Wehrmacht sullo spiegamento dell'Armata Rossa. La nota terminava con queste parole:

> Il governo sovietico ha cosí tradito e infranto i trattati e gli accordi con la Germania. L'odio della bolscevica Mosca nei confronti del nazionalsocialismo è stato piú forte della ragione politica. (...) La Germania non intende restare a guardare passivamente questa seria minaccia al suo confine orientale. Il Führer ha quindi ormai impartito alla Wehrmacht l'ordine di contrastare questa minaccia con tutti i mezzi a sua disposizione[33].

Mentre Dekanozov riceveva lo scritto con il volto pietrificato e lasciava la stanza senza salutare né stringere mani, i bombardieri della Luftwaffe di Göring attaccavano Kiev, Odessa e Sebastopoli. Hitler invase l'Unione Sovietica con un esercito di tre milioni e mezzo di uomini, divisi in tre gruppi di armate – Nord, Centro e Sud – su una linea del fronte lunga piú di duemila chilometri. Marciavano al suo interno oltre mezzo milione di italiani, slovacchi, croati, ungheresi, rumeni, finlandesi, spagnoli, tutti quanti volontari provenienti da paesi europei che si erano lasciati contagiare dalla propaganda nazionalsocialista contro il «pericolo ebraico-bolscevico».

A Mosca, von der Schulenburg evitò – secondo le istruzioni ricevute da Berlino – di parlare di dichiarazione di guerra. Quando Molotov glielo chiese esplicitamente, rispose (lui che era sempre stato un sostenitore delle buone relazioni tedesco-sovietiche) «con il silenzio» – cosí Hilger – «con un gesto per lui caratteristico: alzando le braccia con espressione di preoccupata perplessità»[34]. Molotov, arrabbiato, replicò

> … alzando leggermente la voce che la comunicazione dell'ambasciatore ovviamente non poteva significare altro che una dichiarazione di guerra, perché le truppe tedesche avevano varcato il confine e già da un'ora e mezza città come Odessa, Kiev e Minsk venivano bombardate da aerei tedeschi[35].

La Germania aveva violato il Trattato di non aggressione, e tradito l'alleanza, una cosa di cui, cosí disse Molotov, «non esisteva precedente nella storia». Respinse la motivazione delle truppe sovietiche concentrate al confine come «vuoto pretesto», perché quelle truppe erano solo impegnate nelle manovre estive di routine in quella zona. Molotov, esprimendo abilmente indignazione, aggiunse:

> Se il governo del Reich avesse avuto qualcosa in contrario avrebbe dovuto solo comunicarlo al governo sovietico e questo avrebbe preso i provvedimenti del caso. E invece la Germania scatena una guerra con tutte le sue conseguenze[36].

In tutto e per tutto ministro degli Esteri di Stalin, Molotov concluse la sua «filippica» (Hilger) con: «Non ce lo meritiamo»[37].

Forse durante la sua ultima conversazione con l'ambasciatore tedesco, Molotov provò per un attimo delusione sincera per la rottura del trattato da parte dei tedeschi. Per lo meno si rammaricò della fine dell'alleanza, che per l'Unione Sovietica era stata un successo di politica estera. Senza grande sforzo militare e senza essere trascinata nella guerra europea, i confini sovietici si erano estesi verso ovest fino a coincidere con la Linea Curzon, proposta dalle potenze occidentali dopo la prima guerra mondiale, e poi difesa da Stalin con gli Alleati durante i negoziati che sarebbero seguiti alla fine del conflitto. A nord Mosca «possedeva» ora il Baltico, a sud la Bessarabia e la Bucovina settentrionale; altri territori come la Bulgaria e la Romania sarebbero entrati nella sua orbita dopo il 1945. Il patto Hitler-Stalin aveva gettato le basi dell'impero sovietico successivo alla seconda guerra mondiale e non sorprende quindi che Stalin si dispiacesse della sua fine. Anche dopo la vittoria su Hitler, Stalin – racconta Svetlana Allilujeva Stalina – si lamentava: «Ah, con i tedeschi saremmo stati invincibili»[38]. E intendeva proprio invincibili senza guerra. Fu Hitler, con la fanatica volontà di cacciare Stalin fuori dall'Europa, di condurre una crociata ideologica contro il bolscevismo e di metterla in atto nella forma di una crudele guerra d'annientamento, a trascinare l'Unione Sovietica in un conflitto dai costi immensi.

Stalin avrebbe volentieri evitato questa guerra. Contro le conquiste territoriali non aveva nulla da eccepire. Sentiva come una sconfitta personale che tutte le concessioni e la disponibilità del giugno 1941 non avessero avuto effetto. Per la prima volta dopo i disordini della Rivoluzione e la guerra civile, l'esistenza dell'Unione Sovietica veniva minacciata; l'eredità dei bolscevichi, l'eredità di Lenin era in gioco, e lui era responsabile di questa sventura. Il peso era immenso, eppure l'impressione che si era diffusa, che dopo l'inizio della guerra Stalin si fosse rintanato nella sua dacia a Kuncevo, in preda allo shock e incapace di agire, non risponde del tutto al vero. Nei primi giorni di guerra Stalin si trovava al Cremlino[39]. Tenne sotto controllo tutti i movimenti, prese le decisioni importanti e si consultò costantemente con Molotov, che per l'incontro con l'ambasciatore tedesco aveva solo cambiato sede[40]. Certo, l'atmosfera era nervosa, caotica, e Stalin era teso, sempre sovraffaticato, il volto grigio. Governava però ancora dal suo studio, dove subito dopo la visita notturna di von der Schulenburg erano convenuti i suoi generali, il commissario per la Difesa Semën Timošenko, i membri del Politbjuro, Molotov e Berija. Von der Schulenburg aveva fatto in tempo a vederli arrivare quando, lasciando il Cremlino, gli erano venute incontro «numerose automobili con a bordo alti generali sovietici che viaggiavano a tutta velocità»[41].

6. *Tre discorsi. «E un effetto dei guai nei quali ci si potrebbe trovare a causa delle circostanze».*

Al Cremlino si susseguirono riunioni su riunioni, nelle quali oltre a urgenti misure militari bisognava chiarire la questione di alta rilevanza politica relativa a chi, nella cerchia di quanti detenevano il potere, doveva comunicare alla popolazione sovietica la notizia della guerra. Il fatto che Stalin designasse Molotov fu un'abile mossa non insolita, che faceva ricadere la responsabilità del disastro politico sulla persona che nell'agosto del 1939 aveva firmato il Trattato di non aggressione insieme con Ribbentrop. Molotov si rivolse ai cittadini sovietici tramite Radio Mosca «con voce esitante, quasi balbettando»[42].

> Alle quattro del mattino – esordí – forze armate tedesche e romene hanno portato la guerra nel nostro territorio senza che all'Unione Sovietica fosse stata comunicata alcuna motivazione o dichiarazione di guerra [*sic!*]. (...) Questa inaudita aggressione al nostro paese – continuò Molotov – è un atto di perfidia, in particolare perché l'attacco [è stato] perpetrato nonostante fra la Germania e la Russia sussistesse un patto di non aggressione che era stato rispettato da noi nei minimi dettagli responsabilmente. (...) La piena responsabilità di questo atto da briganti deve ricadere per questo sui dirigenti nazisti.

E concluse con le parole divenute famose: «La nostra causa è giusta. Il nemico verrà annientato. La vittoria sarà nostra»[43].

Anche a Berlino, nella notte del 21 giugno, fu preparata una nota. Al ritorno da un giro serale nella Cancelleria, Hitler convocò il suo ministro della Propaganda Joseph Goebbels (nel suo diario non ha scritto neanche una parola sui preparativi bellici), che fece un rapporto tipicamente lapidario degli avvenimenti della giornata. Fra questi vi era stata la visita di una delegazione culturale italiana guidata dal ministro della Cultura popolare Alessandro Pavolini, con il quale aveva passato la serata nella sua villa, sull'isola di Schwanenwerder, guardando il film epico sulla guerra civile americana *Via col vento*[44]. Quando Hitler lo mandò a chiamare, Goebbels lasciò la proiezione e raggiunse la Cancelleria del Reich, dove nelle ore successive preparò il Proclama del Führer al popolo tedesco. È significativo che neanche a Berlino il Führer parlò di persona al suo popolo e – come aveva fatto Stalin con il suo commissario per gli Esteri Molotov – mandò avanti il suo ministro della Propaganda. Dopo la fanfara di Liszt, che Hitler aveva appena autorizzato[45], Goebbels annunciò per radio l'attacco all'Unione Sovietica. Nelle prime ore del mattino del 22 giugno non furono pronunciate parole entusiastiche, e non vi era traccia d'euforia. Hitler e Goebbels si erano decisi piuttosto per un discorso che descriveva il patto Hitler-Stalin come un peso politico del quale la Germania e il Führer si erano finalmente liberati. «Oppresso da gravi preoccupazioni, – Goebbels iniziò leggendo le parole di Hitler, – condannato a un silenzio durato mesi, è arrivata l'ora in cui posso finalmente parlare apertamente». Dal punto di vista del racconto, Goebbels la prese alla lontana e accusò la Gran Bretagna di aver ordito una «congiura internazionale di portata mondiale» che aveva fatto piegare la testa alla Germania fin dalla prima guerra mondiale e l'aveva costretta al patto con Stalin. Goebbels lesse le «franche parole» di Hitler, che ricordavano il «grande sforzo» che era costato aderire all'alleanza solo per «contrastare la politica britannica di accerchiamento ai danni della Germania». Goebbels accusò quindi Stalin di tradimento:

> Adesso Mosca non solo ha rotto gli accordi del nostro patto di amicizia, ma ha tradito in maniera pietosa. E tutto questo mentre le autorità del Cremlino fino all'ultimo minuto hanno simulato all'esterno pace e amicizia, proprio come nel caso della Finlandia e della Romania, e scritto smentite palesemente ingenue.

A nome di Hitler, Goebbels dichiarò:

> Se però ero costretto dalle circostanze a tacere, adesso è arrivato il momento in cui stare ancora a guardare non sarebbe soltanto un peccato di omissione, ma un delitto nei confronti del popolo tedesco, anzi nei confronti di tutta l'Europa[46].

Anche nel Proclama al popolo tedesco Hitler e Goebbels spacciarono la guerra contro l'Unione Sovietica di Stalin come una campagna dell'Europa, un'evoluzione quasi obbligata, interrotta solo per qualche mese dall'alleanza difficile da tollerare e quasi innaturale con il nemico barbaro, mentre la storia adesso riprendeva il proprio corso. Evocarono uno

> ... spiegamento di forze, che per l'ampiezza e l'entità è il piú grande che il mondo abbia mai visto finora. (...) Divisioni tedesche al comando del conquistatore della Norvegia proteggono insieme con gli eroi della liber-

tà finlandesi guidati dal loro Maresciallo il suolo finnico. (...) Sulle sponde del Prut, sul corso inferiore del Danubio fino alle coste del mar Nero soldati tedeschi e romeni si uniscono sotto il capo di stato Antonescu. Il compito di questo fronte non è quindi piú la protezione di questo o quel paese, ma la sicurezza dell'Europa e con essa la salvezza di tutti.

«In Europa si diffonde qualcosa di simile al clima delle crociate», esultò Goebbels, certo consapevole dell'ipocrisia delle proprie parole. «Potremmo averne bisogno – confidò al suo diario. – Ma solo non insistere troppo sullo slogan "per il cristianesimo". Questo è davvero un po' troppo ipocrita»[47]. In questo senso il Proclama si concluse nuovamente con toni nazionalistici:

Mi sono deciso (...) a mettere ancora una volta il destino e il futuro del Reich e del nostro popolo nelle mani dei nostri soldati. Voglia il Cielo esserci d'aiuto in questa lotta[48].

Mezz'ora prima del discorso di Goebbels alla radio, il ministro degli Esteri Joachim von Ribbentrop, l'autoproclamato *spi-*

Figura 20.
Joachim von Ribbentrop davanti ai rappresentanti della stampa al Ministero degli Esteri. Berlino, 22 giugno 1941.

ritus rector del patto, aveva dato la notizia alla stampa internazionale in una sala stracolma del Ministero degli Esteri (fig. 20). Come Goebbels osservò beffardo, aveva dato la precedenza al collega, al «servizio della vanità», perché doveva mettere bocca su tutto[49]. Come nel Proclama, anche Ribbentrop evocò una campagna destinata a salvare «l'intero mondo civile dai pericoli mortali del bolscevismo» e ad aprire «la strada a una vera ascesa sociale in Europa». Ma a differenza del discorso alla radio, mentre a sua volta accusava l'Unione Sovietica di tradimento, nella sala del Ministero non ci fu spazio per invettive antibritanniche. Ribbentrop segnalò invece, alla presenza della stampa internazionale, l'intenzione tedesca di avvicinarsi alla Gran Bretagna, vendendo ora il «tradimento» di Mosca come uno dei numerosi «tentativi di disgregazione rivolti contro l'Inghilterra e contro la Germania [*sic!*]»[50].

Winston Churchill, al quale erano rivolte le avance di Ribbentrop, ricevette la notizia della fine del patto Hitler-Stalin con lo *smile of satisfaction*, il sorriso di soddisfazione con cui si apre questo libro. Il premier britannico, che davvero non poteva essere sospettato di manicheismo ideologico, esultò e non ebbe «neanche il minimo dubbio» sul «nostro dovere e la nostra politica». Winston Churchill fu l'unico uomo politico di una grande potenza che in quello storico 22 giugno 1941 si rivolse personalmente al suo paese. Hitler aveva mandato avanti Goebbels e Stalin Molotov. Churchill invece tenne un discorso che respinse una volta per tutte le *avances* di Ribbentrop. L'anticomunista convinto promise all'Unione Sovietica «ogni sostegno tecnico o economico che sia in nostro potere»[51]. L'alleanza con Washington era stata già avviata, tramite l'ambasciatore statunitense John Winant; ora bisognava portare a conoscenza dei cittadini britannici l'alleanza con gli odiati sovietici comunisti (fig. 21). Queste le citatissime parole di Churchill:

> Il regime nazista non può essere distinto dalle peggiori manifestazioni del comunismo. È privo di ogni scopo e di ogni principio, a parte l'avidità e il dominio della razza. Supera qualunque forma di abiezione umana per crudeltà e bestiale brama di aggressione. Nessuno è stato un avversario del comunismo piú conseguente di me negli ultimi venticinque anni. Non rinnego neanche una delle parole che ho detto. Ma tutto questo impallidisce davanti allo spettacolo cui si assiste ora. Il passato con i suoi delitti, le sue follie e le sue tragedie scompare in un istante[52].

Figura 21. Stalin e Churchill. Mosca, 1942.

E così i crimini, le follie e le tragedie del patto Hitler-Stalin scomparvero. La sua fine coincise con la nascita dell'alleanza occidentale con Stalin, che il pragmatismo di Churchill ha considerato il male minore: *the lesser of the two evils*.

[1] BEZYMENSKIJ 2006, p. 375; BEZYMENSKIJ 1998.
[2] BEZYMENSKIJ 2006, p. 376.
[3] Citato in BEZYMENSKIJ 2006.
[4] Vedi nota 6.
[5] WERTH 1964, p. 107 (corsivo dell'Autrice).
[6] *Discorso di I. V. Stalin ai diplomati* 1941. Si tratta di una versione abbreviata scritta a macchina, depositata nel 1948 presso l'Istituto per il marxismo-leninismo del Comitato centrale del PcUS dal Commissariato del popolo alla Difesa. Ha cominciato a circolare negli anni novanta dopo l'apertura degli archivi ed è considerata autentica dagli studiosi: cfr. BEZYMENSKIJ 2006, p. 380.
[7] Citato in BEZYMENSKIJ 2006, p. 384.
[8] Citato in BEZYMENSKIJ 2006, p. 385.
[9] Citato in BEZYMENSKIJ 2006, p. 386.
[10] UEBERSCHÄR e BEZYMENSKIJ 1998; VOSS 1998; GORODETSKY 1999.
[11] Citato in BEZYMENSKIJ 2006, p. 378.
[12] Citato in BEZYMENSKIJ 2006, p. 393.
[13] BEZYMENSKIJ 2006, pp. 354-68.
[14] BEZYMENSKIJ 2006.
[15] WERTH 1964, p. 99.
[16] WERTH 1964, p. 106.
[17] WERTH 1964, p. 107.
[18] WERTH 1964.
[19] PÄTZOLD e ROSENFELD 1990, p. 334.
[20] Citato in PÄTZOLD e ROSENFELD 1990.
[21] WERTH 1964, p. 108.
[22] HAPPEL 2017, p. 260; HILGER 1964, p. 310.
[23] Al riguardo vedi KERSHAW 2007.
[24] SIMONOV 1944, citato in WERTH 1964, p. 104.
[25] ČUEV 1993, p. 22.
[26] ČUEV 1993.
[27] THUNEMANN 2019.
[28] Citato in BEZYMENSKIJ 2006, p. 409.
[29] Citato in BEZYMENSKIJ 2006, p. 423.
[30] ČUEV 1993, p. 25.
[31] HILGER 1964, p. 311.
[32] Citato in HAPPEL 2017, p. 261.
[33] *Proklamation des Führers* 1941.
[34] Ricordo di Gustav Hilger, citato in PÄTZOLD e ROSENFELD 1990, p. 338.
[35] HILGER 1964, p. 312.

[36] HILGER 1964, p. 313.

[37] HILGER 1964.

[38] In ALLILUJEWA 1969, pp. 146 sg.

[39] Solo dopo la sconfitta di Minsk, all'inizio di luglio, Stalin si ritirò a Kuncevo, realmente convinto che «tutto fosse ormai perduto», e mise in conto di essere destituito.

[40] SEBAG MONTEFIORE 2003.

[41] HILGER 1964, p. 313. Ždanov non era presente a questa riunione perché Stalin lo aveva mandato a Soči, in Crimea, per rimettersi da una lunga e difficile fase di malattia e debolezza. La sua assenza fu spesso in seguito motivo di critica e ripresa come prova del fatto che prima del 21 giugno Stalin ignorò avvertimenti che avrebbero dovuto essere presi sul serio, perché altrimenti, questa l'argomentazione, non avrebbe spedito il suo principale ideologo a curarsi. Nelle sue conversazioni con Feliks Čuev, Molotov ha respinto queste conclusioni: vedi ČUEV 1993, p. 28. Alla fine di giugno Stalin assunse la carica di comandante supremo e nominò Timošenko suo vice.

[42] WERTH 1964.

[43] WERTH 1964.

[44] GOEBBELS 1998, vol. IX, p. 394, nota del 22 giugno 1941.

[45] Il tema della fanfara, dalla marcia finale del poema sinfonico *Les préludes* di Franz von Liszt, era la sigla d'apertura dei bollettini di guerra della Wehrmacht e dei cinegiornali (*N.d.T.*).

[46] Il Proclama è pubblicato integralmente in DOMARUS 1973, pp. 1726 sg. e 1731.

[47] GOEBBELS 1998, vol. IX, p. 398, nota del 23 giugno 1941.

[48] DOMARUS 1973, p. 1732.

[49] GOEBBELS 1998, vol. IX, p. 398, nota del 23 giugno 1941.

[50] Citato in PÄTZOLD e ROSENFELD 1990, p. 338.

[51] Citato in BEEVOR 2012.

[52] CHURCHILL 1942.

Appendice

Trattato di non aggressione tedesco-sovietico
Deutsch-sowjetischer Nichtangriffsvertrag

Il governo del Reich e il governo dell'Unione delle Repubbliche Socialiste Sovietiche, guidati dal desiderio di consolidare la causa della pace fra la Germania e l'Urss e sulla base delle disposizioni fondamentali del Trattato di neutralità stipulato nell'aprile del 1926 fra la Germania e l'Urss, hanno raggiunto il seguente accordo:

Articolo I

Entrambe le parti contraenti si impegnano ad astenersi da ogni atto violento, da ogni azione aggressiva e da ogni attacco l'una nei confronti dell'altra, sia individualmente sia in concorso con altre potenze.

Articolo II

Se una delle parti contraenti dovesse diventare oggetto di azioni militari da parte di una terza potenza, l'altra parte contraente non darà in alcuna forma il proprio sostegno a questa terza potenza.

Articolo III

I governi delle due parti contraenti rimarranno in futuro costantemente in contatto a scopo di consultazione, per informarsi reciprocamente su questioni di comune interesse.

Articolo IV

Nessuna delle due parti contraenti aderirà a qualunque schieramento di potenze rivolto direttamente o indirettamente contro l'altra parte.

Articolo V

In caso di controversie o conflitti fra le parti contraenti su questioni di qualunque natura, entrambe le parti risolveranno tali controversie o conflitti ricorrendo esclusivamente a un amichevole scambio di opinioni o, se necessario, istituendo commissioni di conciliazione.

Articolo VI

Il presente trattato si intende concluso per una durata di dieci anni con la condizione che, se una delle parti contraenti non lo disdice un anno prima di tale scadenza, il periodo di validità di questo trattato è da considerarsi automaticamente prolungato di ulteriori cinque anni.

Articolo VII

Il presente trattato deve essere ratificato nel piú breve tempo possibile. I documenti relativi alla ratifica devono essere scambiati a Berlino. Il trattato entra in vigore all'atto della firma.

Redatto in duplice esemplare, in lingua tedesca e russa.

Mosca, 23 agosto 1939.

Per il governo del Reich:	A nome del governo dell'Urss:
J. Ribbentrop	*V. Molotov*

(PAAA, f. 11/0048-0050, microfilm).

Protocollo aggiuntivo segreto (Geheimes Zusatzprotokoll).

In occasione della firma del *Trattato di non aggressione* fra il Reich e l'Unione delle Repubbliche Socialiste Sovietiche i sottoscritti plenipotenziari delle due parti hanno discusso in forma strettamente riservata il problema della delimitazione delle rispettive sfere di influenza nell'Europa orientale. Il dibattito ha portato al seguente risultato:

Nel caso di una riorganizzazione politico-territoriale nei territori appartenenti agli Stati baltici (Finlandia, Estonia, Lettonia, Lituania), la frontiera settentrionale della Lituania costituirà anche il confine fra le sfere di interesse della Germania e dell'Urss. Qui l'interesse della Lituania alla regione di Vilna viene riconosciuto da entrambe le parti.

Nel caso di una riorganizzazione politico-territoriale dei territori che appartengono allo Stato polacco, le sfere di interesse della Germania e dell'Urss saranno approssimativamente delimitate dal corso dei fiumi Narew, Vistola e San. Se risponda agli interessi delle due parti conservare uno stato polacco indipendente e quali debbano essere i confini di tale stato è questione che può essere chiarita definitivamente solo alla luce di ulteriori sviluppi politici. In ogni caso i due governi risolveranno tale questione mediante un'intesa amichevole.

Per quanto concerne l'Europa sud-orientale, la parte sovietica sottolinea il proprio interesse per la Bessarabia. Da parte tedesca viene dichiarato il completo disinteresse politico per questi territori.

Questo Protocollo verrà trattato da entrambe le parti come strettamente confidenziale.

Mosca, 23 agosto 1939.

Per il governo del Reich:	A nome del governo dell'Urss:
J. Ribbentrop	*V. Molotov*

(PAAA, f. 19/182-83, microfilm).

Trattato tedesco-sovietico di delimitazione e amicizia[1]
Deutsch-sowjetischer Grenz- und Freundschaftsvertrag

Il governo del Reich e il governo dell'Unione delle Repubbliche Socialiste Sovietiche dopo il crollo dell'ex stato polacco considerano come proprio esclusivo compito ristabilire la pace e l'ordine in questi territori e garantire alle popolazioni che li abitano un'esistenza pacifica e conforme alla propria specificità etnica. A questo scopo hanno concordato quanto segue:

Articolo I

Il governo del Reich e il governo dell'Urss fissano come frontiera dei reciproci interessi nel territorio dell'ex stato polacco la linea tracciata nella mappa allegata e che dovrà essere descritta piú nel dettaglio in un protocollo supplementare.

Articolo II

Le due parti riconoscono la frontiera dei reciproci interessi fissata nell'articolo I come definitiva e respingeranno qualunque interferenza da parte di poteri terzi in questa sistemazione.

Articolo III

Nei territori a ovest della linea indicata nell'articolo I sarà il governo del Reich a intraprendere la necessaria riorganizzazione statale, nei territori a est di questa linea il governo dell'Urss.

Articolo IV

Il governo del Reich e il governo dell'Urss considerano la sistemazione di cui sopra un saldo fondamento per il progressivo sviluppo di relazioni amichevoli fra i loro popoli.

[1] Vedi *Deutsch-sowjetischer Grenz- und Freundschaftsvertrag* 1939.

Articolo V

Questo trattato verrà ratificato e i documenti relativi alla ratifica scambiati a Berlino prima possibile. Il trattato entra in vigore all'atto della firma.

Redatto in duplice esemplare in lingua tedesca e russa.
Mosca, 28 settembre 1939.

Per il governo del Reich:	A nome del governo dell'Urss:
J. Ribbentrop	*V. Molotov*

(PAAA, RAM-Film 2, 313, 330, 314, 319, 310, 329, 309, 326, 325, 316, 315, 322, 331).

Protocollo aggiuntivo segreto (Geheimes Zusatzprotokoll).

I sottoscritti plenipotenziari definiscono l'accordo del governo del Reich e del governo dell'Unione Sovietica su quanto segue:

Il Protocollo aggiuntivo segreto firmato il 23 agosto 1939 viene modificato all'articolo 1 nel senso che il territorio dello stato lituano rientra nella sfera di interesse dell'Urss, mentre il voivodato di Lublino e parti del voivodato di Varsavia cadono nella sfera di interesse della Germania (cfr. la mappa allegata all'odierno Trattato di delimitazione e amicizia). Non appena il governo dell'Urss prenderà misure particolari in territorio lituano per la tutela dei propri interessi, onde pervenire a un naturale e semplice tracciamento di confine, l'attuale confine tedesco-lituano verrà rettificato in modo che il territorio lituano che si estende a sud-ovest della linea tracciata nella mappa allegata tocchi alla Germania.

Si attesta inoltre che gli accordi economici in vigore fra la Germania e la Lituania non devono essere pregiudicati dalle misure dell'Unione Sovietica precedentemente citate.

Mosca, 28 settembre 1939.

Per il governo del Reich:	A nome del governo dell'Urss:
J. Ribbentrop	*V. Molotov*

(PAAA, 313, 330, 314, 319, 310, 329, 309, 326, 325, 316, 315, 322, 331).

Protocollo aggiuntivo segreto (Vertrauliches Protokoll).

I sottoscritti plenipotenziari durante la stipula del Trattato tedesco-sovietico di delimitazione e amicizia hanno accertato il loro accordo su quanto segue:

Tutt'e due le parti non tollereranno nei loro territori alcuna agitazione polacca che estenda la sua azione ai territori dell'altra parte. Impediranno ogni accenno a un'agitazione di tal genere nei loro territori e si metteranno reciprocamente al corrente delle misure adottate per raggiungere questo scopo.

Mosca, 28 settembre 1939.

Per il governo del Reich:	A nome del governo dell'Urss:
J. Ribbentrop	*V. Molotov*

(PAAA, RAM-Film 2, 313, 330, 314, 319, 310, 329, 309, 326, 325, 316, 315, 322, 331).

Protocollo riservato (Vertrauliches Protokoll).

Il governo dell'Urss (...) non po[rrà] alcun ostacolo ai cittadini del Reich che risiedono nella sua sfera di interesse e ad altri soggetti di discendenza tedesca, nel caso desiderino trasferirsi in Germania o nei territori della sfera di interesse tedesca. È d'accordo che questo trasferimento venga effettuato da incaricati del governo del Reich d'intesa con le autorità locali competenti e che i diritti di proprietà degli emigranti vengano garantiti.

Un impegno analogo assume il governo del Reich nei confronti delle persone di discendenza ucraina o bielorussa residenti nella sua sfera di interesse.

Mosca, 28 settembre 1939.

Per il governo del Reich:	A nome del governo dell'Urss:
J. Ribbentrop	*V. Molotov*

(PAAA, RAM-Film 2, 313, 330, 314, 319, 310, 329, 309, 326, 325, 316, 315, 322, 331).

Bibliografia

Archivi.

BA

R 59/302, R 59/305, R 59/309, R 59/311, VoMi, Bundesarchiv, Berlin.

NARA

RG 59 *The U.S. National Archives - General Administration Records of the Department of State - Records relating to Poland, Officer in Charge of Polish, Baltic and Czechoslovak Affairs, 1941-52* (Archivi nazionali degli Stati Uniti - Documenti dell'amministrazione generale del Dipartimento di Stato - Documenti relativi alla Polonia - Uffici per gli affari polacchi, baltici e cecoslovacchi, 1941-52).

PAAA

R 104387 *Politisches Archiv des Auswärtigen Amts*, Dipartimento politico V, Dossier riguardanti: procedimenti penali.

R 104405 *Politisches Archiv des Auswärtigen Amts*, Dipartimento politico V, Dossier riguardanti: rimpatrio, trasferimento di profughi.

R 27436 *Politisches Archiv des Auswärtigen Amts*, Dipartimento politico V, Fascicoli sottosegretario di Stato Andor Hencke, Mosca.

Bibliografia.

ADLER, ELIYANA R.

2014 *Hrubieszów at the Crossroads: Polish Jews Navigate the German and Soviet Occupations*, in «Holocaust und Genocide Studies», vol. 1, pp. 1-30.

Alfred Rosenberg diary

1936-44 *Alfred Rosenberg diary*, United States Holocaust Memorial Museum Collection, in https:// collections.ushmm.org/view /2001.62.14.

ALLILUJEWA (STALIN), SWETLANA

1969 *Wunderbares Leben*, in «Der Spiegel», n. 40, 28 settembre, pp. 146 sg., in http://www.spiegel.de/spiegel/print/d-45547705.html.

Nota. Ultimo accesso alle fonti internet, 20 ottobre 2020 (se non diversamente specificato).

APPLEBAUM, ANNE

2003 *Der Gulag*, Berlin; ed. or. *Gulag: A History*, New York 2003; trad. it. *Gulag. Storia dei campi di concentramento sovietici*, Mondadori, Milano 2004.

AUGSTEIN, RUDOLF

1996 *Nur ein Sandkastenspiel*, in «Der Spiegel», 4 febbraio, pp. 102-5.

BABEROWSKI, JÖRG

2012 *Verbrannte Erde: Stalins Herrschaft der Gewalt*, München.

BAYERLEIN, BERNHARD H.

2008 *»Der Verräter, Stalin, bist Du!« Vom Ende der linken Solidarität. Komintern und kommunistische Parteien im Zweiten Weltkrieg 1939-1941*, Berlin.

BEEVOR, ANTONY

2012 *The Second World War*, New York; trad. it. *La seconda guerra mondiale: i sei anni che hanno cambiato la storia*, Rizzoli, Milano 2013.

BEREZA, TOMASZ, CHMIELOWIEC, PIOTR e GRECHUTA, JANUSZ

2002 *W cieniu "Linii Mołotowa". Ochrona granicy ZSRR z III Rzeszą między Wisznią a Sołokiją w latach 1939-1941* (All'ombra della «linea Molotov». Protezione del confine dell'Urss con il Terzo Reich tra Wisznią e Sołokiją nel 1939-1941), Rzeszów.

BEREŽKOV, VALENTIN MICHAJLOVIČ

1972 *Gody diplomatičeskoj služby*, Moskva; trad. it. *Interprete di Stalin*, Editori Riuniti, Roma 1973.

Berliner Vertrag

1926 *Freundschaftsvertrag zwischen Deutschland und der Union der Sozialistischen Sowjet-Republiken [Berliner Vertrag], 24. April 1926*, in https://www.1000dokumente.de/index.html?c=dokument__ru&dokument=0020__ber&l=de.

BEZYMENSKIJ, LEV A.

1992 *Geheimmission in Stalins Auftrag? David Kandelaki und die sowjetisch-deutschen Beziehungen Mitte der dreißiger Jahre*, in «Vierteljahrshefte für Zeitgeschichte», vol. 40, n. 3, pp. 339-58.

1998 *Stalins Rede vom Mai 1941 - neu dokumentiert*, in UEBERSCHÄR e BEZYMENSKIJ 1998, pp. 131-44.

2006 *Stalin und Hitler. Das Pokerspiel der Diktatoren*, Berlin; ed. or. *Stalin i Gitler pered schvatkoj*, Moskva 2000.

BIHL, WOLFDIETER

1994 *Ukrainians in the Armed Forces of the Reich. The 14th Waffen Grenadier Division of the SS*, in HANS-JOACHIM TORKE e JOHN-PAUL HIMKA (a cura di), *German-Ukrainian Relations in Historical Perspective*, Edmonton 1994, pp. 138-62.

BILOUS, VIKTOR B. e RADČENKO, OLGA N.

2018 *Pol'ski hromadjani-biženci w URSR (1939-1941 rr.)* (Cittadini polacchi rifugiati in Urss), Čerkassy.

BÖMELBURG, HANS-JÜRGEN

2003 *Die deutsche Besatzungspolitik in Polen 1939 bis 1945*, in CHIARI 2003, pp. 51-86.

BRUDER, FRANZISKA

2007 *»Den ukrainischen Staat erkämpfen oder sterben!« Die Organisation Ukrainischer Nationalisten (OUN) 1929-1948*, Berlin.

BUDRASS, LUTZ

2016 *Adler und Kranich. Die Lufthansa und ihre Geschichte 1926-1955*, München.

CASSIDY, HENRY C.

1943 *Moscow Dateline, 1941-1943*, Boston.

CHIARI, BERNHARD (a cura di)

2003 *Die polnische Heimatarmee. Geschichte und Mythos der Armia Krajowa seit dem Zweiten Weltkrieg*, München.

CHURCHILL, WINSTON S.

1942 *The Unrelenting Struggle: War Speeches*, a cura di Ch. Eade, London; trad. it. *In Guerra: discorsi pubblici e segreti*, 2 voll., I. *1938-1942*, Rizzoli, Milano 1948.

CIANO, GALEAZZO

1945 *Diario 1937-1943*, Rizzoli, Milano 1980.

CIENCIALA, ANNA M., LEBEDEVA, NATALJA S. e MATERSKI, WOJCIECH

2007 *Katyn. A Crime without Punishment*, New Haven.

ČUEV, FELIX

1993 *Molotov Remembers: Inside Kremlin Politics. Conversation with Felix Chuev*, Chicago; ed. or. *Sto sorok besed s Molotovym*, Moskwa 1991; trad. it. *Conversazioni con Molotov. 140 incontri con il braccio destro di Stalin*, Ass. Culturale Cleomene III, Bisceglie 2004.

DAVIES, NORMAN

1984 *Heart of Europe: A Short History of Poland*, Oxford.

DĘBSKI, SŁAWOMIR JAN

2003 *Między Berlinem a Moskwą. Stosunki niemiecko-sowieckie 1939-1941* (Tra Berlino e Mosca. Relazioni tedesco-sovietiche), Warszawa.

Der Führer und Oberste Befehlshaber der Wehrmacht

1940 *Der Führer und Oberste Befehlshaber der Wehrmacht. F[ührer]H[aupt]Qu[artier], Weisung Nr. 21. Fall Barbarossa* (Il Führer e comandante supremo della Wehrmacht, quartiere generale del Führer, direttiva n. 21, Operazione Barbarossa), 18 dicembre, in https://www.1000dokumente.de/index.html?c=dokument__de&dokument=0009__bar&object=translation&l=de.

Deutsch-sowjetischer Grenz- und Freundschaftsvertrag

1939 *Deutsch-sowjetischer Grenz- und Freundschaftsvertrag* (Trattato tedesco-sovietico di delimitazione e amicizia), 28 settembre, in https://www.1000dokumente.de/index.html?c=dokument__ru&dokument=0027__gre&object=facsimile&pimage=2&v=100&nav=&l=de.

Dichiarazione del governo al Reichstag

1939 *Adolf Hitler, Dichiarazione del governo al Reichstag*, 1° settembre, in https: //www.1000dokumente.de/index.html?c=dokument__de&dokument=0209__pol&object=translation&l=de.

DINER, DAN

2007 *Gegenläufige Gedächtnisse. Über Geltung und Wirkung des Holocaust*, Göttingen.

Discorso di I. V. Stalin ai diplomati

1941 Riassunto del discorso di I. V. Stalin ai diplomati dell'Accademia dell'Armata Rossa a Cremlino, 5 maggio, in https://www.1000dokumente.de/index.html?c=dokument__ru&dokument=0028__kre&object=facsimile&l=de (non disponibile).

DOMARUS, MAX

1973 *Hitler. Reden und Proklamationen 1932-1945. Kommentiert von einem deutschen Zeitgenossen*, 4 voll., Wiesbaden, vol. IV.2, pp. 1726-32.

DÖRING, STEPHAN

2001 *Die Umsiedlung der Wolhyniendeutschen in den Jahren 1939 bis 1940*, Frankfurt am Main.

DULLIN, SABINE

2001 *Des hommes d'influences: les ambassadeurs de Staline en Europe, 1930-1939*, Paris.

DWARS, JENS-FIETJE

2003 *Johannes R. Becher, Triumph und Verfall. Eine Biographie*, Berlin.

EDELE, MARK, FITZPATRICK, SHEILA e GROSSMANN, ATINA (a cura di)

2017 *Shelter from the Holocaust. Rethinking Jewish Survival in the Soviet Union*, Detroit.

ERICSON, EDWARD E.

1998 *Karl Schnurre and the Evolution of Nazi-Soviet Relations, 1936-1941*, in «German Studies Review», vol. 21, n. 2, pp. 263-83.

1999 *Feeding the German Eagle. Soviet Economic Aid to Nazi Germany, 1933-1941*, Westport (Conn.) - London.

Erlaß des Führers und Reichskanzlers

1939 *Erlaß des Führers und Reichskanzlers zur Festigung deutschen Volkstums* (Decreto del Führer e Cancelliere del Reich per il rafforzamento della germanicità), 7 ottobre 1939, in https: //www.1000dokumente.de/pdf/dok__0075__vot__ de.pdf.

FALIN, VALENTIN

1997 *Konflikte im Kreml. Zur Vorgeschichte der deutschen Einheit und Auflösung der Sowjetunion*, München.

FEEST, DAVID

2009 *Ethnische Spaltung, nationale Konsolidierung. Die Folgen des Hitler-Stalin-Pakts im Baltikum*, in «Osteuropa», n. 7-8, pp. 187-202.

FENDEL, MOSES

2017 *Przemyśl 1939-40. Von Menschen und Grenzen zur Zeit des Hitler-Stalin-Pakts*, tesi di laurea inedita, Europa-Universität Viadrina, Frankfurt an der Oder.

FILIPPOV, SERGEJ G.

1997 *Dejatel'nost' organov VKP(b) v zapadnych oblastjach Ukrainy i Belorussii v 1939-1941gg* (Attività degli organi del PcUS(b) nelle regioni occidentali dell'Ucraina e della Bielorussia nel 1939-41), in GURJANOV 1997.

FLEISCHHAUER, INGEBORG

1990 *Der Pakt. Hitler, Stalin und die Initiative der deutschen Diplomatie*, Berlin - Frankfurt am Main.

1991 *Der deutsch-sowjetische Grenz- und Freundschaftsvertrag vom 28. September 1939. Die deutschen Aufzeichnungen über die Verhandlungen zwischen Stalin, Molotov und Ribbentrop in Moskau*, in «Vierteljahrshefte für Zeitgeschichte», vol. 39, n. 3, pp. 447-70.

FLORIN, MORITZ

2009 *Der Hitler-Stalin-Pakt in der Propaganda des Leitmediums. Der »Völkische Beobachter« über die UdSSR im Jahre 1939*, Berlin-Münster 2009.

FURET, FRANÇOIS

1995 *Le passé d'une illusion. Essai sur l'idée communiste au XXe siècle*, Paris; trad. it. *Il passato di un'illusione: l'idea comunista nel XX secolo*, Mondadori, Milano 1995.

FURET, FRANÇOIS e NOLTE, ERNST

1999 *Fascisme et communisme*, Paris 1998; trad. ted. *Feindliche Nähe. Kommunismus und Faschismus im 20. Jahrhundert*, München.

GENIS, VLADIMIR

2000 *Delo Savelija* (Il caso Savely), in «Voprosy istorii», n. 1, pp. 98-112.

GŁOWACKI, ALBIN

1998 *Sowieci wobec Polaków: na ziemiach wschodnich II Rzeczypospolitej 1939-1941* (I sovietici contro i polacchi. Nei territori orientali della Seconda Repubblica polacca), Łódź.

GOEBBELS, JOSEPH

1998 *Die Tagebücher von Joseph Goebbels*, diretto dall'Institut für Zeitgeschichte, con il supporto di Gosudarstvennaya arkhivnaya sluzhba Rossii (Archivi nazionali della Russia), due parti, 24 voll., a cura di Elke Fröhlich e Anne Munding, Angela Hermann, Hartmut Mehringer e Jana Richter, K. G. Saur Verlag, München 1993-2008, parte I, a cura di Elke Fröhlich; ed. it. (parziale) *I diari di Goebbels 1939-1941*, a cura di Fred Taylor, Sperling & Kupfer, Milano 1984; ed. or. *The Goebbels Diaries 1939-1941*, a cura di Louis P. Lochner, Hamish Hamilton, London 1982.

GOLCZEWSKI, FRANK

2003 *Die Kollaboration in der Ukraine*, in CHRISTOPH DIECKMANN, BABETTE QUINKERT e TATJANA TÖNSMEYER (a cura di), *Kooperation und Verbrechen. Formen der »Kollaboration« im östlichen Europa 1939-1945*, Göttingen 2003, pp. 151-82.

2010 *Deutsche und Ukrainer 1914-1939*, Paderborn.

GOLDLUST, JOHN

2012 *A Different Silence. The Survival of More than 200,000 Polish Jews in the Soviet Union during World War II as a Case Study in Cultural Amnesia*, in «Australian Jewish Historical Society Journal», vol. 21, n. 1, pp. 13-60.

GORODETSKY, GABRIEL (a cura di)

1999 *Grand Delusion. Stalin and the German Invasion of Russia*, New Haven.

2016 *Die Maiski-Tagebücher. Ein Diplomat im Kampf gegen Hitler 1932-1943*, München; ed. russa I.M. MAJSKIJ, *Vospominanija sovetskogo posla*, Moskwa 1965; trad. it. *Guerra e diplomazia. Memorie di un ambasciatore sovietico 1939-1945*, Editori Riuniti, Roma 1968.

GOSHEN, SEEV

1981 *Eichmann und die Nisko-Aktion im Oktober 1939. Eine Fallstudie zur NS-Judenpolitik in der letzten Etappe vor der »Endlösung«*, in «Vierteljahrshefte für Zeitgeschichte», vol. 29, n. 1, pp. 74-96.

GRÄFE, KARL-HEINZ

2010 *»Es kommt die Zeit, da sie es tun…«: Vor 70 Jahren: Der Anschluss des Baltikums an die UdSSR - für Stalin nicht von strategischem Vorteil*, AG Friedensforschung, Kassel, 26 giugno, in http://www.ag-friedensforschung.de/themen/Kriegsgeschichte/baltikum.html.

GRELKA, FRANK

2005 *Die ukrainische Nationalbewegung unter deutscher Besatzungsherrschaft 1918 und 1941-1942*, Wiesbaden.

GROEHLER, OLAF

1992 *Selbstmörderische Allianz. Deutsch-russische Militärbeziehungen 1920-1941*, Berlin.

GROSS, JAN T.

1988 *Revolution from Abroad. The Soviet Conquest of Poland's Western Ukraine and Western Belorussia*, nuova ed. ampliata, Princeton-Oxford 2002.

GURJANOV, ALEKSEJ E. (a cura di)

1997 *Repressija protiv poljakov i polskich graždan* (Repressioni contro polacchi e cittadini polacchi), Moskwa.

HAFFNER, SEBASTIAN

2002 *Der Teufelspakt. Fünfzig Jahre deutsch-russische Beziehungen*, Zürich (prima ed. Reinbek, 1968).

HAPPEL, JÖRN

2017 *Der Ost-Experte. Gustav Hilger - Diplomat im Zeitalter der Extreme*, Paderborn.

HECKER, HELLMUTH

1971 *Die Umsiedlungsverträge des Deutschen Reiches während des Zweiten Weltkrieges*, Hamburg.

HEEKE, MATTHIAS

1999 *Reisen zu den Sowjets. Der ausländische Tourismus in Russland 1921-1941*, Münster-Berlin.

HERWARTH, HANS VON

1982 *Zwischen Hitler und Stalin. Erlebte Zeitgeschichte 1931 bis 1945*, Frankfurt am Main; trad. it. *Fra Hitler e Stalin: uno spaccato di storia contemporanea, 1931-1945*, SugarCo, Milano 1983.

HILGER, GUSTAV

1964 *Wir und der Kreml. Deutsch-sowjetische Beziehungen 1918-1941. Erinnerungen eines deutschen Diplomaten*, Frankfurt am Main.

HOPPE, BERT

2009 *Iron Revolutionaries and Salon Socialists. Bolsheviks and German Communists in the 1920s and 1930s*, in «Kritika. Explorations in Russian and Eurasian History», vol. 10, pp. 499-526.

HUBATSCH, WALTHER

1965 *Hitlers Weisungen für die Kriegführung: 1939-1945: Dokumente des Oberkommandos der Wehrmacht*, München.

Interrogatorio di von Kamphoevener

1945 Verbale dell'interrogatorio di Kurt von Kamphoevener, 14 agosto, in Archiv des Institut für Zeitgeschichte, München, in http://www.ifz-muenchen.de/archiv/zs/zs-2066.pdf.

Istorii Ministerstva inostrannycj

2002 *Očerki istorii Ministerstva inostrannycj del Rossii* (Saggi sulla storia del Ministero degli Affari esteri della Russia), 3 voll., II. *1917-2002*, a cura di A.V. Torkunov, Moskwa.

KAMINSKY, ANNA, MÜLLER, DIETMAR e TROEBST, STEFAN (a cura di)

2011 *Der Hitler-Stalin-Pakt 1939 in den Erinnerungskulturen der Europäer*, Göttingen.

KARSKI, JAN

1944 *Story of a Secret State. My Report to the World*, Boston; trad. it. *La mia testimonianza davanti al mondo. Storia di uno Stato segreto*, Adelphi, Milano 2013.

KEMMLER, KATHLEEN

2017 *Das Deutsche Rote Kreuz als Akteur während der Umsiedlungsaktionen der »Volksdeutschen« von 1939 bis 1945 in Danzig-Westpreußen und dem Warthe-land*, tesi di laurea, Europa-Universität Viadrina, Frankfurt an der Oder.

KERSHAW, IAN

2007 *Fateful Choices: Ten Decisions That Changed the World, 1940-1941*, New York; trad. it. *Scelte fatali. Le decisioni che hanno cambiato il mondo, 1940-1941*, Giunti Editore, Firenze 2012.

2015 *To Hell and Back: Europe 1914-1949*, New York; trad. it. *All'inferno e ritorno. Europa 1914-1949*, Laterza, Roma-Bari 2016.

KNIPPING, FRANZ

1981 *Die deutsch-französische Erklärung vom 6. Dezember 1938*, supplemento a «Francia», vol. 10, pp. 523-51; anche in https://perspectivia.net/publikationen/bdf/hildebrand-werner_deutschland/knipping_erklaerung.

KORDT, ERNST

1950 *Nicht aus den Akten ... Die Wilhelmstrasse in Frieden und Krieg. Erlebnisse, Begegnungen und Eindrücke 1928-1945*, Stuttgart.

KORNAT, MAREK

2009 *Sehenden Auges. Polens Außenpolitik vor dem Hitler-Stalin-Pakt*, in «Osteuropa», n. 7-8, pp. 47-74.

LEGGEWIE, CLAUS e LANG, ANNE

2011 *Der Kampf um die europäische Erinnerung. Ein Schlachtfeld wird besichtigt*, München.

LENIGER, MARKUS

2006 *Nationalsozialistische »Volkstumsarbeit« und Umsiedlungspolitik 1939-1945. Von der Minderheitenbetreuung zur Siedlerauslese*, Berlin.

LEONHARD, WOLFGANG

1989 *Der Schock des Hitler-Stalin-Paktes. Erinnerungen aus der Sowjetunion, Westeuropa und Usa*, München.

1990 *Die Revolution entlässt ihre Kinder*, Köln.

LIPINSKY, JAN

2004 *Das geheime Zusatzprotokoll zum deutsch-sowjetischen Nichtangriffspakt vom 23. August 1939 und seine Entstehungs- und Rezeptionsgeschichte von 1939 bis 1999*, Frankfurt am Main.

LITVINOV, MAKSIM

1956 *Memoiren. Aufzeichnungen aus den geheimen Tagebüchern*, München; ed. or. *Notes for a Journal*, London 1955; trad. it. *Cremlino segreto*, Mondadori, Milano 1956.

LONGERICH, PETER

2008 *Heinrich Himmler. Biographie*, München.

MACHIAVELLI, NICCOLÒ

1997 *Opere*, I. *Gli scritti politici*, Milano.

Memorandum Schmidt

1940 *Aufzeichnung über die Unterredung zwischen dem Führer und dem Vorsitzenden des Rats der Volkskommissare Molotow (...), in Berlin am 13. November 1940* (Memorandum sulla conversazione fra il Führer e il presidente del Consiglio dei commissari del popolo dell'Urss ... V. M. Molotov ...), Berlino, 15 novembre, firmato *Schmidt*, da *Die Beziehungen zwischen Deutschland und der Sowjetunion 1939-1941*, documenti del Ministero degli Esteri, Tübingen, 1949, serie D, vol. XI.1 (1° settembre - 13 novembre 1940), Bonn, 1964, in https://www.histdoc.net/history/de/NaSo1940-11-12.html (ora in https://histdoc.net/pdf/NaSo1940-11-13.pdf).

METZMACHER, HELMUTH

1966 *Deutsch-englische Ausgleichsbemühungen im Sommer 1939*, in «Vierteljahrshefte für Zeitgeschichte», vol. 14, n. 4, pp. 369-412.

MOORHOUSE, ROGER

2014 *The Devils' Alliance. Hitler's Pact with Stalin, 1939-1941*, London.

MÜLLER, REINHARD

2001 *Menschenfalle Moskau. Exil und stalinistische Verfolgung*, Hamburg.

MYLLYNIEMI, SEPPO

1979 *Die baltische Krise 1938-1941*, in «Vierteljahrshefte für Zeitgeschichte», n. 38, n. monografico.

NESSELRODT, MARKUS

2016 *'I bled like you, brother, although I was a thousand miles away'. Postwar*

Yiddish sources on the experiences of Polish Jews in Soviet exile during World War II, in «East European Jewish Affairs», vol. 46, n. 1, pp. 47-67.

2019 *Dem Holocaust entkommen. Polnische Juden in der Sowjetunion, 1939-1946*, Berlin.

O'NEIL, CHRIS e WEBB, ROBIN

2007 *Bad Rabka and Zakopane - SD School's. 'The Schools for Scoundrels'*, in http://www.holocaustresearchproject.org/nazioccupation/sdschool.html.

Organy gosudarstvennoj bezopasnosti

2007 *Organy gosudarstvennoj bezopasnosti SSSR v Velikoj Oteèestvennoj Vojne. Sbornik dokumentov, Tom 5, kniga 1* (Gli organi di sicurezza dello stato dell'Urss nella Grande guerra patriottica. Raccolta di documenti), a cura dei Federal'naja služba bezopasnosti Rossii (Servizi federali per la sicurezza della Russia, vol. V, libro I), Moskwa.

O'SULLIVAN, DONAL

s.d. *Auszüge*, a *I.V. Stalin, Rechenschaftsbericht auf dem XVIII. Parteitag über die Tätigkeit des CK VKP (b), 10. März 1939*, in https://www.1000dokumente.de/index.html?c=dokument__ru&dokument=0023__kas&object=context&st=&l=de.

2003 *Stalins »Cordon sanitaire«. Die sowjetische Osteuropapolitik und die Reaktionen des Westens 1939-1949*, Paderborn.

PÄTZOLD, KURT e ROSENFELD, GÜNTER (a cura di)

1990 *Sowjetstern und Hakenkreuz 1938-1941. Dokumente zu den deutsch-sowjetischen Beziehungen*, Berlin.

PAYNE, STANLEY

2004 *The Spanish Civil War, the Soviet Union and the Communism*, New Haven.

2012 *The Spanish Civil War*, Cambridge.

POPE, ARTHUR UPHAM

1943 *Maxim Livtinoff*, New York.

POTICHNYI, PETER J.

1986 *Ukrainians in World War II. Military Formations. An Overview*, in YURI BOSHYK (a cura di), *Ukraine during World War II. History and Its Aftermath*, Edmonton 1986, pp. 61-66.

PRÄG, WERNER e JACOBMEYER, WOLFGANG (a cura di)

1975 *Das Diensttagebuch des deutschen Generalgouverneurs in Polen 1939-1945*, Stuttgart.

Proklamation des Führers

1941 *Proklamation des Führers an das Deutsche Volk und Note des Auswärtigen Amtes an die Sowjet-Regierung nebst Anlagen* (Proclama del Führer al popolo tedesco e Nota del Ministero degli Esteri al governo sovietico con allegati), Berlin, in https://archive.org/details/ProklamationDesFührersAnDasDeutscheVolkUndNoteDesAuswärtigenAmtes (ultimo accesso, 19 marzo 2019).

Protocollo Hoßbach

1937 Verbale della riunione segreta tenuta nella Cancelleria del Reich il 5 novembre 1937 (Die Hoßbach-Niederschrift, 10 novembre 1937), in http://www.ns-archiv.de/krieg/1937/hossbach/ (ultimo accesso, 7 gennaio 2019).

Rapporto di Leopold Sonnenfeld

s.d. Rapporto di Leopold Sonnenfeld sul primo trasporto Nisko da Vienna, *Leopold Sonnenfeld: Jetzt haben wir gewusst, was los ist* (A questo punto abbiamo capito cosa stava succedendo), Dokumentationsarchiv des österreichischen Widerstandes (Archivio di documentazione della resistenza austriaca), Wien, in http://www.doew.at/erinnern/biographien/erzaehlte-geschichte/ns-judenverfolgung-deportation/leopold-sonnenfeld-jetzt-haben-wir-gewusst-was-los-ist.

Rede vor den Spitzen der Reichswehr

1933 *Adolf Hitler, Rede vor den Spitzen der Reichswehr* (Discorso ai comandanti della Reichswehr), 3 febbraio, copia del servizio di intelligence sovietico, Archivio federale: RY 5 / I, pp. 20-22, in https://www.1000dokumente.de/index.html?c=dokument__de&dokument=0109__hrw&object=facsimile&pimage=2&v=100&nav=&l=de.

RIEBER, ALFRED J.

2003 *Civil Wars in the Soviet Union*, in «Kritika. Explorations in Russian and Eurasian History», vol. 4, n. 1, pp. 129-62.

ROMAN, WANDA KRYSTYNA

2003 *Die sowjetische Okkupation der polnischen Ostgebiete*, in CHIARI 2003, pp. 87-109.

ROSENFELD, GÜNTER

1993 *Das Zustandekommen und die Auswirkungen des Hitler-Stalin-Paktes*, in ROLAND G. FOERSTER (a cura di), *Unternehmen Barbarossa. Zum historischen Ort der deutsch-sowjetischen Beziehungen*, München, pp. 33-54.

ROSSI, A. (Angelo Tasca)

1949 *Deux ans d'alliance germano-soviétique. Août 1939 - Juin 1941*, Paris; trad. it. *Due anni di alleanza germano-sovietica (agosto 1939 - giugno 1941)*, La Nuova Italia, Firenze 1951.

SABRIN, B. F.

1991 *Alliance for Murder. The Nazi-Ukrainian Nationalist Partnership in Genocide*, New York.

SAUERLAND, KAROL

2004 *Die Schicksale der Polen und Juden sowie deren gegenseitige Beziehungen während des ersten sowjetischen Besatzung im Raum von Jedwabne vom 17. September 1939 bis zum 22. Juni 1941*, in IRMTRUD WOJAK e SUSANNE MEINL (a cura di), *Völkermord und Kriegsverbrechen in der ersten Hälfte des 20. Jahrhunderts*, Frankfurt am Main - New York, pp. 269-99.

SCHAFRANEK, HANS

1990 *Zwischen NKWD und Gestapo. Die Auslieferung deutscher und österreichischer Antifaschisten aus der Sowjetunion an Nazideutschland 1937-1941*, Frankfurt am Main.

SCHATTENBERG, SUSANNE

2009 *Diplomatie der Diktatoren. Der Molotov-Ribbentrop-Pakt*, in «Osteuropa», nn. 7-9, pp. 7-31.

SCHENK, DIETER

2006 *Hans Frank. Hitler Kronjurist und Generalgouverneur*, Frankfurt am Main.

SCHLÖGEL, KARL

2017 *Das sowjetische Jahrhundert. Archäologie einer untergegangenen Welt*, München.

SCHÖLLGEN, GREGOR

2013 *Deutsche Außenpolitik von 1815-1945*, München.

SCHÜDDEKOPF, OTTO-ERNST

1960 *Linke Leute von Rechts. Die nationalrevolutionären Minderheiten und der Kommunismus in der Weimarer Republik*, Stuttgart.

SCHWENDEMANN, HEINRICH

1993 *Die wirtschaftliche Zusammenarbeit zwischen dem Deutschen Reich und der Sowjetunion 1939 bis 1941. Alternative zu Hitlers Ostprogramm?*, Berlin.

SEBAG MONTEFIORE, SIMON

2003 *Stalin. The Court of the Red Tsar*, London; trad. it. *Gli uomini di Stalin. Un tiranno, i suoi complici e le sue vittime*, Rizzoli, Milano 2005.

SEIDL, ALFRED (a cura di)

1949 *Die Beziehungen zwischen Deutschland und der Sowjetunion 1939-1941. 251 Dokumente. Aus den Archiven des Auswärtigen Amt und der Deutschen Botschaft in Moskau*, Tübingen.

SELTMANN, LOTHAR

1941 *Tagebuch vom Treck der Wolhyniendeutschen*, Potsdam.

SIMONOV, KONSTANTIN

1944 *I vivi e i morti*, Editori Riuniti, Roma 1961.

SLOWES, SALOMON W.

1991 *The Road to Katyn: A Soldier's Story*, Oxford.

SLUTSCH, SERGEJ

2000 *17. September 1939. Der Eintritt der Sowjetunion in den Zweiten Weltkrieg. Eine historische und völkerrechtliche Bewertung*, in «Vierteljahrshefte für Zeitgeschichte», vol. 48, n. 2, pp. 219-54.

2008 *Die Motive für die Einladung Molotovs nach Berlin im November 1940. Fakten, Vermutungen, vorläufige Schlussfolgerungen*, in KLAUS HILDEBRANDT, UDO WENGST e ANDREAS WIRSCHING (a cura di), *Geschichtswissenschaft und Zeiterkenntnis: Von der Aufklärung bis zur Gegenwart. Festschrift zum 65. Geburtstag von Horst Möller*, München, pp. 253-76.

SNYDER, TIMOTHY

2010 *Bloodlands. Europe between Hitler and Stalin*, New York; trad. it. *Terre di sangue. L'Europa nella morsa di Hitler e Stalin*, Rizzoli, Milano 2011.

SUDOŁ, ADAM (a cura di)

1998 *Sowietyzacja Kresów Wschodnich II Rzeczypospolitej po 17 wrzeœnia 1939* (Sovietizzazione dei confini orientali della Seconda Repubblica polacca dopo il 17 settembre 1939), Bydgoszcz.

Talleyrand's Briefwechsel

1881 *Talleyrand's Briefwechsel mit König Ludwig XVIII, während des Wiener Congresses*, Leipzig-Paris.

THOMAS, LUDMILA

2012 *Georgi Tschitscherin. Ich hatte die Revolution und Mozart*, Berlin.

THUNEMANN, FABIAN

2019 *Verschwörungsdenken und Machtkalkül. Herrschaft in Russland*, Berlin.

TROEBST, STEFAN

2014 *Deutschlands verzerrter Blick*, in «Süddeutsche Zeitung», 23 agosto, in https://www.sueddeutsche.de/politik/jahre-hitler-stalin-pakt-deutschlands-verzerrter-blick-1.2097705.

UEBERSCHÄR, GERD R. e BEZYMENSKIJ, LEV A. (a cura di)

1998 *Der deutsche Angriff auf die Sowjetunion 1941. Die Kontroverse um die Präventivkriegsthese*, Darmstadt.

ULDRICKS, TEDDY J.

1977 *The Impact of the Great Purges on the People's Commissariat of Foreign Affairs*, in «Slavic Review», vol. 36, n. 2, pp. 187-204.

VERŠININ, KONSTANTIN ANDREEVIČ

1975 *Četvertaja vozdušnaja, Voennoe zdaniye Ministerstva Oborony SSSR* (Četvertaja vozdušnaja, edificio militare del Ministero della Difesa dell'Urss), Moskwa.

VOSS, STEPHAN

1998 *Stalins Kriegsvorbereitungen 1941 - erforscht, gedeutet und instrumentalisiert. Eine Analyse postsowjetischer Geschichtsschreibung*, Hamburg.

WASILEWSKI, WITOLD

2010 *Sovětsko-německa spolupráce a katyňskÿ zločin* (Cooperazione tedesco-sovietica e il crimine di Katyń), in «Paměť a dějiny», vol. 4, pp. 22-41.

WEBER, CLAUDIA

2015 *Krieg der Täter. Die Massenerschießungen von Katyń*, Hamburg.

WEGNER, BERND (a cura di)

2000 *Zwei Wege nach Moskau: vom Hitler-Stalin-Pakt bis zum »Unternehmen Barbarossa«*, München.

WEINBERG, GERHARD L.

1954 *Germany and the Soviet Union 1939-1941*, Leiden.

WEINGARTNER, THOMAS

1970 *Stalin und der Aufstieg Hitlers. Die Deutschlandpolitik der Sowjetunion und der kommunistischen Internationale 1929-1934*, Berlin.

WERNER, MICHAEL e ZIMMERMANN, BÉNÉDICTE

2002 *Vergleich, Transfer, Verflechtung. Der Ansatz der Histoire croisée und die Herausforderung des Transnationalen*, in «Geschichte und Gesellschaft», vol. 28, pp. 607-36.

2006 *Beyond Comparison. Histoire croisée and the Challenge of Reflectivity*, in «History and Theory», vol. 45, pp. 30-50.

WERTH, ALEXANDER

1964 *Russia at War, 1941-1945*, London; trad. it. *La Russia in guerra*, Mondadori, Milano 1966.

WILDT, MICHAEL

2006 *Eine neue Ordnung der ethnographischen Verhältnisse. Hitlers Reichstagrede vom 6. Oktober*, in «Zeithistorische Forschungen / Studies in Contemporary History», n. 3, pp. 129-37; anche in http://www.zeithistorische-forschungen.de/1- 2006/id=4759.

WNUK, RAFAEL

2009 *Zwischen Scylla und Charybdis. Deutsche und sowjetische Besatzung Polens 1939-1941*, in «Osteuropa», n. 7-8, pp. 157-72.

YAKOVLEVA, YELENA VIKTOROVNA

2007 *Pol'ša protiv SSSR. 1939-1950* (Polonia contro Urss. 1939-1950), Moskwa.

ZARUSKY, JÜRGEN

2009 *»Hitler bedeutet Krieg«. Der deutsche Weg zum Hitler-Stalin-Pakt*, in «Osteuropa», n. 7-8, pp. 97-114.

ZEIDLER, MANFRED

1993 *Reichswehr und Rote Armee 1920-1933. Wege und Stationen einer ungewöhnlichen Zusammenarbeit*, München.

Indice dei nomi

Indice dei luoghi

Stampato per conto della Casa editrice Einaudi
presso ELCOGRAF S.p.A. - Stabilimento di Cles (Tn)
nel mese di agosto 2021

C.L. 24881

Ristampa							Anno			
0	1	2	3	4	5	6	2021	2022	2023	2024

La Biblioteca

1. Steven Nadler, *Un libro forgiato all'inferno*
2. Ian F. W. Beckett, *La prima guerra mondiale*
3. Charles King, *Odessa*
4. Robert Louis Wilken, *I primi mille anni*
5. John L. Heilbron, *Galileo*
6. Steven Nadler, *Il filosofo, il sacerdote e il pittore*
7. Peter Brown, *Per la cruna di un ago*
8. Kai Vogelsang, *Cina*
9. Charles King, *Il miraggio della libertà*
10. Oliver Janz, *1914-1918. La Grande Guerra*
11. Greg Woolf, *Roma. Storia di un impero*
12. Andrew Pettegree, *L'invenzione delle notizie*
13. Malcom Bull, *Lo specchio degli dèi*
14. Orlando Figes, *Crimea. L'ultima crociata*
15. Michel Abitbol, *Storia degli ebrei*
16. Bruce Levine, *La guerra civile americana. Una nuova storia*
17. Charles King, *Mezzanotte a Istanbul*
18. Élisabeth Roudinesco, *Sigmund Freud nel suo tempo e nel nostro*
19. Jonathan Israel, *La Rivoluzione francese*
20. Peter Brown, *Il riscatto dell'anima*
21. Edith Hall, *Gli antichi Greci*
22. Paul M. Cobb, *La conquista del Paradiso*
23. Johann Chapoutot, *La legge del sangue*
24. Sven Beckert, *L'impero del cotone*
25. Carole Hillenbrand, *Islam. Una nuova introduzione storica*
26. Justin E. H. Smith, *Il filosofo. Una storia in sei figure*
27. Dan Stone, *La liberazione dei campi. La fine della Shoah e le sue eredità*
28. S. Frederick Starr, *L'illuminismo perduto*
29. Johann Chapoutot, *Il nazismo e l'Antichità*
30. Vincent Azoulay, *Pericle. La democrazia ateniese alla prova di un grand'uomo*
31. Sean McMeekin, *Il crollo dell'Impero ottomano*

32. *Gerusalemme. Storia di una città-mondo dalle origini a oggi*, a cura di Vincent Lemire
33. Frank Trentmann, *L'impero delle cose. Come siamo diventati consumatori. Dal XV al XX secolo*
34. Alan Taylor, *Rivoluzioni americane. Una storia continentale, 1750-1804*
35. Charles S. Maier, *Leviatano 2.0. La costruzione dello stato moderno*
36. Laurence Rees, *L'Olocausto. Una nuova storia*
37. Jörg Rüpke, *Pantheon. Una nuova storia della religione romana*
38. Thomas Kaufmann, *I redenti e i dannati. Una storia della Riforma*
39. Kiran Klaus Patel, *Il New Deal. Una storia globale*
40. James C. Scott, *Le origini della civiltà. Una controstoria*
41. Jonathan Israel, *Il grande incendio. Come la rivoluzione americana conquistò il mondo. 1775-1848*
42. Andrea Revelant, *Il Giappone moderno. Dall'Ottocento al 1945*
43. Pierre Grosser, *Dall'Asia al mondo. Un'altra visione del XX secolo*
44. Ian Black, *Nemici e vicini. Arabi ed ebrei in Palestina e Israele*
45. Simon L. Lewis e Mark A. Maslin, *Il pianeta umano. Come abbiamo creato l'Antropocene*
46. Aram Mattioli, *Mondi perduti. Una storia dei nativi nordamericani . 1700-1910*
47. Kyle Harper, *Il destino di Roma. Clima, epidemie e la fine di un impero*
48. Charles S. Maier, *Dentro i confini. Territorio e potere dal 1500 a oggi*
49. Jack Hartnell, *Corpi medievali. La vita, la morte e l'arte*
50. Paul Hanebrink, *Uno spettro si aggira per l'Europa. Il mito del giudeo-bolscevismo*
51. Rana Mitter, *Lotta per la sopravvivenza*
52. Martin Goodman, *Storia dell'ebraismo*
53. Benjamin Carter Hett, *La morte della democrazia*
54. Gregory Claeys, *Marx e il marxismo*
55. Daniel Immerwahr, *L'impero nascosto*
56. Justin Marozzi, *Imperi islamici*
57. Dennis C. Rasmussen, *Il miscredente e il professore*
58. Peter Gatrell, *L'inquietudine dell'Europa*
59. James C. Scott, *L'arte di non essere governati*
60. Jeremy D. Popkin, *Haiti. Storia di una rivoluzione*
61. Charles King, *La riscoperta dell'umanità*
62. Steven Tibble, *Gli eserciti delle crociate*
63. Robin Blackburn, *Il crogiolo americano. Schiavismo, emancipazione e diritti umani*
64. Greg Woolf, *Vita e morte delle antiche città*
65. Alan Mikhail, *L'ombra di Dio*
66. James L. Gelvin, *Storia del Medio Oriente moderno*

67. Augustine Sedgewick, *Coffeeland. Storia di un impero che domina il mondo*
68. Jeremy D. Popkin, *Un nuovo mondo inizia. La storia della Rivoluzione francese*
69. Claudia Weber, *Il patto. Stalin, Hitler e la storia di un'alleanza mortale 1939-41*